모빌리티 생활세계학

KB079627

이 저서는 2018년 대한민국 교육부와 한국연구재단의 지원을 받아 수행된 연구임 (NRF—2018S1A6A3A03043497)

모빌리티 생활세계학

테크놀로지 도시공간 공동체

고민경 박용하 손정웅 김명현
정은혜 오정준 이지선 이영민
배진숙 김재기 파라 셰이크 이용균

앨피

모빌리티인문학 Mobility Humanities

모빌리티인문학은 기차, 자동차, 비행기, 인터넷, 모바일 기기 등 모빌리티 테크놀로지의 발전에 따른 인간, 사물, 관계의 실재적·가상적 이동을 인간과 테크놀로지의 공-진화co-evolution라는 관점에서 사유하고, 모빌리티가 고도화됨에 따라 발생하는 현재와 미래의 문제들에 대한 해법을 인문학적 관점에서 제안함으로써 생명, 사유, 문화가 생동하는 인문-모빌리티 사회 형성에 기여하는 학문이다.

모빌리티는 기차, 자동차, 비행기, 인터넷, 모바일 기기 같은 모빌리티 테크놀로지에 기초한 사람, 사물, 정보의 이동과 이를 가능하게 하는 테크놀로지를 의미한다. 그리고 이에 수반하는 것으로서 공간(도시) 구성과 인구 배치의 변화, 노동과 자본의 변형, 권력 또는 통치성의 변용 등을 통칭하는 사회적 관계의 이동까지도 포함한다.

오늘날 모빌리티 테크놀로지는 인간, 사물, 관계의 이동에 시간적·공간적 제약을 거의 남겨 두지 않을 정도로 발전해 왔다. 개별 국가와 지역을 연결하는 항공로와 무선 통신망의 구축은 사람, 물류, 데이터의 무제약적 이동 가능성을 증명하는 물질적 지표들이다. 특히 전 세계에 무료 인터넷을 보급하겠다는 구글Google의 프로젝트 룬Project Loon이 현실화되고 우주 유영과 화성 식민지 건설이 본격화될 경우 모빌리티는 지구라는 행성의 경계까지도 초월하게 될 것이다. 이 점에서 오늘날은 모빌리티 테크놀로지가 인간의 삶을 위한 단순한 조건이나 수단이 아닌 인간의 또 다른 본성이 된 시대, 즉 고-모빌리티high-mobilities 시대라고 말할 수 있다. 말하자면, 인간과 테크놀로지의 상호보완적·상호구성적 공-진화가 고도화된 시대인 것이다.

고-모빌리티 시대를 사유하기 위해서는 우선 과거 '영토'와 '정주' 중심 사유의 극복이 필요하다. 지난 시기 글로컬화, 탈중심화, 혼종화, 탈영토화, 액체화에 대한 주장은 글로벌과 로컬, 중심과 주변, 동질성과 이질성, 질서와 혼돈 같은 이분법에 기초한 영토주의 또는 정주주의 패러다임을 극복하려는 중요한 시도였다. 하지만 그 역시 모빌리티 테크놀로지의 의의를 적극적으로 사유하지 못했다는 점에서, 그와 동시에 모빌리티 테크놀로지를 단순한 수단으로 간주했다는 점에서 고-모빌리티 시대를 사유하는 데 한계를 지니고 있었다. 말하자면, 글로컬화, 탈중심화, 혼종화, 탈영토화, 액체화를 추동하는 실재적·물질적 행위자agency로서의 모빌리티 테크놀로지를 인문학적 사유의 대상으로서 충분히 고려하지 못했던 것이다. 게다가 첨단 웨어러블 기기에 의한 인간의 능력 향상과 인간과 기계의 경계 소멸을 추구하는 포스트-휴먼 프로젝트, 또한 사물 인터넷과 사이버 물리 시스템 같은 첨단 모빌리티 테크놀로지에 기초한 스마트 도시 건설은 오늘날 모빌리티 테크놀로지를 인간과 사회, 심지어는 자연의 본질적 요소로 만들고 있다. 이를 사유하기 위해서는 인문학 패러다임의 근본적 전환이 필요하다.

이에 건국대학교 모빌리티인문학 연구원은 '모빌리티' 개념으로 '영토'와 '정주'를 대체하는 동시에 인간과 모빌리티 테크놀로지의 공-진화라는 관점에서 미래세계를 설계하기 위한 사유 패러다임을 정립하려고 한다.

2부 (임)모빌리티에 의한 도시 공간의 구성

모빌리티 생활세계학의 구축

고민경

  건국대학교 모빌리티인문학 연구원은 2018년부터 고-모빌리티 시대 인간적·사회적 난제들을 성찰하고 그 해법을 모색하기 위해 '모빌리티인문학 총서'를 기획하고 출간해 왔다. 모빌리티 테크놀로지의 고도화와 그에 따른 인간, 사물, 관계의 일상적 이동이 그 무한한 잠재력에도 불구하고 우리 삶에 초래하는 다양한 문제들을 바라보면서, 모빌리티인문학 연구원은 고-모빌리티 시대의 이질적 시각들이 상호 교차할 수 있는 하나의 장을 만들기 위해 노력해 온 것이다. 본 연구원이 2019년에 발간한《모빌리티와 생활세계의 생산》과 2020년에 발간한《모빌리티 인프라스트럭처와 생활세계》는 이러한 취지에서 모빌리티에 대한 다양한 성찰을 제공하였다.

  《모빌리티 생활세계학》역시 그간 발간한 총서들에 이어 모빌리티에 대한 인문학적 성찰을 사회과학으로 확장시키는 시도이다. 김수철(2019)에 의하면 생활세계는 "다양한 모빌리티의 경험이 축적되고 변형되며 또한 모빌리티를 둘러싼 권력의 작동과 영향력이 실현되기도 하면서 이에 대한 대안적 실천들과 행위들이 끊임없이 펼쳐지는 자리"(p. 9: 3-5)를 의미한다. 모빌리티 생활세계학은 철학, 문학,

미학, 역사학 등 다양한 인문학에서 시도되고 있는 모빌리티의 연구 범위를 넘어서서 사회과학에 새로운 이해 방식을 제공하고, 좀 더 이론적이고 실천적인 사회문제 해결 전략을 모색하는 것을 목적으로 한다. 따라서 본 총서의 목표는 모빌리티 사회이론에 대한 인문학적 성찰을 제공하고, 이를 통해 모빌리티인문학의 개념과 영역을 더 풍부하게 하는 것이라 할 수 있다. 이를 위해 기존의 사회와 생활세계에 대한 이해와 논의를 비판적으로 검토하고, 모빌리티 시각에서 생활세계에 대해 연구하는 것이 왜, 그리고 어떻게 중요한지를 보여 주고자 한다.

존 어리John Urry가 모빌리티 패러다임의 전환을 선언한 이래로 많은 모빌리티 관련 연구들이 발전해 오고 있다. 모빌리티는 기본적으로 한 곳에서 다른 곳으로의 이동을 넘어서서 그 이동 방식과 이동을 통해 새로이 변화하는 생활환경, 더 나아가 미학적으로 인식되는 방식까지 포함하는 광범위한 개념이다(Urry, 2007). 지리학자 팀 크레스웰Tim Cresswell은 어리의 이러한 모빌리티 개념을 확장시켜 '인간이 세상에서 존재하는 하나의 방식'으로 설명한다(Cresswell, 2006). 그에 의하면 인간이 경험하고 인식하고 재현하는 모든 것이 바로 모빌리티이며, 모빌리티 연구는 그동안 사회과학, 공학 및 자연과학에서 인식해 온 이동과는 다르게 과정과 결과를 중시하며, 그 의미가 무엇인지 파악하는 것을 중요시한다.

이러한 맥락에서 《모빌리티 생활세계학》은 우리의 일상생활에서 새로이 경험하게 되는 모빌리티를 테크놀로지, 도시 공간 및 공동체의 세 가지 분야로 나누어 그 의미를 분석하는 작업을 시도한다. 세 가지 주제에 대한 기존 사회이론의 이해 방식을 모빌리티 시각에서 더욱 복잡화시키면서 기존 접근 방식을 비판적으로 재검토하는 동시에, 모빌리티에 대한 새로운 이해 방식을 제공하는 것이다. 구체적으로 이 책은 1부 '테크놀로지와 모바일 네트워크의 형성', 2부 '(임)모빌리티에 의한 도시 공간의 구성', 3부 '고-모빌리티 시대 공동체와 정체성 생산'으로 구성되어 있다. 1부에서는 모빌리티 기술 발전에 의한 생활세계의 변화를 교통수단 중심으로 살펴본다. 최근 스마트 도시 담론과 함께 급부상하여 점차 그 이용이 확대되고 있는 공유 퍼스널 모빌리티(킥보드)와 항공교통의 모빌리티를 구체적으로 분석하고, 동시에 앞으로 도입될 새로운 형태의 모빌리티인 도심항공모빌리티Urban Air Mobility를 소개하고 우리의 일상생활에서 좀 더 용이하게 도입되기 위한 과제들을 검토한다.

　2부에서는 모빌리티와 도시 공간의 관계에 주목한다. 지난 총서에서도 지속적으로 탐구해 온 바와 같이 모빌리티와 공간은 불가분의 관계에 있다. 얼핏 보기에 역설적이고 모순적인 관계를 맺는 것처럼 보이는 모빌리티와 공간은 실제로 서로를 끊임없이 재구성하는 상보적인 관계에 있다. 따라서 2부는 (임)모빌리티를 통해 도시 공간이 어떻게 형성되고 있고, 그 의미가 무엇인지를 심층적으로 탐색한다. 3부에서는 인적 모빌리티에 대한 논의들을 살펴본다. 점차 초국가적 이주가 증대되고 있는 고-모빌리티 시대에 우리의 일상 세계를 어떻게 바라보아야 하는지에 대한 다양한 시각을 제공한다. 초국가적 이동과 이주를 통해 정착한 이주자들, 그리고 정착이 고착화되면서 이주자들의 재생산, 즉 다인종 정체성을 지닌 이주자들의 정체성이 또다시 어떻게 변화하는지를 살펴보면서 모빌리티가 현대사회의 인간관계를 어떻게 새로이 형성하는지를 검토한다. 또한 이주자뿐 아니라 실제로 이동으로 가득 찬 우리의 일상 세계를 모빌리티 렌즈로 바라보면서 세계의 구성 방식에 대한 보다 깊은 분석을 시도하면서 모빌리티인문학의 관점에서 인적 모빌리티 연구가 어떤 의미가 있는지에 대해 성찰을 제공한다.

◆ ◆ ◆

　제1부 '테크놀로지와 모바일 네트워크의 형성'의 첫 번째 글은, 최근 공유 플랫폼 서비스를 통해 그 시장이 급격히 성장하고 있는 퍼스널 모빌리티를 다룬 고민경의 글이다. 고민경은 이 글에서 퍼스널 모빌리티 서비스 이용 경험이 도시에서의 일상적인 생활과 어떻게 얽혀 있는지 살펴보며, 공유 플랫폼을 통해 퍼스널 모빌리티라는 새로운 교통수단을 경험하게 된 개개인의 일상에서의 다양한 변화의 실천을 정동^{affect} 개념으로 분석하고자 하였다. 고민경에 따르면 정동은 사물이나 환경, 사람들과의 마주침 속에서 발생하는 신체의 감각, 행동 및 인지적 반응이자 동시에 반응할 수 있는 역량적 힘이다. 이러한 정동 개념은 공유 퍼스널 모빌리티가 이용자에게 어떠한 영향을 끼치는지, 그리고 그 과정에서 이용자에게 어떠한 변화가 발생하는지를 분석하는 데 유용하다. 이 글은 공유 전동킥보드를 사용해 본 이용자의 경험을 정동으로 분석하여, 공유 퍼스널 모빌리티의 지속적인 사용이 개개인의 신체에 영향을 미치는 방식은 일반화할 수 없으며 맥락화된 신체와 환경에 따라 다양하게 나타나고 있음을 주장한다. 사실 퍼스널 모빌리티는 버스나 지하철 등의 대중교통수단이 도달하기 힘든 거리를 빠르고 간편하게 이동할 수 있게 해 주며, 이는 교통체증이나 주차난, 대기오염 등의 자동차 중심 도시 교통체계의 문제점을 해결할 수 있는 친환경적인 교통수단으로 각광받고

있다. 그러나 이 글은 공유 플랫폼이라는 새로운 형태의 서비스를 통해 구현되는 퍼스널 모빌리티 기술과 기기가 이용자들에게 단순히 편한 이동 혹은 친환경적 교통수단 혹은 지속가능한 교통체계 구현의 핵심 요소로 작동하는 것이 아님을 밝혀낸다. 이를 통해 고민경은 공유 퍼스널 모빌리티 기술과 기기가 우리에게 미치는 영향은 모빌리티 이론이나 스마트 도시 담론에서 흔히 주장하는 기술 유토피아나 디스토피아적 시각으로 단순화시킬 수 없고, 개개인마다 다르게 접근해야 함을 주장한다.

두 번째 박용하·손정웅의 글은 코로나19 팬데믹의 영향으로 세계 항공시장의 침체가 지속되고 있는 가운데, 세계 항공 네트워크의 축소 양상을 모빌리티의 관점에서 분석하였다. 팬데믹 이후 세계 항공시장은 이동 수요 감소와 국가 간 이동 제한 강화에 의해 모빌리티가 급격히 축소되었으며, 급격한 사회 및 경제적인 여건의 변화로 향후 회복 전망도 불투명한 상황이다. 이러한 맥락에서 저자들은 전염병의 초국가적 확산이 세계 항공시장의 흐름과 긴밀한 연관성을 갖는다는 점에 주목하면서, 항공 모빌리티의 차이가 가져오는 전염병의 지역 간 불균등한 확산을 살펴본다. 이들은 2020년 상반기 동안 지역 간 항공 네트워크의 차별적 축소 경향을 분석하면서 그 배경으로 국가별 코로나19 확산 추세 및 대응 방식의 차이 및 항공시장의 구조적 특성 차이를 설명한다. 이는 나아가 향후 항공시장의 회복 또한 국가 간 차별적으로 전개될 가능성이 높다는 점을 시사하는 바이기도 하다. 특히 국제선의 경우, 방역 수준이 우수한 국가나 지역 간에 우선적으로 노선이 개통됨에 따라 국소적 혹은 단계적으로 국제선 시장이 재가동될 가능성이 높을 것으로 예측한다. 이 연구는 전염병의 확산과 항공 모빌리티의 관계가 단순히 항공시장을 얼어붙게 만드는 것이 아니라 역동적으로 변화할 수 있음을 시사하여 향후 관련 논의의 폭을 넓혔다는 데 의의가 있다.

세 번째 김명현의 글은 모빌리티인문학 총서의 생활세계학 시리즈에서 최초로 새로운 모빌리티 테크놀로지 기술을 소개하고, 그 실현을 둘러싼 여러 쟁점에 대해 탐색한다. 그동안 모빌리티 생활세계학은 걷기에서부터 철도, 자동차 및 항공기 등 교통수단의 발전을 통해 변화해 온 모빌리티의 의미를 탐색해 왔다. 사실 모빌리티 관련 연구가 현재 가장 활발히 발생하는 곳이 인문학이나 사회과학이 아닌 공학이라는 사실은 이러한 새로운 모빌리티 테크놀로지에 대한 지속적인 탐색과 그로 인한 생활세계의 변화를 인문학에서 준비해야 함을 역설적으로 보여 주는 것이기도 하다. 김명현은 점차 심화되고 있는 대도시의 교통문제를 해결할 수 있는 하나의 수단으로 인식되고 있는 도심항공모빌리티Urban Air Mobility: UAM를 소개하고, 관련 서비스의 추진 현황과 함께 실제 도심부 적용을 위한 과제를 제시한다. 특히 기술 개발 이후 실제 도심항공모빌리티 서비스가 도입될 경우 발생할 수 있는 법 제도적 문제들을 제시하는데, 이는 관련 제도가 충분히 뒷받침되고 있지 않은 상황에서 모빌리티 기술의 발전이 사회 전반에 미칠 영향에 대해 논의하는 것이다. 이를 통해 김명현은 모빌리티 테크놀로지와 생활세계 공-진화에 따른 새로운 문제를 제기하고, 이에 따른 기술철학의 재규정이 필요함을 시사한다.

◆ ◆ ◆

2부 '(임)모빌리티에 의한 도시 공간의 구성'은 모빌리티 공간 구성을 통한 도시재생과 도시관광을 분석한 정은혜의 글로 시작된다. 모빌리티에 내재된 유동성과 관계성에 착안하면서 정은혜는 도시 공간의 질적 수준을 높이는 도시재생에서도 모빌리티의 관점이 필요함을 강조한다. 광의의 의미에서 도시재생은 노후화되거나 낙후된 도시 지역을 활성화시키는 방안으로 물리적 및 사회경제적 환경을 개선하는 것으로 이해되곤 한다. 최근 지속가능한 도시재생은 '사람중심도시'를 슬로건으로 걸면서 보다 정성적, 사회문화적, 장소적으로 접근하며 도시녹화와 도시관광을 강조하는 추세이다. 이에 정은혜는 모빌리티 도시화 구현으로서의 도시재생과 도시관광을 동시에 해결하려 한 '서울로 7017' 사례에 주목한다. 서울로 7017은 노후화되고 도시 교통 흐름에 정체를 유발하는 등 여러 문제가 나타난 서울역고가도로를 철거하기보다 보행전용고가로 전환하여 도시재생과 도시관광을 도모하는 관 주도의 프로젝트이다. 정은혜는 자동차전용고가도로에서 보행전용고가로 전환된 점에 주목하면서, 실제 관광객들이 형성해 내는 흐름의 공간으로 바뀌고 있음을 강조한다. 또한 관광객의 도보를 통한 이동이 새로운 시각적 경험을 제공하는 동시에 공중공원이자 시민의 산책로로 활용되어 모빌리티 도시 공간의 지향점인 사람들과의 열린 교섭을 통해 유동적이고 관계적인 방식으로 새로운 장소성이 구현되는 공간임을 보여 준다. 또한 공중공원임에도 불구하고 주변의 차로와 기찻길과 연결되어 높은 접근성을 갖고 있는 특징을 바탕으로, 고정성과 닫힌 경계를 넘어 확장되는 상호관계의 산물임을 드러낸다. 이를 통해 정은혜는 서울로 7017이 기존의 자동차전용고가도로라는 고정적인 특징으로 파악되는 것이 아니라, 모빌리티 도시화를 구현해 내는 고가이면서 도보로의 느린 이동이 가능한 장소이자, 동시에 역설적으로 자동차 모빌리티의 빠른 속도를 확인할 수 있는 관광지로서 하나의 경로이자 장소가 되었다는 심층 분석을 제시한다.

도시관광을 통한 모빌리티의 체험은 2부 두 번째 오정준의 글과도 연관된다. 오정준은 서울 시티투어버스를 사례로 하여, 관광객들이 움직이는 버스에서 바라보는 시각, 다시 말해 기동시각에 대한 인식의 변화를 요구한다. 도시투어 버스는 도시를 관람하는 대표적인 방법으로, 관광객들은 달리는 버스 창문을 통해 도시와 그 구성요소를 응시하고 시각적으로 경험하게 된다. 따라서 도시투어 버스는 상대적으로 시간이 부족한 현대의 관광객들에게 도시를 경험하는 최적의 방법으로 인식되곤 한다. 그런데 오정준은 움직이는 버스를 하나의 모빌리티 기계로 인식하면서 버스에서 바라보는 사람들의 시각이 인간의 것이라는 당연한 사고를 거부할 것을 제안한다. 오히려 버스의 물리적인 특징, GPS 테크놀로지가 결합된 녹음방송, 관광안내책자, 운전기사의 행위 및 장소에 대한 담론 등이 상호관계를 맺으면서 형성된다. 시각은 인간의 고유한 감각으로 여겨지지만, 실제로 도시를 이동하는 버스에서 관광객의 눈은 버스로 매개되고 버스가 스쳐 지나가는 경관만을 인식하게 된다. 따라서 관광투어 버스에서의 관람시각은 관광객만의 신체적, 정신적 성취물이 아니라 관광객의 신체 및 정신과 함께 담론, 상상, 재현, 사물, 기계, 테크놀로지 등이 이종적으로 얽혀진 결과물로 이해해야 한다. 이러한 지점에서 오정준의 글은 관광객과 모빌리티 기계의 연계를 통해 형성되는 기동 관람시각의 아상블라주적 해석을 통해 모빌리티와 관광의 관계에 대한 논의를 보다 확장시켰다.

2부의 마지막은 혼자 사는 청년들의 주거 경험을 토대로 일상적인 '집 만들기' 실천과 그 과정에서 관계적으로 구성되는 집의 의미를 살펴본 이지선과 이영민의 글로 구성되었다. 이들은 청년들의 주거 공간, 즉 집을 정착을 위한 고정과 정박의 장소로 인식하는 것을 거부하고 주체에 따라 다양한 의미를 지닌 관계적인 장소로 바라볼 것을 제안한다. 동시에 이 주체들을 불안정한 거주지에 일시적으로 정착하는 존재가 아니라 주체적으로 자신의 집을 만들어 나가는 능동적 행위자로 전제한다. 이들은 청년들이 공동 주거지에서부터 시작해 일련의 이주 과정을 거치는 것에 주목한다. 이른바 거주지의 모빌리티를 분석하여 그 과정에서 집의 물리적 경계를 넘어 다양한 시공간 및 물질들과 관계를 맺으면서 집을 끊임없이 재구성해 나감을 주장한다. 따라서 모빌리티의 관점에서 바라보면 청년들의 집은 단순히 정주를 위한 정박된 장소가 아닌 이동과 정주가 공존하는 곳이며, 동시에 그 경계가 불분명한 관계적인 장소라는 것이다. 점차 증가하고 있는 1인가구의 집이 과도기적이거나 결핍되고 불안정한 그리고 고정된 장소로 인식되고 있는 가운데 이러한 연구는 집과 이에 얽혀 있는 사회적 관계를 중심으로 집의 개방성과 역동성을 강조한 의의가 있다. 더 나아가 (임)모빌리티와 공간의 상보적 관계에 대한 논의를 구체적인 물질적 세계를 통해 넓힌 날카로운 분석이기도 하다.

◆ ◆ ◆

　3부 '고-모빌리티 시대 공동체와 정체성 생산'은 인적 모빌리티에 대한 논의로, 다인종 재미 한인들의 온라인 커뮤니티 활동을 분석한 배진숙과 김재기의 글로 시작된다. 이들은 스마트폰과 같은 모바일 커뮤니케이션 미디어가 우리의 일상에 배경 혹은 더 나아가 환경으로 작동되면서 개인 혹은 다수와 동시적 혹은 비동시적 연결이 가능해지고 사물과 비인간적 정보 교류를 할 수 있게 되면서 다차원적 커뮤니케이션이 발생하는 것에 주목한다. 이용자가 자신의 지리적 위치와 상관없이 원하는 순간에 정보 교류 혹은 대화나 관계의 사회적 공간에 접속할 수 있기에, 물리적 공간과 디지털 공간의 경계가 약화된 혼종적인 사회적 공간 더 나아가 혼합된 실재를 경험할 수 있다는 것이다. 초국가적 이주가 점차 장기화되고 고착화되면서 디지털 시대에 이주자나 이주 경험을 가진 부모를 가진 다인종 한인들의 경우 디지털 사회로의 진입은 이들의 모빌리티를 약화시키고 동시에 강화시킨다. 이러한 맥락에서 배진숙과 김재기는 북미 기반 다인종 한인들의 온라인 커뮤니티가 형성되고 유지되는 요인들을 파악하여 온라인 커뮤니티가 지리적인 인접성 여부를 떠나 사회적 상호작용의 관계를 형성하는 방식을 분석한다. 따라서 이들의 연구는 초국적 이주로 인해 한국과의 거리가 멀어진 상태로 타국에서 정착한 이주자들과 그들의 자녀들이 형성해 내는 온라인상의 커뮤니티를 통해, 이들의 인적 모빌리티가 구현되는 방식을 밝혀냈다고 할 수 있다.

3부의 두 번째는 한국의 무슬림 온라인에서 이슬람 담론과 정체성의 형성 과정을 분석한 파라 셰이크의 글이다. 파라 셰이크는 소위 다문화사회로 진입하고 있는 오늘날 우리나라에서 소수자로 살아가는 무슬림들의 삶에 초점을 둔다. 배진숙과 김재기의 글이 초국적 이주의 장기간 정착으로 생겨난 정체성이 소셜 네트워크에서 어떻게 드러나는지를 분석하였다면, 파라 셰이크의 글은 반대로 무슬림으로 개종한 한국인 청년들이 이슬람과 관련된 고정관념에 맞서기 위해 소셜 네트워크를 어떻게 활용하는지를 분석한다. 파라 셰이크에 의하면, 젊은 한국인 무슬림들은 자신들의 일상생활 이미지와 기본적인 이슬람 지식을 공유하는 포스트를 올리고 온라인 채팅에 적극적으로 참여한다. 이를 통해 이들은 한국사회 내에서 자신들의 입지를 다지고, 자신들이 '이질성'을 갖는 존재가 아니라 이슬람 개종을 한 한국인임을 강조하여 한국인의 의미를 재구성하는 역동적인 주체라는 것이다. 이슬람 종교에 대한 방대한 지식을 일방적으로 홍보하는 것이 아니라 누구나 볼 수 있는 오픈된 곳에는 가장 기본적인 정보만을 알리고, 프라이빗 메시지 기능을 이용하여 주류 한국사회와 좀 더 심도 깊게 소통하는 방식을 통해 이슬람에 대한 서사를 전달한다. 이슬람으로 개종하면서 예기치 못한 인종화 과정을 경험한 한국인 무슬림 청년들이 자신이 기존에 속했던 네트워크와 가족으로부터 더 넓은 사회의 주변부로 밀려나 어려운 위치에 놓이게 된다. '다와Dawah'로 불리는 이슬람 정체성을 강화하는 이러한 한국인 무슬림의 활동은 이슬람의 정상화를 동원하고자 하는 하나의 전략으로 이해할 수 있을 것이다.

3부의 마지막은 모빌리티와 일상의 세계를 복잡성과 리듬 및 정동의 개념으로 분석한 이용균의 글이다. 이용균은 모빌리티를 관계적으로 이해할 것을 제안하면서 모빌리티를 단수의 어떠한 것으로 이해하는 것이 아니라 사물이 어떤 메커니즘을 통해 관계를 맺고 그러한 관계가 의미하는 것이 무엇인지, 즉 모빌리티를 관계의 시스템으로 바라보아야 한다고 주장한다. 이용균에 의하면 모빌리티 시스템을 이해하는 데에는 단 하나의 메타이론으로는 부족하며, 여러 관점과 이론의 결합이 가장 적절한 방법론이다. 이를 위해 아상블라주assemblage 개념을 가져오며, 모빌리티를 의미-구성-실천의 결합 시스템으로 이해할 것을 한 방법으로 제시한다. 구체적으로 창발의 현상학으로 모빌리티를 인식하고, 정동을 통해 모빌리티의 실천을 분석하는 방법을 제안한다. 이러한 연구에 의하면 우리의 일상세계의 모든 것은 운동과 이동의 과정 속에 있으며, 우리가 경험하는 모든 모빌리티 역시 사실은 인간과 비인간의 관계들이 서로 결합 · 배치되는 것으로 이해해야 한다. 모빌리티는 사람과 사물의 관계에 의해 발생하기에 그 자체의 의미를 밝힐 필요가 있으며, 모빌리티의 의미는 사람과 사물의 복잡한 관계가 서로 어떻게 연결되는지를 밝히는 맥락에서 파악되어야 한다. 따라서 이용균의 연구는 모빌리티가 단순히 이동 혹은 연결되는 것을 의미하는 것이 아니라, 이동에 내재하는 보이지 않는 혹은 보이는 권력에 의해서 그 의미가 어떻게 생산 및 재생산되는지를 파악하는 하나의 기제임을 강조하는, 다시 말해 모빌리티 생활세계학의 의미를 다시 한 번 확인하고 그 중요성을 밝혀내는 주요한 작업이다.

이 책에 실린 9편의 글들은 지리학, 공학, 문화연구, 인류학, 문화연구, 미디어연구 등의 분야에서 각기 상이한 주제와 연구 방법을 통해서 수행된 연구들이다. 각기 다른 연구임에도 불구하고 이 연구들이 공통적으로 동의하는 바는 오늘날 우리 사회에서 급속하게 증가하는 모빌리티와 이를 둘러싼 다양한 의미와 실천의 중요성이다. 9편의 글들은 모두 우리에게 모빌리티의 개념과 실천, 그리고 그 의미를 다양한 방식으로 제시하였다. 또한 이들은 모빌리티의 등장과 실천이 실제 우리의 생활세계에서 어떻게 나타나고 우리에게 어떠한 영향을 미치고 있는지를 비판적으로 분석하면서 좀 더 폭넓은 논의와 후속 연구의 가능성을 확장시키고 있다. 이 책을 계기로 더 많은 관련 분야에서 모빌리티 생활세계학에 대한 다양한 시각과 비판적 논의들이 지속되어 모빌리티 생활세계학에 대한 이해를 제고시키기를 기대한다.

참고문헌

김수철, 〈모빌리티 사회이론과 생활세계〉,《모빌리티와 생활세계의 생산》, 2019,
　　8~30쪽.

T. Cresswell, *On the Move*, New York: Roultledge, 2006.

J. Urry, *Mobilities*, Cambridege: Polity Press, 2007.

1부

테크놀로지와 모바일 네트워크의
형성

공유 퍼스널 모빌리티 이용에 따른 도시 경험

: 정동적 플랫폼 도시론Affective platform urbanism을 위한 시론적 연구

고민경

이 글은 〈공유 퍼스널 모빌리티 이용에 따른 도시 경험〉, 《한국도시지리학회지》 23(3), 2020, 35~47쪽의 내용을 수정·보완한 것이며, 2018년 대한민국 교육부와 한국연구재단의 지원을 받아 연구되었다(NRF—2018S1A6A3A03043497).

들어가면서

최근 들어 플랫폼 비즈니스에 대한 관심이 뜨겁다. 플랫폼 비즈니스는 사업자가 제품이나 서비스를 직접 생산하는 것이 아니라, 생산자와 사용자를 서로 연결해 주는 서비스를 지칭한다. 2018년 기준으로 세계에서 시가총액이 높은 상위 10개 기업 중 6개가 플랫폼 비즈니스 기업일 정도로(애플, 알파벳, 아마존 등) 플랫폼 비즈니스는 막강한 영향력을 지니고 있고, 이에 플랫폼 형성과 유지 능력이 새로운 경쟁우위의 원천으로 부상하고 있다(황혜정, 2018). 국내에서도 상황은 비슷하다. 스타트업 기업부터 대기업에 이르기까지 다양한 산업군에서 플랫폼 비즈니스가 도입되고 있다. 실제로 배달의민족, 카카오택시, 에어비앤비AirBnB, 직방 등의 플랫폼 비즈니스는 도시 내에서 발생할 수 있는 대부분의 소비 관련 서비스를 제공하면서 우리의 삶을 전반적으로 재구성하고 있다

이러한 플랫폼 비즈니스의 성장과 확대에 있어 '퍼스널 모빌리티' 분야를 눈여겨 볼 만하다. 퍼스널 모빌리티는 단거리를 간편하고 신속하게 이동할 수 있는 전동형 개인 이동수단을 의미하며, 흔히 '씽씽이'로 불리는 전동킥보드가 그 대표적인 예이다. 퍼스널 모빌리티는 목적지까지 남은 마지막 1마일을 이동할 수 있는 최후의 이동수단을 의미하기에 '라스트마일 모빌리티last mile mobility'로 불리기도 한다(정보통신정책연구원, 2019). 퍼스널 모빌리티는 버스나 지하철 등의 대중교통수단이 도달하기 힘든 거리를 빠르고 간편하게 이동할 수 있게 해 주며, 이는 현재 자동차 중심의 도시 교통체계의 문제점—교통 체증, 주차난, 대기오염 및 소음 등—의 해결책을 제시하여 친환경적이고 지속가능한 교통체계를 구현할 것으로 기대되고 있다(신희

철 등, 2017). 걷기 혹은 택시로 이동하기엔 애매한 거리를 퍼스널 모빌리티를 통해 편하게 이동할 수 있게 된 것이다.

초기의 퍼스널 모빌리티는 기술보다 가격의 문제로 쉽게 접할 수 없었지만, 공유 플랫폼 서비스를 만나 점차 접근 가능한 장치로 변화해 가고 있다. 서울시에 의하면, 서울 시내 공유 퍼스널 모빌리티는 2018년 150여 대에 불과하였지만 2020년 현재 3만 5,850여 대로 증가하였고, 16개 공유 퍼스널 모빌리티 업체가 서비스를 제공하고 있다(서울특별시청, 2020). 서비스의 공급 증가와 함께 퍼스널 모빌리티 사용자 또한 급증하였는데, 빅데이터 플랫폼 모바일인덱스(2020)에 따르면 공유킥보드 앱 사용자는 2019년 4월 약 3만 7천 명에서 1년 만인 2020년 4월 약 21만 4천 명으로 6배가량 증가할 정도로 빠르게 성장하고 있다. 퍼스널 모빌리티는 코로나19 바이러스 확산에 따른 언택트 문화와 2020년 12월 10일부터 시행되는 도로교통법 개정[1]으로 지속적인 시장의 성장이 예측되고 있다.

공유 플랫폼 형태의 퍼스널 모빌리티 시장의 빠른 성장과 그로 인한 도시에서의 영향력에도 불구하고, 국내외 학계에서 이에 대한 연구는 아직 초기 단계에 있다. 특히 국내에서는 도시 교통 문제를 해결하기 위한 방안으로 퍼스널 모빌리티를 활용한 스마트 시티 연구가 진행되고 있지만, 주로 기술과 정책에 의한 4차 산업시대의 새로운 동력으로서의 스마트 도시 개발에 관심을 기울이고 있는 실정이다(박배균, 2020). 퍼스널 모빌리티 관련 연구는 최근 법·제도적 규제

---

[1] 2020년 6월 행정안전부는 도로교통법과 자전거 이용 활성화에 관한 법률이 개정되었다고 발표했다. 이에 따르면 최고 속도 25km/h 미만, 총중량 30kg 미만인 개인형 이동장치는 자전거 도로의 통행이 가능하고, 만 13세 이상, 헬멧 등의 보호 장구를 착용하면 누구나 면허 없이 이동장치를 탈 수 있다.

와 함의(송승현, 2017: 최환용, 2017), 디자인과 기술(강희라 2016: 이근 등 2017: 차주천, 2011) 및 안정성(김상일, 2018: 박범진 외 2018) 등의 방향으로 전개되기 시작했다. 그러나 퍼스널 모빌리티, 특히 공유 플랫폼을 통한 퍼스널 모빌리티의 사용이 이용자의 일상과 복잡하고 다층적으로 얽히면서 이러한 서비스의 출현과 이용이 도시에서 어떻게 나타나는지에 대한 연구는 아직 미진하다.

　해외 연구에서는 퍼스널 모빌리티보다 디지털 기술과 플랫폼 경제에 초점을 두면서, 이러한 기술과 경제의 이용과 도시 공간의 관계를 탐색하는 연구들의 필요성이 제기되고 있다(Rose, 2017; Shepard, 2013). 예를 들어 애쉬(Ash et al., 2018, pp.36-37)는 '디지털 기술의 아상블라주'의 일부로서 디지털 수요대응형On-demand 서비스가 변화시키는 일상의 습관과 실천에 주목할 필요가 있음을 강조했다. 또한 플랫폼 자본주의가 새롭게 초래하는 노동착취와 이에 대한 디스토피아적 미래도 논의되었다(Scholz, 2017). 한편 퍼스널 모빌리티의 경우, 이러한 기술의 발전이 지속가능한 도시 교통과 환경에 어떻게 기여할 수 있는지(Behrendt, 2018; Weiss et al., 2015), 기존의 공유자전거와 어떠한 차이가 있는지(McKenzie, 2019), 안전에 대한 사회적 함의(Allem & Mahmundar, 2019), 정책적 규제(Fang et al., 2018; Petersen, 2019) 등에 대한 연구가 수행되었다. 그러나 소비자들이 언제, 어디서, 어떻게 퍼스널 모빌리티 서비스를 이용하는지 그리고 이들의 서비스 이용이 도시 내에서 일상생활과 어떻게 다양한 교차 지점을 만들어 소비자들의 일상에 변화를 일으키게 되는지에 대한 연구는 공백으로 남아 있는 실정이다.

　이 글은 퍼스널 모빌리티 시장이 플랫폼 비즈니스를 통해 성장하고 있음에 주목하면서, 공유 플랫폼 퍼스널 모빌리티 서비스 이용 경험이 도시에서의 일상적 생활과 어떻게 얽혀 있는지 살펴보는 시도이다. 공유 플랫폼을 통해 퍼스널 모빌리티라는 새로운 교통수단과 조우하면서 겪는 개개인의 다양한 변화와 실천을 정동affect 개념으로 분석하고자 한다. 정동은 인간과 비인간, 물질과 비물질 및 도시와 환경의 유동적 관계를 설명하는 틀로서, 도시에 대한 새로운 이해 방식으로 부상하고 있다(Bissell, 2020). 비셀David Bissell(2020)은 정동적 도시론을 디지털 기술의 플랫폼화와 연계시키면서 기술과 자본주의에 의해 점차 복잡해지는 도시의 일상을 '정동적 플랫폼 도시론affective platform urbanism'으로 바라볼 것을 제시했다. 본 연구는 비셀의 정동적 플랫폼 도시론에 따라 공유 플랫폼 퍼스널 모빌리티를 사용해 본 사람들의 경험을 조사하고, 그 결과 도시에서 나타나는 개개인의 삶의 복잡성을 고찰할 것이다.

이 글의 연구 대상은 공유 퍼스널 모빌리티 서비스(전동킥보드)를 이용해 본 경험이 있는 사람들로, 연구자가 근무하는 대학의 커뮤니티를 활용하여 총 15명의 연구 참여자를 섭외하였다. 2020년 6월 1일부터 10월 말까지 약 넉 달 동안 연구 참여자들과의 반구조화된 심층 인터뷰를 진행하였으며, 각각의 인터뷰는 30~60분가량 소요되었다. 인터뷰는 참여자들이 선호하는 시간과 장소에서 대부분 이루어졌으나, 코로나19 바이러스의 확산으로 대면 인터뷰가 어려운 상황에는 화상전화로 인터뷰를 진행하였다. 인터뷰의 내용은 기본적으로 공유 퍼스널 모빌리티 서비스 이용의 경험과 그로 인한 일상생활의 변화와 퍼스널 모빌리티 서비스에 대한 연구 참여자의 인식의 변화였다.

이를 토대로 한 글의 구성은 다음과 같다. 첫째, 정동과 플랫폼 도시론에 대한 문헌 연구를 살펴보고, 이를 통해 정동적 플랫폼 도시론의 필요성을 탐색한다. 둘째, 현장 연구를 통해 드러난 공유전동 킥보드 사용을 둘러싼 개개인의 다양한 경험과 변화를 분석함으로써, 도시의 복잡성을 고찰한다. 끝으로 본 연구의 함의와 한계를 제시하고 추후 연구의 방향을 제안한다.

정동적 플랫폼 도시론

정동affect은 최근 지리학을 비롯한 사회과학 전반에서 점차 주목하고 있는 개념이다. 객관적이고 합리적인 '과학'을 추구하는 전통적인 지리학에서 그동안 정동은 간과되어 왔지만, 정동은 점차 도시를 이해하는 하나의 관점으로 자리매김해 가고 있다(Thrift, 2004). 1990년대 중반 이후 탈구조주의와 해체 이론의 한계에 대한 비판적 문제 제기에서 출발한 정동은 철학을 비롯한 인문학에서 치열한 논쟁[2]을 거쳐 2000년대 이후부터는 사회학, 심리학, 지리학 등 사회과학에서도 다양한 방식으로 전개되고 있다[3]. 정동 개념의 다양화에도 불구하고 기본적으로 사회과학에서는 "힘 또는 마주침의 힘들force

---

2 정동에 대한 이론가들의 개념 정의는 다양하다. "어떤 단일한, 일반화될 수 있는 이론은 없다"고 할 정도이다(최성희 등 역, 2014, 19). 그럼에도 불구하고 철학과 문학 등의 인문학을 중심으로 정동의 개념은 발전되어 왔는데, 크게 "과학, 기술, 신경 이론과 연접한 초-미시적 정동이론", "감정과 문화의 사회학", "몸과 세계, 미디어, 이미지 간의 관계를 정동적 관계로 사유하는 철학적, 미적, 윤리적 입장들"(스피노자로부터의 철학적 흐름)의 세 방향으로 전개되어 왔다(박현선, 2016, 62-64). 또한 이러한 개념을 사용하여 문화연구에서는 특정한 상황을 분석하는데 사용되고 있다. 이에 대한 자세한 검토는 본 글의 성격을 벗어나므로 이하 생략한다.

3 지리학 내에서의 정동의 복잡하고 다양한 개념에 대한 논쟁은 Anderson(2006), Pile(2010), Thien (2005), Tolia-Kelly(2006) 등의 연구를 참조하라. 이들은 정동이 선험적으로 인식될 수 있는지의 여부 및 정동과 정서emotion의 차이 등에 대해 논의하고 있다.

or forces of encounter"로, 인간뿐 아니라 다양한 주체의 신체들 사이in-between-ness의 행위를 통해 발생하여 하나의 신체가 다른 신체에 미치는 영향이자 그 지속으로 바라보는 관점에 동의한다(최성희 등 역, 2014). 이들은 정동에 대해 인간뿐 아니라 다양한 주체의 신체들 사이의 행위를 통해 발생하는 것으로 바라보고 있으며, 신체들의 행위하는 능력과 행위를 받는 능력의 상호관계와 상호작용에 주목한다(Ahmed, 2004; Clough, 2008; Sedgwick, 2003). 즉, 정동은 마주침을 따라 신체들이 "변용modification, 변이variation, 이행transition"하는 과정으로 이해될 수 있다(신현준, 2016, 293). 이는 주체와 객체, 신체와 사유를 이분법적으로 분리해 온 근대적 지각 체계와는 달리 사유의 체화, 의인화된 방식으로 설명하면 "의식화된 앎 아래나 옆에 있거나, 또는 아예 그것과는 전반적으로 다른 내장의 힘들"을 의미한다(최성희 등 역, 2014, 14-15).

지리학에서의 정동 연구는 정동이 작동하는 '공간'에 대한 탐색에 주목한다. 신체 사이의 마주침을 통해 나타나는 변이가 공간에서 어떻게 나타나는지에 대해 관심을 기울이는 것이다. 이러한 지리적 접근은 인간 주체와 공간 객체의 이분법적 존재론에서 벗어나 이들의 조우, 혹은 조우의 과정에서 나타나는 미시적이고 미묘한 관계를 포착해 내는 비재현 이론non-representational theory으로 발전해 왔다(Thrift, 2008). 비재현 이론은 공간에 대해 데카르트 좌표처럼 고정적으로 존재하는 것이 아니라 가변적으로 생동becoming하는 "이동-공간movement-space"(Thrift, 2004)과 신체들이 조우하고, 수행하면서 형성해 내는 관계에 대한 사유로 바라볼 것을 제안한다(Anderson, 2006). 이들은 담론이나 질서, 구조가 형성해 내는 신체들에 대한 해석이나 재현의 한계를 지적하며 정동을 통해 사유의 기반을 확장하고, 사건과 실천을 강조하는 것이다(Cresswell, 2004).

이러한 정동에 대한 이해로부터 출발한 정동적 도시론affective urbanism은 합리적이고 이성적인 이론과 과학적 지식에서부터 담론과 재현에 이르기까지, 기존 도시 연구의 흐름에서 벗어나 정동을 통해 도시에서 나타나는 다양한 삶의 모습을 탐색하는 사유 방식이다 (Anderson and Holden, 2008). 도시를 정동적 삶의 과정으로 이해하고자 하는 정동적 도시론은 그 뚜렷한 목적과 의의에도 불구하고 구체적인 사례 연구를 통한 논의의 확장이나 방법론의 정립이 더디게 진행되고 있다. 국내에서는 정동을 감정의 연장선에서 이해하여 산업도시의 감정/정동의 구성과 변화를 탐색한 신진숙(2019), 정동을 통한 도시 정치 연구의 필요성을 강조한 신현준(2016)의 연구가 있을 뿐이다. 정동이 발생시키는 도시의 정치와 그 공학(McCormack, 2008; Thrift, 2004), 도시 정동의 분위기(Edensor, 2012; Micheals, 2015) 등의 형태로 논의가 다양하게 진행되고 있다. 그럼에도 불구하고 이들은 공통적으로 일상적인 삶의 현장인 도시에서 매일매일 발생하는 정동, 그리고 그러한 도시의 다양한 신체와 존재들과 정동의 느슨한 조합(아상블라주)이 끊임없이 재구성하는 도시의 특성, 그리고 이를 둘러싼 복잡한 과정을 밝혀내고 있다(Ahmed, 2004; Anderson and Holden, 2008; Latham and McCormack, 2009).

한편 정동적 도시 연구는 최근 등장한 디지털 플랫폼 경제와의 조우를 경험하며 정동 연구의 폭을 확장시키고 있다(Bissell, 2020; Leszczynski, 2019; 2020). 이들은 디지털 플랫폼 경제가 개개인의 일상에 깊숙이 침투하여 변화시키고 있는 도시의 모습과 사람들의 변화, 그리고 도시와 사람들의 활동에 의해 다시 변화하는 플랫폼의 수용력에 주목한다(Barns, 2019; Rodgers and Moore, 2018). 현대 도시에서 사람들은 스마트폰을 비롯한 각자의 기기를 구비하고, 이를 통해 다양한 플랫폼과 개별적으로 조우하여 자신들의 활동을 변화시켜 나간다. 즉, 이들의 플랫폼 이용은 개인화되고, 이는 다시 개개인의 다양한 일상과 교차되면서 도시의 일상성을 복잡하게 직조해 가는 것이다(Barns, 2018). 도시 내 플랫폼 경제의 발달은 데이터 수집을 통해 도시를 효과적으로 관리하는 스마트 도시의 필수 조건이지만, 데이터 수집 과정에서 나타나는 기술의 권력이 언제 어디서나 존재하기 때문에 인간 주체가 점차 디지털 경제에 의존하고 수동적으로 살아가게끔 조장한다는 비판에서 자유롭지 못하다(Pedwell, 2019). 그러나 '힘 또는 마주침의 힘'인 정동의 관점에서 이를 바라보면 다양한 플랫폼과의 조우는 신체의 변용, 변이, 이행을 겪게 만든다. 사유를 체화하는 신체는 "정동하고 정동되는 능력capacity"인데(최성희 등 역, 2014, 30), 마주침의 관계를 통해 행동하고, 감지하며 인식할 수 있는 능력이 디지털 기술과 조우하여 지속적으로 생동becoming하게 되고, 그 결과 주체의 다양성이 생성된다는 것이다(Ettlinger, 2018: Rose, 2017).

이러한 정동과 도시의 관계 속에서 비셀은 정동을 "지각하는 신체에 의해 지속적으로 혹은 '내재적'으로 평가되는 상황적 조우를 통해 발생하는 힘의 전환"으로 조작적으로 정의한다(Bissell, 2020, 3). 이때 조우는 신체의 능력을 증가 혹은 감소시키면서 변화를 이끌어 내는 것이며, 따라서 조우 그 자체가 긍정적이거나 부정적인 것으로 판단할 수 없다. 그러나 플랫폼과의 조우, 특히 반복적 조우는 신체의 행동, 감각 및 인지에 변화를 일으킨다. 반복과 이를 통해 형성된 습관은 보통 안정감을 형성하는 것으로 인식되곤 했지만(Bourdieu, 1990), 최근 정동 관련 연구들은 신체의 변화 과정과 지속에 주목하면서 이의 역동성을 포착해 내고, 신체 변화의 의미를 해석하고 있다(Ravaisson, 2008: Rose, 2018). 또한 이러한 정동으로 인한 신체의 변화는 감각으로 지각하는 몸을 받아들이는 방식과, 그 과정 및 결과에서 나타나는 신체적 표현을 탐색하는 미학으로 연결된다. 조우에서 비롯되는 신체의 변화와 이에 대한 자신의 인지는 편안함이나 불편함과 같은 평가로 연결되고, 이를 통해 대상에 대한 정향orientation이 발생하기 때문이다(최성희 등 역, 2014). 이에 의하면 무언가에 정동된다는 것은 곧 그 무언가를 평가하는 것이고, 평가는 신체가 대상을 향하는 방식인 정향으로 표현되는 것이다. 따라서 우리가 조우하는 대상에 가치를 부여하는 것은 곧 정동의 결과이자 우리 신체와 대상뿐 아니라 사회구조와의 연결을 형성하는 방식이다(Anderson and Harrison, 2010). 도시의 일상을 경험하는 개개인의 신체가 플랫폼과의 조우를 통해 변화하고 있음은 자명하다. 플랫폼을 형성하는 디지털 기술과 기기 등이 우리에게 일방적으로 어떠한 영향을 미치는 것이 아니라, 기술의 수용체로서 변화하는 신체가 어떻게 일상에서 다른 경험을 하게 되는지, 그리고 그 결과 도시의 복잡성을 어떻게 형성하는지를 주목하는 것이 바로 정동적 플랫폼 도시론이라 할 수 있다(Bissell, 2020; Leszczynski, 2019; 2020).

정동적 플랫폼 도시론의 관점에서 보면, 공유 플랫폼 전동킥보드는 스마트폰에 전용 서비스 앱을 설치함으로써 신체와의 조우가 시작된다. 앱을 설치한 후, 회원 가입과 결제 과정에 필요한 개인정보(운전면허)와 카드 정보를 입력하면 서비스를 이용할 준비가 완료된 것이다. 앱은 실시간 위치 정보를 기반으로 지도에서 현재 나의 위치를 보여 주고, 주변에 이용 가능한 기기의 위치와 정보를 제공한다(〈그림 1〉, 〈그림 2〉 참조). 킥보드의 위치, 배터리 잔량 및 가격을 확인하고 가장 적절한 킥보드를 선택하여 기기에 접근한 후, 기기에 부착된 QR코드를 스캔하면 기기의 잠금이 풀려 이동이 가능하다(〈그림

〈그림 1〉 공유 플랫폼 킥보드 서
비스 지도
출처: 저자 휴대폰 화면 캡처

〈그림 2〉 공유 플랫폼 킥보드 기
기의 위치 정보
출처: 저자 휴대폰 화면 캡처

〈그림 3〉 공유 전동킥보드 QR코드
출처: 저자 촬영

3〉 참조). 이용이 끝나면 원하는 장소나 지정된 주차 구역에 기기를
반납하면 되고 이용 시간에 따른 요금이 정산되어 부과된다.

　이러한 공유 플랫폼 전동킥보드는 최근 스마트 도시 구축에 널리
활용되면서 도시의 교통 체증과 환경문제를 해소하고, 사용자로 하
여금 최종 목적지까지 편안하게 이동할 수 있게 해 주는 신개념 도
시 교통수단으로 각광받고 있다(신희철 등, 2017). 그러나 기술-유토피
아적 시각에서 예상하는 전동킥보드의 사용은 결코 시나리오대로의
긍정적 효과만을 가져올 것으로 기대하기 힘들다. 도시는 하나의 텅
빈 용기가 아니라 서로 다르게 맥락화된 사람과 사물, 물질과 비물
질 모두를 연계시키고 있는 유기체이다. 따라서 전동킥보드의 사용
은 개개인에게 모두 다르게 경험될 수밖에 없고, 그 결과 각각의 신
체에 따라 다르게 체화될 것이기 때문이다. 이러한 맥락에서 이 글

은 공유 플랫폼 퍼스널 모빌리티 사용에 대한 개인적 경험을 정동의 관점에서 분석하여, 도시 연구에 대한 함의를 도출하고자 한다.

공유 퍼스널 모빌리티(전동킥보드)의 경험

공유 퍼스널 모빌리티 경험에 대한 데이터는 본 연구에서 모집한 15명의 연구 참여자와의 심층면접을 통해 획득하였다. 15명의 참여자는 모두 20~30대로 남성 9명과 여성 6명이었다. 본 글에서는 그중 20대 여성과 남성 각 1명, 30대 여성과 남성 각 1명, 총 4명의 면접에 집중한다. 참여자들의 연령과 성별 및 생활 스타일의 다양성을 드러내고, 자신의 공유 퍼스널 모빌리티 서비스 이용 경험을 잘 설명한 사람들 8명을 우선 선정하였고, 이후 이들 중에서 공유 퍼스널 모빌리티 서비스를 사용하면서 자신이 경험하게 된 인식과 일상의 변화를 가장 성찰적으로 설명한 사람들로 최종 4명을 선정하였다. 연구 참여자 15명 모두의 이야기에서 공통점을 찾고 일반화하기보다 4명의 이야기에 집중하는 이유는, 공유 플랫폼 모빌리티 서비스와 조우 전후의 변화, 특히 각 개인의 맥락에서 서로 다르게 경험하는 변화를 탐색하는 데 더 적절할 것으로 판단되었기 때문이다. 선정된 4명은 면접 시작 당시 모두 공유킥보드를 주 3회 이상, 1회 평균 10~20분 정도 사용한 사람들이었다. 선정된 4명의 면담자와는 각각 2주에 한 번씩 총 8회에 걸쳐 면담을 진행하였고, 면담 시간은 30~45분가량 소요되었다. 면담의 내용은 공유 퍼스널 모빌리티에 대한 이용 전의 인식, 조우 계기와 사용 경험, 이로 인해 자신들이 경험하게 된 일상에서의 변화 및 자신이 새롭게 인지하게 된 도시 일상의 변화 등이었다. 면담 내용을 통해 각 면담자의 내러티브를 다음과 같이 구성하였다.

면담자 A의 내러티브

A는 20대 여성 대학생이다. 전동킥보드는 2019년 말에 대학교 캠퍼스에서 친구들이 목적지까지 가는 데 같이 이용하자고 권유하여 경험하게 되었다. 이후 종종 대학교 캠퍼스와 전철역 사이를 오고 갈 때 혹은 특정 목적지로 이동할 때 늦을 것 같은 상황에서 공유 퍼스널 모빌리티 서비스를 이용한다. 원래 걷는 것을 좋아하여 버스나 지하철 한두 정거장 정도의 거리는 주로 걸어 다녔지만, 킥보드를 한 번 타 보니 생각보다 빠르고 편해서 서비스를 자주 이용하기 시작했다. 특히 굽이 높은 구두를 신었을 때 많이 걸으면 발이 불편하고 이동 시간이 늘어나는데 전동킥보드는 그러한 신체적 불편함을 최소화시켜 줄 수 있어서 선호한다. A는 8월 이후 서비스 업체들이 전동킥보드의 사용을 24시간으로 확대하면서 이용 횟수를 많이 늘렸다. 밤늦게 아르바이트를 하고 집으로 돌아가는 길이 무섭게 느껴질 때가 많았는데, 킥보드를 타면 그런 위험으로부터 자유로울 것이라는 생각이 들었기 때문이다.

그러나 A는 최근 퍼스널 모빌리티 서비스 이용을 주 2회 이하로 줄이기로 결심했다고 밝혔다. 목적지에 쉽고 빠르게 도달하는 기쁨과 대비되게 공유 플랫폼에 자신이 지불하는 금액이 예상보다 훨씬 많기 때문이었다. 서비스 요금이 기본 0~5분 1,000원에서 시작하여 1분당 100~150원 정도인데(공유 서비스 업체마다 가격은 상이), 전철역에서 내려서 목적지까지 가는 시간은 보통 10분 정도이다. 따라서 한 번 이용 시 1,500~2,000원 정도의 요금을 내야 하며, 10~12시 이후에는 심야요금이 부가되어 기본 사용료가 1,500원, 최종 사용료가 2,000원 이상이 된다. 이 정도 금액은 자신의 경제 수준에 큰 영향을 미치지 않을 것이라 생각했는데, 월별 이용 금액의 총합을 보니 자주 이용해서는 안 될 서비스임을 깨달았다. 빠름, 편안함 및 안전함을 이유로 아르바이트 후 귀가길에 킥보드를 자주 사용했던 자신의 소비습관에 대해 반성하게 되었다고 밝혔다. 더 나아가 A는 이 인터뷰를 통해 지하철이나 버스 요금과 비교하면서 전동킥보드가 그만큼의 요금을 낼 만한 가치가 없음을 깨달았다고 말하기도 했다. "전철이나 버스는 1,200원 정도잖아요. 더 멀리 가면 물론 더 많이 내긴 하지만. 그래도 서로 환승도 되고. 또 기사님들이 나를 이동시켜 주는 거고. 근데 킥보드는 아니잖아요. 내가 운전도 직접 하는데 과연 그 정도의 (가격) 가치가 있는 걸까요?" A는 대중교통과 전동킥보드의 가격과 운행 방식을 비교하면서 대중교통의 가치를 좀 더 높게 평가했다. 결국 그녀는 킥보드의 사용 빈도수를 줄이고 원래의 도보-대중교통 이용자로 돌아갔다.

면담자 B의 내러티브

B는 20대 남성 대학원생이다. 몸에 땀이 많은 편인데, 2019년 여름 누군가가 킥보드를 타고 빠르게 지나가는 것을 보고 '이걸 사용하면 땀이 덜 나지 않을까'라는 기대감을 갖고 처음 이용하게 되었다. 실제로 더운 여름에는 빠르고 시원하게 이용할 수 있었고, 또 평소 걷는 것을 좋아하지 않기 때문에 킥보드에 대한 긍정적인 의견을 갖게 되었으며, 2019년 여름부터 이를 꾸준히 이용 중이다. B는 킥보드를 타고 구불구불하고 좁은 길을 다닐 때가 가장 좋다고 했다. 골목길에 차가 많이 막힐 때 자신은 그 사이사이를 킥보드를 이용하여 빨리 지나갈 수 있다는 것이 킥보드를 사용하는 가장 큰 이유라

고 밝혔다. 자가용이나 오토바이도 없는 20대의 형편에서 자동차를 앞지를 때 쾌감을 느낀다는 것이다.

그러나 B는 공유킥보드 사용의 편리함과 쾌감에도 불구하고 불편함이 꽤 많다고 털어놓았다. 학교 근처에서 자취를 하는 B는 통학 시 대중교통을 이용하지 않는다. 공유킥보드를 사용하기 위해서는 집 주변에서 찾아야 하는데 학교에 갈 때 집 주변에서 킥보드를 찾기 어려워 학교와 더 멀어지는 전철역 쪽으로 이동하는 경우가 많다고 밝혔다. 또한 어떤 공유 서비스 회사의 기기가 가장 가까이에 있는지 모르기 때문에 3~4개의 서로 다른 플랫폼 업체의 앱을 설치하고 다닌다. B의 경우, 이동하면서 가장 먼저 눈에 띄는 킥보드 기기를 사용하기에 서로 다른 앱을 설치해 두고 그때마다 서로 다른 업체의 서비스를 사용한다는 것이다. 그러나 앱이 알려 준 기기의 위치 정보와 달리 실제 현장에 기기가 없는 경우도 많았고, 배터리의 잔량 정보가 맞지 않거나 단거리를 이동할 예정이라 배터리가 조금 있는 기기를 선택했다가 실제로는 작동하지 않는 일도 경험해 보았다고 했다. 또한 눈앞에서 다른 사용자가 자신이 사용하려고 한 기기를 먼저 가져가서 놓쳐 버린 적도 있었다. 뿐만 아니라 점차 주차 금지 지역이 늘어나고 있고, 주차 금지 지역에 주차할 경우 추가 요금이 발생하기 때문에 킥보드 사용의 장점이 사라지고 있다고 불평했다.

여러 불편함에도 불구하고 B는 킥보드를 지속적으로 사용할 예정이라고 밝혔다. "불편함이 많지만 그럼에도 불구하고 편한 점이 더 많기 때문"이다. 또한 업체의 서비스도 점차 개선되고 있어 지속적으로 이용할 가치가 있다고 평가했다. 주차 금지 지역에 주차할 경우 추가 요금이 부과되지만, 이는 모두의 편의를 위해 제도가 보완되는 것으로 판단했다. B는 킥보드 자체의 불편함보다 공유 플랫폼 서비스의 질에 문제가 많다고 생각하면서 "개인용을 직접 구입해서 사용해 볼까 진지하게 생각 중"이라고 했다.

면담자 C의 내러티브

C는 30대 여성으로 현재 학교 내에서 직원으로 재직하고 있다. 통근 소요 시간은 한 시간 반 정도이며, 보통 '집-도보-마을버스-지하철-도보-학교'의 경로를 이용한다. 마을버스 타는 곳까지 15분 이상을 걸어야 하는데, 출근할 때 이 시간을 조금이라도 줄여 보려고 킥보드를 사용하게 되었다고 한다. C는 공유킥보드를 타는 날을 지정하진 않았지만, 출근 시 지각할 것 같은 날이나 퇴근 시에 몸이 많이 피곤한 날에 주로 이용했다. 처음에는 킥보드는 20대만 타는 것이고, "여자가 타면 보기 좀 그럴 것" 같아서 꺼려했다. 그러나 통근 시간이 길고, 그 시간 동안 대중교통에 사람이 너무 많아 피로감을 많이 느꼈기 때문에 어떻게든 시간을 조금이라도 줄여 보고자 집에서 마을버스 정류장까지 공유킥보드를 사용하였다.

사용하다 보니 점차 공유킥보드의 편리함을 느끼게 되었다. 평소에 사람이 붐비는 것을 매우 싫어하는 C는 출퇴근 시간에 거의 만원인 마을버스를 피하는 방법으로 사용하기에도 괜찮다는 생각에 차츰 집에서 전철역까지로 이용 거리를 늘렸다. 공유킥보드의 사용이 시간의 단축뿐만 아니라 신체의 편안함을 주고 있기에 사용을 늘린 것이다. 또한 코로나19 바이러스의 확산으로 대중교통보다 개인형 이동수단이 안전하겠다는 생각이 들어서 이용을 늘리기도 했다. 그런데 공유킥보드 사용과 그로 인한 신체적 편안함과 통근 시간의 감소가 자신에게 심리적 불편함을 주고 있음을 깨달았다. 킥보드 사용으로 통근 시간이 감소된 것은 맞지만, 그 시간을 적절히 활용하지 못했기 때문이다. 마을버스를 타면 보통 휴대폰으로 웹툰이나 신문 기사를 보았는데, 이러한 행동을 마을버스를 타지 않아도 근무 시간 이나 다른 시간에 계속 하고 있음을 발견하였다. 즉, 감소한 통근시 간을 효율적으로 사용하지 못했다는 반성을 한 것이다.

이후 C는 공유킥보드의 사용 패턴을 바꾸었다. 통근 때문에 사용 하게 되었지만 통근용으로 적합하지 않다고 판단하고, 동네를 산책 하거나 장을 보러갈 때, 즉 일시적인 필요가 있을 때만 사용하고 있 다. C는 공유킥보드 사용이 편하지만, 매일의 일상이 되기에는 적절 하지 않다고 말했다. C는 '공유 킥보드에 대해 "어쩌다" 탈 수 있는 것이며, 통근 때와는 달리 기분 전환과 같은 긍정적인 감정을 주는 교통수단이라고 최종적으로 평가했다.

면담자 D의 내러티브

D는 30대 후반 남성으로 현재 대학교 연구원으로 근무하고 있으 며, 도보와 지하철로 통근을 한다. 2020년 봄 어느 날 지각을 할 위 기 상황에 처했을 때 조금이라도 빨리 가려고 공유킥보드를 처음 사 용해 보았다. 이전에 공유자전거 '따릉이'(서울시 운영 플랫폼)를 사 용해 본 경험이 있었기 때문에 이에 대한 거부감이 없었고, 자전거 와 어떤 차이점이 있는지 전부터 궁금했기 때문에 이를 이용하게 된 것이다. 지하철역에서 학교까지 들어가는 10분 정도의 거리를 생각 보다 훨씬 빨리 갈 수 있고, 혼잡한 지하철역 주변에서 택시를 이용 하는 것보다 훨씬 가격이 저렴하다는 데 만족한 그는 이후로도 종종 서비스를 이용하였다. 통근뿐 아니라 주말에 친구를 만나러 가거나 마트에 갈 때도 공유킥보드를 자주 이용했다. 공유킥보드가 주는 여

러 장점에 만족했기에 그는 이를 주변 사람들에게 알려 주고 사용해 보라고 추천도 했는데, 주변의 반응은 오히려 부정적이었다. "젊은 애들이나 타는" 킥보드를 사용하는 "철없는 어른"으로 인식되었고, "나이에 맞게, 건강을 생각해서 걸어 다니는 게 더 좋지 않냐"는 말을 몇 번 들으면서 사용을 주저하게 되었다. 타인의 시선을 통해 공유킥보드 사용에 대한 자신의 인식이 부정적으로 바뀌었다고 한다.

이러한 부정적인 인식은 킥보드 사용의 안전과 질서의 문제로 연결되면서 더욱 강화되었다. D는 공유킥보드의 제동장치 고장을 운행 중에 알게 되어 사고가 날 뻔한 적이 있다고 했다. 앱을 켜고 기기를 운행하는데 제동장치가 작동하지 않는 것을 뒤늦게 확인한 것이다. 업체에 고장을 알리고 환불을 받았지만, 이러한 경험이 몇 번 반복되면서 사용에 대해 신중해야겠다는 생각이 들었다. 또한 길거리에 무질서하게 주차된 킥보드 사례를 많이 목격하면서 공유 플랫폼 서비스가 도시의 교통을 해결하는 것이 아니라 오히려 새로운 문제점을 만들어 내고 있다고 인식하게 되었다. 그리고 업체에서 전동킥보드를 수거해 가는 것을 우연히 목격하면서 이러한 생각은 더 강화되었다. 본인의 킥보드 사용이 곧 다른 사람과 차량을 새롭게 이동시키는 결과를 만들고 있음을 깨달았기 때문이다.

D는 현재 공유킥보드 사용을 중단한 상태이다. 편리한 점이 많지만 공유 플랫폼 서비스의 사용과 퍼스널 모빌리티라는 새로운 교통수단이 초래하는 도시 내의 여러 문제점이 훨씬 크다고 생각하기 때문이다. 그는 "킥보드가 진짜 스마트 도시에 쓰이는 스마트한 기기가 맞을까요?"라고 반문하기도 했다. 교통사고와 주차 문제부터 2020년 12월부터 시행될 개정 법률에 이르기까지 킥보드에 대한 다양한 우려를 갖고 있던 그는 현재의 여러 문제점이 보완될 때까지

공유킥보드 사용을 유보하기로 결정했다.

정동의 개념으로 분석한
공유 플랫폼 퍼스널 모빌리티 경험

이 절에서는 앞서 살펴 본 면담자 4명의 공유 플랫폼 퍼스널 모빌리티의 경험을 정동적 플랫폼 도시론의 관점에서 분석하였다. 정동적 플랫폼 도시론은 플랫폼과 신체가 조우하면서 개개인이 어떻게 변화해 가고, 이를 통해 도시의 일상을 재구성하는지에 대한 시각을 제공한다. 이를 토대로 공유 플랫폼 퍼스널 모빌리티의 경험을 설명하면 다음과 같다.

서비스 이용자의 서로 다른 환경과 그에 따른 다양성

면담자들의 이야기들은 이들이 각각의 개인적 환경에 따라 서로 다르게 퍼스널 모빌리티 플랫폼과 처음 만나고 반복적으로 사용하게 되었는지를 보여 준다. 이 이야기들은 서비스의 이용이 스마트 도시 담론에서 전제하는 것처럼 최종 목적지까지의 도달을 가능하게 해 주고 도시의 교통 체증이나 환경문제를 해결하는, 하나의 시나리오로 완성되지 않음을 의미하고 있다. 연구 참여자들의 이야기는 서비스 이용에 대한 이해에서 서로 다른 환경과 개개인의 경험이 상호작용을 통해 유기적으로 변화해 가는, '경험의 생태학'적 접근이 필요함을 시사한다(Simpson, 2013).

A는 전동킥보드가 주는 이동 시간의 감소와 신체적 편안함으로 인해 서비스를 간헐적으로 사용하다가 서비스가 24시간으로 확대되자 사용 횟수를 늘려 거의 매일 이용했다. 또한 사용 횟수가 증가

하자 경제적인 부담을 느껴 사용을 점차 줄였다. 늦은 귀가 시간에 대한 안전 우려로 공유킥보드를 사용한 사람은 20대 여성 A뿐이었으며, 킥보드 사용에 대한 경제적 부담을 표현한 사람도 그녀뿐이었다. 같은 20대인 남성 B는 킥보드로 인한 신체적 편안함과 현재 구매할 수 없는 자동차를 속도에서 앞지를 수 있다는 심리적 쾌감을 선호하여 킥보드를 많이 사용했다. 도보로 주로 이동하는 그에게 심야 시간의 안전이나 비용은 문제가 되지 않았다는 점에서 A와 차이가 나타난다. 30대인 C와 D는 통근을 위해 킥보드를 사용했다는 공통점을 갖지만, 구체적인 사용 목적과 사용 계기에서 차이를 보였다. C는 도보-마을버스-지하철을 갈아타면서 발생하는 환승 시간을 줄이고자, 그리고 D는 대중교통 이용 이후 도보 시간을 줄이거나 택시보다 저렴하게 빨리 이동하기 위해 공유 서비스를 이용했다. C는 스스로 공유킥보드에 잘 어울리지 않는다고 느꼈음에도 불구하고 신체적 피로함을 줄이고 편안함을 추구하기 위해 서비스를 이용했다. 반면 D는 공유자전거를 이미 사용해 본 경험이 있고, 서비스 이용에 친숙감이 있었기 때문에 공유킥보드를 사용하기 시작했다.

이들의 이야기는 도시 내에서 개개인의 신체가 플랫폼 기술과 기기와 조우하면서 형성되고 얽히는 복잡한 상호관계를 의미할 뿐 아니라(Amin and Thrift, 2002), 이전의 인식이나 습관과도 정동하여 스스로의 경험이 다양해지고 있음을 설명하기도 한다(Bissell, 2020; Rose, 2018). 걷기를 좋아했던 A와 싫어했던 B, 킥보드를 타 보기 전에 이미 서비스 이용에 대해 부정적이었던 C와 긍정적이었던 D가 공유킥보드와의 조우 이후, 모두 서비스의 이용 횟수를 늘린 점은 이를 잘 보여 준다. 이는 곧 공유킥보드가 이용자들의 삶에 어떻게 진입하는지를 보여 주는 지점이다. 공유 플랫폼 형태의 킥보드 사용은 무맥락 상태에서 발생하는 것이 아니라 사용 이전의 사고방식과 감정으로 구성된 습관에 스며드는 것이며, 그 결과 공유킥보드의 사용은 다양한 형태로 전개되는 것이다(Rose, 2018). 따라서 공유 플랫폼 형태의 퍼스널 모빌리티는 사람들의 삶을 구성하는 다른 여러 습관과 실천과의 연장선에서 개념화될 필요가 있으며, 이는 공유 플랫폼과 같은 디지털 기술의 특징이기도 하다(Fazi, 2019).

경험의 반복을 통한 편안함에서 불편함으로의 이행과
공유 플랫폼 퍼스널 모빌리티에 대한 재/정향

면담자들은 모두 공유 플랫폼 퍼스널 모빌리티와의 조우 이후 편의성—이동 시간의 감소와 신체의 편안함—에 만족하여 서비스 이용 횟수를 늘렸다. 그러나 주 3회 이상 서비스를 이용하고, 플랫폼 기기를 경험하는 시간이 많아지면서 편리함은 불편함으로 변화했다. 경험의 반복은 안정적인 습관을 형성한다고 알려져 있지만(Bourdieu, 1990), 편리함에서 불편함으로의 이행은 오히려 경험의 반복으로 인해 형성된 신체의 역동성이자 정동됨이다(Rose, 2018).

A는 이용 증가에 따라 지불 금액이 많아지면서 편했던 서비스의 이용이 불편해지기 시작했다. B는 공유킥보드를 사용하면서 직접 느낀 불편함을 구체적으로 열거했다. 그에게 킥보드 이용의 증가는 곧 서비스의 불편함을 깨닫고 알게 되는 과정이었다. C는 공유킥보드 이용이 가져다준 신체의 편안함에는 만족하였지만, 이는 곧 심리적인 불편함으로 연결되었다. 통근 시간이 감소한 만큼 유의미한 활동을 해야 할 것 같은데 오히려 마을버스 안에서 보지 못한 웹툰이나 뉴스를 업무 시간에 보고 있어, 결과적으로 시간을 낭비하게 되었기 때문이다. D 역시 공유킥보드 사용이 주는 신체의 편안함에 만

족했지만, 이를 좋지 않게 바라보는 주변의 시선을 겪으면서 본인 역시 심리적 불편함을 갖게 되었다. 또한 공유킥보드 사용의 안전과 질서 문제를 여러 번 겪고, 업체의 킥보드 수거를 목격하면서 자신의 킥보드 사용이 초래하는 도시의 문제점, 즉 자신-공유 킥보드-도시의 관계에 대하여 불편함을 인지하게 되었다.

공유킥보드의 반복적 이용을 통해 형성된 불편함, 즉 공유킥보드 사용에 의한 정동의 형성은 여기서 그치지 않고 이에 대한 평가를 통해 킥보드 사용에 대한 자신의 정향을 바꿔 간다. A는 면접 초반에 지불 금액의 큰 액수에 놀라 킥보드 이용을 줄이겠다고 결정했다가 이후 버스나 지하철과 같은 기존의 대중교통과 킥보드의 가치를 비교하면서 공유킥보드를 사용하지 않겠다고 했다. 공유킥보드에 대한 긍정적인 태도가 이후 사용 중단으로 정향된 것이다. B는 기기 자체의 불편함보다 공유 플랫폼 업체의 서비스를 문제시하며 킥보드 사용을 지속할 것이라 했다. 킥보드에 대한 정향은 변하지 않았지만 공유 플랫폼 서비스에 대한 정향이 변한 것이며, 이에 개인용 구매를 고려하게 된 것이다. C는 킥보드 사용에 대한 만족감을 표현했지만, 반복된 경험을 통해 애초에 자신이 사용하고자 한 목적과 실제의 이용이 어긋나 있음을 깨달았다. 그녀는 공유 킥보드를 기분 전환을 위해 간헐적으로 사용하는 교통수단으로 평가하면서 공유킥보드에게 재정향한다. D는 공유킥보드의 여러 가지 편리함을 인정하지만, 플랫폼 형태의 서비스와 킥보드라는 새로운 교통수단이 새롭게 만들어 내는 도시 내의 문제점을 인지하면서 정향을 바꾸었다.

공유 킥보드 서비스에 대한 신체-인지의 변화는 지속적인 실행과 반복을 통해 발생한 것이며, 한두 사례에만 집중했다면 인지할 수 없는 것이다. 면담자들은 감각, 행동 및 인지할 수 있는 신체의 역량을 조절함으로써 공유 플랫폼 퍼스널 모빌리티에 대한 자신의 정향을 변화시켰다. 정향의 변화를 이끌어내는 신체의 미시 정치는 특정한 과도기적 순간에 초점을 두고 습관이 안정적으로 형성되고 있음을 밝힌 기존의 연구와 대조되기에 주목할 필요가 있다(Truninger, 2011). 면담자들이 경험한 서비스 이용의 반복과 그로 인한 정향의 변화는 반복을 통해 형성되는 습관 역시 하나의 역동적인 과정이며, 수행체로서의 신체와 실제 환경이 맺는 관계를 파악하는 것이 중요하다는 점을 시사한다(Bissell, 2015; Rose, 2018).

마치면서

본 글은 스마트 도시 구축 담론의 형성과 함께 나타나고 있는 공유 퍼스널 모빌리티 시장의 성장에 주목하면서, 개개인의 공유 플랫폼 퍼스널 모빌리티 서비스 이용이 어떻게 도시에서 나타나고 있는지를 탐색한 시론적 연구이다. 공유 퍼스널 모빌리티 서비스가 점차 확대되면서, 이는 대중교통 체계의 문제점 해결 방안으로 기능할 수 있을 것으로 기대되고 있다(소재현, 안현주, 2020). 그러나 공유 퍼스널 모빌리티 서비스의 도시 도입은 최근의 일이고, 그 기능과 효과에 대한 연구는 초기 단계에 진입했을 뿐이다. 스마트 도시 구축 담론이 상정하는 장밋빛 미래와는 달리, 공유 퍼스널 모빌리티 서비스가 초래하는 각종 교통 안전사고가 사회적 문제로 떠오르고 있으며, 2020년 12월에 도입되는 규제 완화는 이에 대한 우려를 배가시키고 있다(시사저널, 2020). 퍼스널 모빌리티의 긍정적인 역할을 기대하기 위해서는 현실에서 이용자들의 경험이 어떻게 전개되고 있는지를 살펴보고 좀 더 구체적인 계획의 마련이 필요할 것이다.

이러한 맥락에서 이 연구는 공유 퍼스널 모빌리티 서비스의 도입을 경험한 도시민들의 실제 경험을 정동의 관점에서 살펴보았다. 정동은 사물이나 환경, 사람들과의 마주침 속에서 발생하는 신체의 감각, 행동 및 인지적 반응이자 동시에 반응할 수 있는 역량적 힘을 의미한다. 따라서 정동의 개념은 공유 퍼스널 모빌리티 서비스가 이용자에게 어떠한 영향을 끼치는지, 그리고 그 과정에서 이용자의 감각 행동 및 인지에 어떠한 변화가 발생하는지, 더 나아가 서비스 이용에 대한 개개인의 평가와 판단의 형성을 분석하는 데 유용하다. 이를 위해 본 글은 4명의 면담자들이 공유 플랫폼 퍼스널 모빌리티와 조우하면서 직접 겪은 신체의 경험을 정동으로 분석하였으며, 그 결과는 다음과 같다.

첫째, 서로 다른 환경에서 이미 맥락화된 연구 참여자들은 공유 플랫폼 퍼스널 모빌리티와 서로 다르게 처음 조우하게 되었고, 또한 각기 다른 경험을 하면서 반복적으로 사용하게 되었다. 스마트 도시 담론에서 상정하는 퍼스널 모빌리티는 교통 체증이나 환경문제를 해결하는 하나의 수단으로 존재하는데, 연구 참여자들의 경험은 교통 체증이나 환경의 문제보다 자신의 신체적 편리함을 위해 사용하는 것으로 나타나 주류 담론과 구별됨을 알 수 있다. 또한 이들이 인지하고 느끼는 신체의 편리함 역시 나이와 젠더에 따라, 학생이나 직장인 같은 사회적 위치에 따라 다르게 나타났다. 한편, 공유킥보드 경험은 최초의 조우 이전에 형성된 습관이나 인식과도 정동하여 각자의 경험의 다양화를 심화시킨다. 이는 곧 도시 거주민의 일상생활이 더 복잡해지고 있음을 재확인하는 계기이기도 하다.

둘째, 공유 플랫폼 퍼스널 모빌리티의 사용을 통해 연구 참여자들은 신체적 편의성을 경험하여 서비스에 만족하게 되었고, 이는 곧 이용 횟수의 증가로 나타났다. 그러나 주 3회 이상 서비스 이용의 반복은 신체의 편의성과 그에 대한 만족을 불편함으로 변화시켰다. 불편함을 느끼고 인지하게 된 연구 참여자들은 자신의 신체적 감각과 행동 및 인지의 변화를 성찰하고 평가하면서 킥보드 사용에 대한 자신의 정향을 바꾸었다. 연구 참여자 A, C, D는 킥보드와의 최초 조우 이후 긍정적으로 정향된 킥보드 사용을 시간이 지나면서 점차 부정적으로 재정향했고, B의 경우 킥보드 사용보다 공유 플랫폼 서비스에 대한 정향을 바꾸어 개인용 구매를 고려하고 있었다는 점은 이를 잘 설명한다.

이 연구를 통해 공유킥보드의 지속적인 사용이 개개인의 신체에 영향을 미치는 방식이 다양하다는 것을 확인할 수 있었다. 신체 감각은 킥보드의 이용이 편안함을 준다는 것을 알게 하지만, 반복적인 사용이 이미 맥락화된 개인의 행동, 감각 및 인지와 상호작용하면서 불편함을 느끼게 하고, 그 결과 공유킥보드에 대한 자신의 정향을 바꾸기도 한다. 공유킥보드를 주 3회 이상 사용한 경험은 동일하지만, 이를 통해 형성된 정동은 결국 플랫폼 기술과 기기의 영향이 개개인마다 다르게 나타나고 있는 것이다.

따라서 이 연구 결과는 공유 플랫폼 퍼스널 모빌리티의 기술과 기기가 우리에게 미치는 영향에 대해 기술 유토피아 혹은 디스토피아적 시각으로 단순하게 바라볼 수 없음을 재확인하는 작업이라 할 수 있다. 스마트 도시 구축을 위한 퍼스널 모빌리티의 긍정적인 역할을 기대한다면 더 많은 이용자들의 경험을 살펴보고, 이를 통해 도출된 여러 문제점에 대한 대응 방안을 구체적으로 마련할 필요가 있다. 본 연구는 비교적 적은 수의 연구 참여자들의 경험을 탐색하였기 때문에 연구 결과를 일반화하기 어렵고, 이를 통해 구체적인 스마트 도시, 플랫폼 경제 혹은 퍼스널 모빌리티에 대한 대안적 정책 등에 대한 제언을 제시하기 어렵다는 한계를 갖는다. 그러나 연구 참여자들의 다양한 경험과 변화, 즉 공유 플랫폼 퍼스널 모빌리티와의 조우 이후 경험하게 된 신체의 편의성과 불편함, 이를 통해 수행하는 서비스에 대한 평가, 그리고 그 결과 나타난 서비스에 대한 자신의 정향 변화에 대한 탐색을 통해 도시민의 신체와 일상생활에 대한 미시적 정치를 포착하는 도시 연구 방법론에 대한 확장을 시도했다는 의의가 있다. 또한 이러한 미시적 정치의 포착은 디지털 기술의 만연에 적극적으로 대응하는 인간의 주체성을 복기시키는 데에도 시사점을 제공할 수 있을 것이다. 이러한 맥락에서 좀 더 폭넓고 다양하며 생생한 도시 경험을 이론화할 수 있는 후속 연구를 제안한다.

참고문헌

멜리사 그레스 · 그레고리 시그워스 편저, 《정동 이론》, 최성희 외 옮김, 갈무리, 2014.

신희철 · 정경옥 · 이재용 · 박성용 · 김사리 · 양수정, 〈마이크로모빌리티 교통정책지원사업 총괄보고서〉, 한국교통연구원, 2017.

정보통신정책연구원, 〈ICT통계분석 11월호: 라스트마일 모빌리티 공유시장의 글로벌 동향과 국내 현황〉, 2019.

황혜정, 〈탈규모 시대의 제조업, '플랫폼 비즈니스'로 도약한다〉, LG경제연구원, 2018.

강희라, 〈퍼스널 모빌리티 제품용 자이로스코프 센서를 이용한 방향지시등 제작을 위한 디자인과 기술에 관한 융복합 연구〉, 《디지털융복합연구》, 14(3), 2016, 373~379쪽.

박배균, 〈스마트 도시론의 급진적 재구성: 르페브르의 '도시혁명'론을 바탕으로〉, 《공간과 사회》 72(2), 2020, 141~171쪽.

박현선, 〈정동의 이론적 갈래들과 미적 기능에 대하여〉, 《문화과학》 86, 2016, 59~81쪽.

소재현 · 안현주, 〈스마트모빌리티 기반 도시교통 솔루션 개발: 스마트모빌리티 R&D 추진현황 및 실증계획〉, 《한국교통연구원 KOTI》 Special Edition 04, 28~33쪽.

송승현, 〈전기를 동력으로 하여 움직이는 개인용 이동수단 [= 퍼스널 모빌리티]의 통행방법의 타당성 문제〉, 《인권과 정의》, 468, 2017, 29~48쪽.

신진숙, 〈조선산업을 통해 본 산업도시의 정동 정치: 정동적 도시론을 중심으로〉, 《대한지리학회지》 54(2), 2019, 177~198쪽.

신현준, 〈아시아 도시의 대안적 공간화 실천을 위한 서설(序說)-정동, 공간, 정치〉, 《사이間 SAI》 21, 2016, 287~325쪽.

이근 · 박현제 · 곽정환 · 허혜령 · 윤정채, 〈퍼스널 모빌리티로서 마이크로 EV

디자인 연구〉,《기초조형학연구》18(5), 2017, 395~406쪽.

최환용, 〈퍼스널 모빌리티 관리 및 운행에 관한 법적 검토〉,《비교법연구》17(2), 2017, 151~170쪽.

〈스마트한 이동수단, 전동 킥보드 공유 서비스 사용자 현황〉,《모바일인덱스》 2020년 5월 25일자 (https://hd.mobileindex.com/report/?s=125&p=1)

〈서울시-16개 공유 퍼스널 모빌리티 업체, 이용질서 확립 및 활성화 MOU체 결〉, 서울특별시청, 2020년 9월 24일자 (https://news.seoul.go.kr/traffic/archives/504013?tr_code=sweb)

〈혁신 모빌리티'라는 전동킥보드의 불편한 진실〉,《시사저널》2020년 9월 17일 자(https://www.sisajournal.com/news/articleView.html?idxno=205001)

A. Amin, N. Thrift, *Cities:Reimagining the Urban*. Polity, Cambridge, 2002.

B. Anderson, P. Harrison, *Taking-Place: Non-represnetational Theories and Geogrpahy*, Ashgate, Aldershot, 2010.

E. K. Sedgwick, *Touching Feeling: Affect, Pedagogy, Performativity*, Duke University Press, Durham, NC, 2003.

F. Ravaisson, *Of Habit*, Continuum, London, 2008.

K. Fang, A.W. Agrawal, J. Steele, J. J. Hunter, A. M. Hooper, *Where Do Riders Park Dockless, Shared Electric Scooters? Findings from San Jose, California*, Mineta Transportation Institute Publications, 2018.

N. Thrift, *Non-Representational Theory: Space, Politics, Affect*. Routledge, New York, 2008.

P. Bourdieu, *The Logic of Practice*, Polity, Cambridge, 1990.

T. Cresswell, *Place:A Short Introduction*, Wiley-Blackwell, London, 2004.

T. Scholz, *Uberworked and Underpaid: How Workers Are Disrupting the Digital Economy*, Polity, Cambridge, 2017.

A. Latham, D. P. McCormack, "Thinking with images in non-representational cities: Vignettes from Berlin", *Area* 41(3), 2009, pp. 252-262.

A. Leszczynski, "Glitchy vignettes of platform urbanism", *Environment and*

Planning D:Society and Space 38 (2), 2020, pp.189-208.

A. Leszczynski, "Platform affects of geolocation", *Geoforum* 107, 2019. pp. 207-215.

A. B. Petersen, "Scoot over smart devices: the invisible costs of rental scooters", *Surveillance & Society* 17(1/2), 2019, pp. 191-197.

B. Anderson, "Becoming and being hopeful: towards a theory of affect", *Environment and Planning D:Society and Space* 24(5), 2006, pp. 733-752.

B. Anderson, A. Holden, "Affective urbanism and the event of hope", *Space and Culture* 11(2), 2008, pp. 142-159.

C. Michels, "Researching affective atmospheres", *Geographica Helvetica* 70(4), 2015, pp. 255-263.

C. Pedwell, "Digital tendencies: Intuition, algorithmic thought and new social movements", *Culture, Theory and Critique* 60(2), 2019, pp. 123-138.

D. Bissell, "Affective platform urbanism: changing habits of digital on-demand consumption", *Geoforum* 115, 2020, pp. 102-110.

D. Thien, "After or beyond feeling? A consideration of affect and emotion in geography", *Area* 37(4), 2005, pp. 450-454.

D. P. McCormack, "Geographies for moving bodies: thinking, dancing, spaces", *Geography Compass* 2(6), 2008, pp. 1822-1836.

D. P. Tolia-Kelly, "Affect: An ethnocentric encounter? Exploring the 'universalist' imperative of emotional/affectual geographies", *Area* 38(2), 2006, pp. 213-217.

F. Behrendt, "Why cycling matters for electric mobility: towards diverse, active and sustainable e-mobilities", *Mobilities* 13(1), 2018, pp. 64-80.

G. McKenzie, "Spatiotemporal comparative analysis of scooter-share and bike-share usage patterns in Washington DC", *Journal of Transport Geography* 78, 2019, pp. 19-28.

G. Rose, "Posthuman agency in the digitally mediated city: exteriorization, individuation, reinvention", *Annals of the American Association of Geographers* 107(4), 2017, pp. 779-793.

J. Ash, R. Kitchin, A. Leszczynski, "Digital turn, digital geographies?", *Progress in Human Geography* 42(1), 2018, pp. 25-43.

J. P. Allem, A. Majmundar, "Are electric scooters promoted on social media with safety in mind? A case study on Bird's Instagram", *Preventive medicine reports* 13, 2019, pp. 62-63.

M. Rose, "Consciousness as claiming: Practice and habit in an enigmatic world", *Environment and Planning D: Society and Space* 36(6), 2008, pp. 1120-1135.

M. Shepard, "Minor urbanism: everyday entanglements of technology and urban life", *Continuum* 27(4), 2013, pp. 483-494.

M. Weiss, P. Dekker, A. Moro, H. Scholz, M. K. Patel, "On the electrification of road transportation: A review of the environmental, economic, and social performance of electric two-wheelers", *Transportation Research Part D: Transport and Environment* 41, 2015, pp. 348-366.

N. Ettlinger, "Algorithmic affordances for productive resistance", *Big Data & Society* 5(1), 2018, pp. 1-13.

N. Thrift, "Intensities of feeling: towards a spatial politics of affect", *Geografiska Annaler: Series B, Human Geography* 86(1), 2004, pp. 57-78.

P. Simpson, "Ecologies of experience: materiality, sociality, and the embodied experience of (street) performing", *Environment and Planning A* 45(1), 2013, pp. 180-196.

P. T. Clough, "The affective turn: political economy, biomedia and bodies", *Theory, Culture & Society* 25(1), 2008, pp. 1-22.

S. Ahmed, "Affective economies", Social Text 22(2), 2004, pp.117-139.

S. Barns, "Negotiating the platform pivot: from participatory digital ecosystems to infrastructures of everyday life", *Geography Compass* 13(9), 2019, https://doi.org/10.1111/gec3.12464.

S. Barns, "Smart cities and urban data platforms: designing interfaces for smart governance", *City, Culture and Society* 12, 2018, pp. 5-12.

S. Pile, "Emotions and affect in recent human geography", *Transactions of the Institute of British Geographers* 35(1), 2010, pp. 5-20.

S. Rodgers, S. Moore, "Platform urbanism: An introduction", *Mediapolis* 23(4),

2018, https://www.mediapolisjournal.com/2018/10/platform-urbanism-an-introduction.

T. Edensor, "Illuminated atmospheres: anticipating and reproducing the flow of affective experience in Blackpool", *Environment and Planning D: Society and Space* 30(6), 2012, pp. 1103-1122.

COVID-19의 확산과 세계 항공 네트워크의 전역적 · 지역적 변화

박용하 · 손정웅

이 글은 박용하·손정웅,〈코로나19(COVID-19)의 초국가적 전파와 세계 항공 네트워크의 변화 간 연관성에 대한 시론적 연구-연결 중심성을 이용한 항공 네트워크의 전역적·지역적 변화 탐색〉,《공간과 사회》, 30권 3호, 2020, 138~166쪽과 한국교통연구원 항공교통연구본부의 Trend & Insight 항공·공항정책 브리프 기고문(2020, Vol.2 No.7)을 수정·요약한 것임.

들어가면서

코로나바이러스 감염증(코로나19 또는 COVID-19) 팬데믹의 영향으로 인한 세계 항공시장의 침체가 지속되고 있다. 영국의 항공 컨설턴트 기관인 OAG^Official Airline Guide에 따르면, 2020년 2분기 전 세계 항공편 스케줄은 전년 동기 대비 약 66퍼센트 감소하였다.[1] 국제민간항공기구 ICAO^International Civil Aviation Organization는 2020년 전 세계 항공 좌석 공급량이 코로나19 발생 이전의 예측 대비 42~52퍼센트 감소될 것으로 전망하였으며, 이에 따른 항공사들의 연매출 손실은 약 3,160~3,900억 달러(USD)에 달할 것으로 예측하였다.[2] 항공 수요와 공급의 급감, 국가 간 출입국 제한 및 격리 조치 확대 등 코로나19로 인해 전 세계 항공시장은 전례 없는 위기 상황에 봉착해 있다.

전염병의 초국가적 확산은 세계 항공시장의 흐름과 긴밀한 연관성을 갖는다. 이는 항공교통이 해외 이동 수요의 급증, 항공사들의 노선 확장 및 고밀도 운영에 따라 전염병 전파의 통로 역할을 담당하기도 하지만 전염병 확산, 경제 침체, 테러 등 외부 요인의 영향에 매우 취약한 산업 분야이기 때문이다(P. Suau-Sanchez et al., 2020). 다만, 이번 코로나19 팬데믹 영향에 따른 항공시장의 충격은 2003년의 중증급성호흡기증후군^SARS: Severe Acute Respiratory Syndrome이나 2015년의 중

---

[1] OAG, "UNDERSTAND THE AIRLINE SCHEDULE CHANGES AND MANAGE THE IMPACT." www.oag.com/coronavirus-airline-schedules-data(검색일: 2020. 7. 27.)

[2] ICAO, "Effects of Novel Coronavirus(COVID-19) on Civil Aviation: Economic Impact Analysis." www.icao.int/sustainability/Documents/COVID-19/ICAO_Coronavirus_Econ_Impact.pdf(검색일: 2020. 6. 26.)

동호흡기증후군MERS-CoV: Middle East Respiratory Syndrome Coronavirus 사태와 비교하였을 때 상대적으로 장기간에 걸쳐 광범위한 지역에서 복잡한 양상으로 전개되고 있다. 이는 코로나19가 과거 유행했던 전염병들에 비해 사망률은 상대적으로 낮은 반면 전파력이 높다는 특징[3]과 더불어, 세계 항공 네트워크의 발달에 따른 초국가적 전파가 지역사회 전파와 함께 동시에 진행되고 있기 때문이다. 또한 사태가 장기화됨에 따라 지역 간 불균등한 확산 양상이 심화되어 팬데믹 종식에 대한 불확실성이 더욱 커지고 있다. 이에 따라 ICAO, 국제공항협의회 ACI[Airport Council International], 국제항공운송협회 IATA[International Air Transport Association] 등 항공 관련 국제기구들은 항공여객시장 침체가 단기간 내 회복되기 어려울 것이란 전망을 공통적으로 제시하고 있다.

항공시장의 수요와 공급의 변동은 항공 네트워크의 전역적·지역적 구조 변화에 직접적인 영향을 미친다. 세계 항공시장은 2008~2009년 글로벌 경제 침체 이후 코로나19 사태 이전까지 연평균 증가율 5퍼센트 이상을 기록하며 빠르게 성장해 왔으며, 그에 따라 다양한 지리적 스케일에서의 중·장기적 네트워크 변화에 대한 기존 네트워크 분석 연구들은 공통적으로 항공 네트워크의 규모와 밀도가 증가함에 따라 연결성이 지속적으로 향상되어 왔다는 점을 강조하였다. 하지만 코로나19 발생 이후 세계 항공 네트워크는 그 이전의 발달 양상과는 반대로 급격하게 축소되었다. 나아가 국가 간 전염병 확산 추세와 그에 대한 대응 방식이 상이함에 따라 항공 네

---

3   McKinsey & Company, "COVID-19: Briefing note #2(2020. 3. 9.)." www.mckinsey.com/business-functions/risk/our-insights/covid-19-implications-for-business?cid=soc-app#(검색일: 2020. 8. 3.)

트워크의 구조적 변화도 지역에 따라 차별적으로 전개될 가능성이 높다. 따라서 이 글의 주요 초점 중 하나는 지역 또는 국가 간 관찰되는 항공 네트워크의 차별적인 변화 양상을 네트워크 분석을 통해 탐색하는 것이다.

이에 따라 본 글에서는 전 세계 코로나19 확산 패턴과 동 기간 세계 항공 네트워크의 전역적·지역적 변화 패턴을 분석하고, 나아가 이 두 패턴 사이의 연관성을 탐색하고자 한다. 이를 위해 2020년 1~6월 전 세계 국가별 일일 누적 확진자 수 데이터와 주 단위 항공 스케줄 데이터를 이용하여 각각의 시공간적 패턴 변화를 살펴보았다. 먼저 K-평균 군집 분석(K-means clustering analysis)을 이용하여 확진자 규모에 따른 도달 시기 측면에서 유사성이 높은 국가들을 분류하고, 각 군집에 포함된 국가들의 지역적 분포를 탐색하여 코로나19의 시공간적 확산 패턴을 확인하였다. 이는 국가별 확진자 규모와 증가 속도가 다르고 시간에 따라 역동적으로 변화하고 있다는 점을 고려하여, 특정 확진자 규모에 도달한 국가들의 도달 시기를 기반으로 전염병 확산의 공간적 분포를 단계적으로 살피기 위해서이다. 또한 동 기간 항공 네트워크의 구조적 변화를 살피기 위해 네트워크 분석의 연결 중심성 지표를 이용한 항공 네트워크 연결성의 시계열적 변화 추이를 분석하였다. 마지막으로 두 시공간적 패턴 사이의 연관성을 살피고, 향후 항공시장의 전망에 대한 시사점을 도출하였다.

COVID-19 확산과 세계 항공시장

코로나19 사태가 지속됨에 따라 사회·경제적 혼란과 미래 전망에 대한 불확실성이 증대되고 있다. 세계 항공시장은 팬데믹으로 인한 이동 수요 감소와 국가 간 이동제한 강화에 의해 직접적인 타격을 입고 있으며, 급격한 사회·경제적 여건 변화로 인하여 향후 회복 전망에 대한 불확실성도 매우 높은 상황이다.

　최근 팬데믹에 따른 항공 수요의 침체가 단기간 내 회복세로 전환되기는 어려울 것이라는 전망들이 제시되고 있다. 항공 관련 국제기구들은 2020년 항공여객 수요가 약 50~80퍼센트 정도 감소할 것으로 예측하였다(〈표 1〉 참조). 또한 최근 한 연구에서는 코로나19 이전 수준으로 회복되는 데 여객 수요는 약 2~6년, 화물 수요는 약 1~3년 정도 소요될 것이란 전망이 제시되기도 하였다(S. V. Gudmundsson et al., 2020). 여객 수요와 화물 수요 간 차별적인 회복 기간은 9·11 테러, 사스SARS 등 과거 유사 사례 연구에서 부정적인 외부 충격에 대해 여객 수요가 화물 수요에 비해 상대적으로 민감하게 반응해 왔다는 점에 부합하는 예측이기도 하다(J. Chi et al., 2013). 다만 항공시장은 이와 같은 외부 충격에 대한 회복탄력성이 높다는 특성(rubber-band 또는 bounce-back effect)으로 인해 팬데믹 종식 시 신속하게 회복될 가능성 또한 존재한다. 이와 대조적으로 해외여행에 대한 이용자 인식 조사(한국공항공사, 2020년 5월)에 따르면 치료제와 백신이 개발되기 전까지는 조사 대상자의 60퍼센트 이상이 항공 서비스를 이용할 의사가 없다고 응답하였으며, 나아가 코로나19 사태가 공식적으로 종료되더라도 종료 후 3개월 이내에 여행이나 비즈니스 출장을 위해 국제선을 이용하는 것에 대한 거부감이 높은 것으로 조사되었다. 이는 전염병 감염에 대한 불안감으로 인해 팬데믹이 종식되더라도 이전 사례들과 달리 항공 수요의 회복이 지연될 가능성도 존재함을 시사한다.

〈표 1〉 항공 관련 국제기구의 2020년 항공 여객 수요 전망

기관	전망	발표 시점
IATA(International Air Transport Association)[4]	국내+국제(RPK) 54.7% 감소	2020년 4월
ACI(Airports Council International)[5]	국내+국제(여객) 50.4% 감소	2020년 5월
ICAO(International Civil Aviation Organization)[6]	국내+국제(여객) 43~51% 감소 – 국내 35~41% 감소 – 국제 56~65% 감소	2020년 6월
UNWTO(World Tourism Organization)[7]	국제관광객 60~80% 감소	2020년 5월

코로나19 발생 이후 항공시장의 급격한 위축은 항공 수요의 감소와 더불어 해외 입출국 제한, 검역 및 격리 강화 등 전염병 확산을 방지하기 위한 국가 간 이동통제 정책과도 직접적인 관련이 있다. 2020년 8월 24일 기준 91개 국가·지역이 입국금지 조치를, 6개 그리고 67개 국가·지역들이 각각 격리 조치와 검역 강화 및 권고사항 조치를 시행하였다.[8] 최근 중국, 이란 등 일부 사례 지역들을 대상으로 한 연구에서는 이러한 국제노선 이용 제한이 전염병 전파 초

---

4 IATA, "Air Passenger Forecasts", www.iata.org/en/publications/economics(검색일: 2020. 4.)
5 ACI, "ACI ADVISORY Bulletin", www.aci.aero/wp-content/uploads/2020 /05/200 505-Third-Economic-Impact-Bulletin-FINAL.pdf(검색일: 2020. 5. 5.)
6 ICAO, "Effects of Novel Coronavirus(COVID-19) on Civil Aviation: Economic Impact Analysis", www.icao.int/sustainability/Documents/COVID-19/ICAO_Corona virus_Econ_Impact.pdf(검색일: 2020. 6. 26.)
7 UNWTO, "INTERNATIONAL TOURIST NUMBERS COULD FALL 60-80% IN 2020", www.unwto.org/news/covid-19-international-tourist-numbers-could-fall-60- 80-in-2020(검색일: 2020. 7. 6.)
8 외교부, "코로나19 확산 관련 각국의 해외입국자에 대한 조치 현황", www.overseas. mofa.go.kr(검색일: 2020. 8. 24.)

기 단계에서 확산 추세를 늦추는 데 유의미한 효과가 있음을 발견하였다(M. Chinazzi et al. 2020). 하지만 이러한 강력한 국제이동 제한 정책의 실효성과 유효기간, 그리고 경제적 파급효과에 대해서는 아직 충분한 연구가 이루어지지 않고 있다. 이는 국가 간 제한 정책의 시행 시점, 대상 지역, 제한 강도 등이 상이하고 전염병 확산 양상에 따라 변동이 빈번하여 그 영향을 평가하는 것이 현 시점에서는 한계가 있기 때문이다. 다만 앤자이 등(Anzai et al. 2020)은 시나리오 분석을 통해 전염병 확산을 통제하기 위한 이동제한과 이로 인해 발생할 수 있는 경제적 손실 간 균형점을 찾는 것이 중요하다고 지적하였다.

2020년 상반기 전 세계 코로나 확산 동향

〈그림 1〉은 국가별 일일 코로나19 확진자 수 자료를 기반으로 2020년 1~6월 전 세계 권역별 누적 확진자 수 증가 추이를 나타낸다. 코로나19는 2020년 3월부터 확진자가 급속히 증가하기 시작하여 동년 6월 넷째 주 기준 누적 확진자 수가 약 980만 명을 넘어서고 있다. 동북아(AS4) 지역은 2월 이후 누적 확진자 수 증가 추세가 완화된 반면, 서유럽(EU1)은 3~4월 사이 확진자 수가 매우 급속하게 증가하였고 그 이후 증가 추세가 완화되고 있다. 북아메리카(NA)는 급속한 증가가 시작된 시기가 서유럽과 비슷하나 그 증가 추이가 지속되어 5월부터는 서유럽의 누적 확진자 규모를 추월하였다. 남미(LA) 지역은 다른 권역보다 뒤늦은 5월부터 매우 급속한 증가 추이가 나타나고 있으며, 6월부터는 북미 지역에 이어 두 번째로 확진자 규모가 큰 권역이 되었다. 그 외에도 남아시아(AS1), 동유럽(EU2), 중동(ME), 아프리카(AF) 권역의 확진자 수 증가가 지속되고

<그림 1> 전 세계 권역별 2020년 1~6월 주 단위 누적 확진자 수 변화 추이

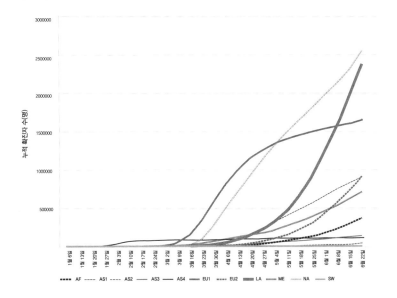

※ AF: 아프리카, AS1: 남아시아, AS2: 중앙아시아, AS3: 서남아시아, AS4: 동북아시아, EU1: 서유럽,
   EU2: 동유럽, LA: 라틴아메리카, ME: 중동, NA: 북미, SW: 남서태평양

있으며, 특히 남아시아와 아프리카 권역은 5월부터 확진자 수가 매우 급속하게 증가하고 있는 상황이다. 요약하면, 코로나19는 중국을 중심으로 한 동북아 지역을 시작으로 서유럽과 북아메리카, 그리고 남미, 남아시아, 동유럽 등 전 세계에 걸쳐 점차 광범위하게 확산되고 있으며, 전염병의 전파 시기와 확산 속도 측면에서 권역과 국가 간 격차가 존재한다.

코로나19 확산 양상의 시공간적 격차를 국가 단위에서 탐색하기 위해 1만~20만 명 사이 4개의 누적 확진자 수 기준(1만, 5만, 10만, 20만 명)을 설정하고, 국가별 각 기준치에 도달한 날짜를 기반으로

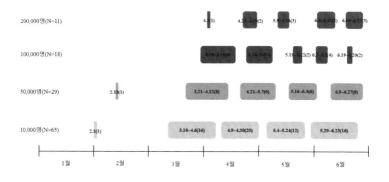

〈그림 2〉 국가별 누적 확진자 수 기준(1만, 5만, 10만, 20만 명) 도달 시기 기반 5개 군집의 시계열 범위와 소속 국가 수 분포

K-평균 군집 분석[9]을 실시하였다. 〈그림 2〉는 각 기준치에 따른 국가 간 도달 시기의 유사성을 토대로 도출된 5개 군집의 시간적 범위를 나타내고 있다. 2020년 6월 30일까지 4개 기준치에 도달한 국가들의 분포를 살펴보면 65개(1만 명), 29개(5만 명), 18개(10만 명), 11개(20만 명) 국가로 나타났다. 누적 확진자 수 기준 1만 명에 도달한 국가들의 도달 시기에 따른 5개 그룹의 시간적 범위를 살펴보면, 첫 번째 그룹(중국, 2월 1일)을 제외한 나머지 4개 그룹은 3월 10일~6월 23일 사이 시간적 범위는 20~27일 단위로 구분되었다. 세 번째 그룹(4.9~4.30)에 가장 많은 국가들이 포함되어(20개국) 해당 기간 동안 기준치에 도달한 신규 국가들이 급속하게 등장했다는 것을 확

---

9 K-평균 군집 분석은 주어진 객체들을 K개의 군집으로 구분하기 위해 K개의 임의의 중심을 설정하고, 1)근접성 척도에 기반한 객체들의 중심 할당, 2) 할당된 객체들의 평균으로 중심 재설정, 이 두 과정의 반복을 통해 객체 간 거리를 최소화하는 조합을 도출한다.

인하였다. 또한 네 번째와 다섯 번째 군집에도 각각 12개와 16개 국가가 포함되어 4월 30일 이후에도 신규 도달 국가들이 지속적으로 등장해 왔음을 알 수 있다.

〈그림 3〉은 누적 확진자 수 기준에 따른 5개 국가 군집의 공간적 분포를 나타낸다. 1만 명에 도달한 65개 국가들은 군집 1(Cat1)의 동북아시아를 시작으로 군집 2(Cat2)에는 서유럽과 북아메리카 지역을 중심으로 기준치에 도달한 국가들이 복수로 등장하였으며, 군집

〈그림 3〉 누적 확진자 수 기준별

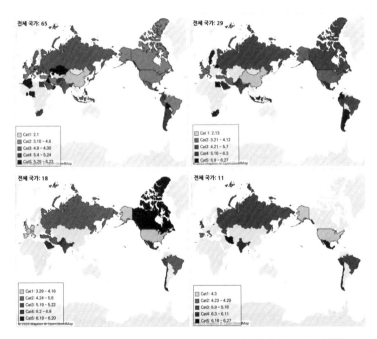

※ 좌상단: 1만 명, 우상단: 5만 명, 좌하단: 10만 명, 우하단: 20만 명. 5개 국가 군집의 공간적 분포

3~5(Cat3~5)에는 동유럽, 중동, 라틴아메리카, 남아시아, 아프리카 등으로 도달 국가들의 지역적 분포 범위가 확대되고 있었다(〈그림 3〉 좌상단 지도 참조). 이러한 공간 분포 경향은 5만 명에 도달한 국가들 사이에서도 유사하게 나타난다(〈그림 3〉 우상단 지도 참조). 반면, 10만 명(〈그림 3〉 우하단)과 20만 명(〈그림 3〉 좌하단)에 도달한 국가들의 경우 서유럽, 중동, 북아메리카와 라틴아메리카를 중심으로 분포하였다. 전반적으로 누적 확진자 수 기준이 높아질수록 도달 국가 수의 감소로 인해 도출된 5개 그룹 간 시간적 간격이 증가하는 반면(〈그림 2〉 참조), 도달 국가들의 공간적 분포는 일부 지역들을 중심으로 편중되는 경향을 보였다.

2020년 상반기 전 세계 항공 네트워크의 변화 동향

네트워크 이론network theory에 따르면, 네트워크는 흐름의 결절점인 노드node와 흐름의 통로인 링크link로 구성된 유무형의 연결 체계를 가리킨다. 네트워크 분석network analysis은 네트워크 이론에 따라 복잡한 현실 세계의 네트워크를 노드 간 링크의 유무 또는 속성에 기반한 수리적 행렬로 표현하고, 다양한 계량지표들을 통해 노드 및 네트워크의 연결 정도와 특성을 이해하기 위한 실증적 분석의 틀을 제공한다. 본 글에서는 네트워크 분석의 다양한 중심성centrality 지표 중 노드의 1차적 연결성, 즉 연결된 진출 링크의 수를 고려하는 연결 중심성 지표를 활용하여 세계 항공 네트워크의 전역적·지역적 축소 경향을 분석하였다.

〈표 2〉는 2020년 1~6월, 그리고 전년 동 기간 동안의 주 단위 항공 네트워크 관련 지표 분석 결과를 제시하고 있다. 총 공항 수와 노

〈표 2〉 2020년(2019년) 상반기 세계 항공 네트워크 및 항공시장 공급 관련 주 단위 지표 변화 추이

해당 월 셋째 주 시작 일자	항공 네트워크 관련 지표					항공시장 공급 관련 지표	
	공항 수 (n)	노선 수 (m)	평균 연결 중심성 ($C_i^{D(out)}$)	λ	연결 가능 OD 비중 (P_G, %)	총 항공편	총 공급석
2020.1.20 (2019.1.21.)	3,905 (3,852)	46,883 (45,989)	11.25 (11.94)	2.29 (2.30)	86.20 (83.64)	711,643 (703,603)	106,147,856 (103,675,691)
2020.2.17. (2019.2.18.)	3,894 (3,823)	43,238 (46,157)	10.38 (12.07)	2.30 (2.27)	85.58 (82.81)	644,902 (716,171)	93,367,006 (105,564,814)
2020.3.16. (2019.3.18.)	3,890 (3,838)	41,887 (46,198)	10.05 (12.04)	2.34 (2.29)	85.23 (83.29)	630,180 (716,800)	89,939,886 (105,481,841)
2020.4.20. (2019.4.22.)	3,189 (3,831)	22,294 (48,681)	5.35 (12.1)	2.47 (2.30)	53.15 (83.42)	241,684 (737,411)	30,982,414 (109,218,920)
2020.5.18. (2019.5.20.)	3,182 (3,850)	25,633 (49,647)	6.15 (12.9)	2.45 (2.26)	54.03 (84.01)	243,182 (737,801)	33,312,157 (109,222,238)
2020.06.15. (2019.6.17.)	3,317 (3,871)	26,719 (51,834)	6.41 (13.39)	2.45 (2.26)	60.35 (84.96)	285,771 (770,748)	39,608,503 (114,504,227)

선 수는 2020년 1월 셋째 주에 각각 3,905개와 4만 6,883개에서 6월 셋째 주에는 3,317개와 2만 6,719개로 감소하여, 노선 수 감소율(약 43퍼센트)이 공항 수 감소율(약 15퍼센트)보다 더 높게 나타났다. 동 기간 연결 중심성 평균은 11.25에서 6.41로 감소한 반면, 네트워크의 연결 중심성 분포의 멱함수 추정 계수인 λ값은 2.29에서 2.45로 증가하였다. λ의 증가는 〈그림 4 우〉에서와 같이 연결 중심성(x축)이 커질수록 확률 분포(y축)가 감소하는 경향이 강해짐에 따라 나타난 결과이다. 이는 기존의 연결성이 높은 주요 공항들을 중심으로 노선 감축이 급속하게 진행됨에 따라 나타난 것으로 판단된다. 항공 네트워크의 전반적인 축소에 따라 연결 가능한 OD쌍의 비중 또한 1월 셋째 주 86.2퍼센트에서 6월 셋째 주에는 60.35퍼센트로

<그림 4> 2019년(좌)과 2020년(우) 상반기 세계 항공네트워크의 연결 중심성 분포 추이 비교

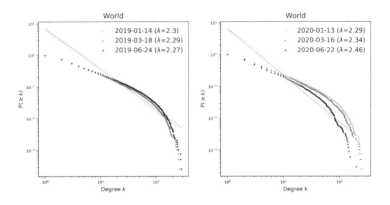

※ 1월 둘째 주, 3월 셋째 주, 6월 넷째 주의 주단위 항공 스케줄 기반, 로그-로그 스케일

감소하였다. 한편, 항공시장 공급 관련 지표인 총 항공편 수와 공급
석 수는 각각 약 70만 편과 1억 석에서 29만 편과 4천만 석으로 감
소하여, 공급석 감소율(약 63퍼센트)이 항공편 감소율(약 60퍼센트)
보다 미세하게 높게 나타났다. 이는 중·대형 항공기의 운항 비중이
높은 중·장거리 국제노선들을 중심으로 나타난 항공편 감축의 영향
으로 판단된다.

　2020년 상반기 동안 코로나19 확산에 따른 세계 항공 네트워크
및 공급 관련 지표들은 매우 역동적으로 변화하였다. 본 분석에서
사용된 지표들은 공통적으로 4월까지 급속하게 감소하였으며, 5~6
월을 기점으로 증가 추세로 전환되었다. 반면, 전년 동 기간의 지표
변화 추이를 살펴보면 n, λ, P_G 및 연결 중심성 분포(<표 2>와 <그림
4 좌> 참조)는 거의 변동이 없었으며, 나머지 지표들은 일반적인 항
공시장의 계절적 변동 패턴에 따른 점진적 증가 추세가 관찰되었다.

한편, 2020년 5~6월에 나타난 증가 추세 전환은 코로나19 사태가 수개월 동안 지속됨에 따라 우리나라를 비롯한 유럽, 북미 등 전 세계 주요 항공시장에서 국내선 시장을 중심으로 한 공급 증가의 영향 때문인 것으로 판단된다. 해당 지표들의 변동 추세 전환은 코로나19 확산 추세의 불확실성으로 인해 좀 더 장기간에 걸쳐 신중하게 지켜 볼 필요가 있다.

〈그림 5〉는 전 세계 주요 항공시장인 동남·동북아시아(a,b), 유럽

〈그림 5〉 세계 주요 권역별 노드 연결 중심성 분포 변화 추이(로그-로그 스케일)

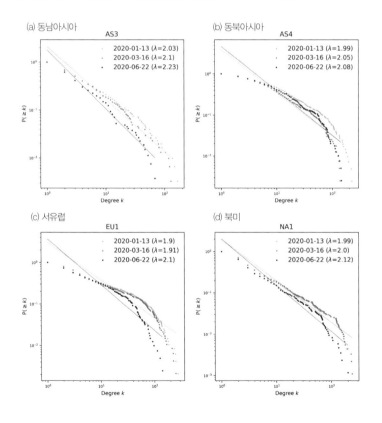

(c), 북미(d)의 연결 중심성 분포 변화 추이를 나타낸 것이다. 먼저 아시아 지역을 살펴보면, 동남아시아(a) 지역은 3월 이후 기존의 연결 중심성이 높은 공항들을 중심으로 급속한 연결성 감소가 진행된 반면, 동북아시아(b)는 1~3월 사이 유사한 변동 패턴이 소폭 나타났지만 그 이후 기간에는 다른 지역이 비해 변동이 크지 않았다. 유럽과 아메리카 지역 또한 변동 폭에는 격차가 존재하지만 (a)와 다소 유사한 변동 패턴이 발견되었다. 전반적으로 동북아를 제외한 나머지 권역들의 노드 연결성 분포 변화는 WHO의 팬데믹 선언(2020년 3월 11일)을 기점으로 유사하게 나타나고 있으나, 특히 동남아와 서유럽의 경우 기존 허브 공항들의 연결 중심성 감소 경향이 나머지 권역들에 비해 매우 뚜렷하게 나타나고 있었다.

코로나19 확산과 항공 네트워크의 축소 경향

국가 간 차별적인 코로나19 확산 추세와 항공 네트워크 축소 양상을 함께 살피기 위해, 누적 확진자 수 기준에 따라 도달 시기의 유사성을 기반으로 도출된 5개 국가 군집의 연결 중심성 변화를 살펴보았다. 특히, 국가 간 확산 초기에 나타나는 항공 네트워크의 차별적인 축소 패턴을 관찰하기 위해 누적 확진자 수 기준 1만 명과 5만 명에 초점을 두고 분석을 진행하였다.

〈그림 6〉에서 누적 확진자 수 기준(ⓐ1만 명, ⓑ 5만 명)별 5개 군집(Cat1~5)에 소속된 국가들의 연결 중심성(국가 단위 진출 링크 합계) 증감률[10] 분포를 살펴보면, 도달 시기가 상대적으로 늦은 국가

---

10 누적 확진자 수 기준에 도달한 주의 연결 중심성 - 첫 확진자를 발견한 주의 연결

〈그림 6〉 누적 확진자 수 기준별 5개 국가 군집의 연결 중심성 증감률 분포

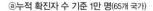

ⓐ누적 확진자 수 기준 1만 명(65개 국가)

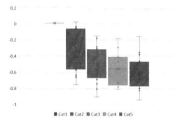

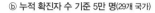

ⓑ 누적 확진자 수 기준 5만 명(29개 국가)

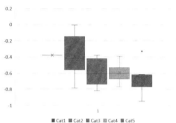

들의 군집일수록 연결 중심성의 감소폭이 크고, 군집 내 국가 간 감소폭의 편차는 감소하는 경향이 나타났다. 예를 들어, 누적 확진자 수 기준 1만 명에 도달한 65개 국가 중 군집1(Cat1)에 소속된 중국은 첫 확진자가 발견된 주로부터 확진자가 1만 명에 도달한 약 3주 사이 연결 중심성의 감소가 거의 나타나지 않았고, 군집2(Cat2)의 16개 국가는 평균 6.3주 동안 약 34퍼센트 감소하였다. 한편, 군집5(Cat5)의 16개 국가는 평균 13.9주 동안 약 61퍼센트 감소하여 5개 군집 중 감소폭이 가장 크게 나타났다. 이는 코로나19 팬데믹으로 인한 국가 간 이동통제가 증가함에 따라 전염병 확산이 상대적으로 느리게 전개된 국가들이라 하더라도 국제선 중심의 노선 감축은 불가피한 상황에서 나타난 결과로 판단된다.

한편, 2020년 상반기 동안 누적 확진자 규모가 꾸준히 증가했던 국가들은 증가 추세가 상대적으로 둔화된 국가들에 비해 연결 중심성의 감소율이 상대적으로 낮게 나타났다. 〈표 3〉은 누적 확진자 수

중심성 / 첫 확진자를 발견한 주의 연결 중심성

기준이 증가함에 따라 이에 도달한 국가군과 도달하지 못한 국가군의 연결 중심성 감소율 평균을 제시하고 있다. 누적 확진자 수 1만 명을 넘어선 65개 국가 중 1만 명에서 5만 명으로 증가한 29개 국가의 감소율 평균은 약 35퍼센트로, 5만 명에 도달하지 못한 나머지 36개 국가의 평균인 60퍼센트에 비해 상대적으로 감소폭이 작았다. 이러한 경향은 기준치가 5만 명에서 10만 명, 그리고 10만 명에서 20만 명으로의 증가 구간에서도 비록 도달 국가들의 평균 감소율은 점차 증가하고 있지만 동일하게 관찰된다. 본 분석에서 확인된 양 국가 그룹 간의 감소율 격차는 전염병 확산을 제어하는 데 항공노선 공급 제한 정책의 유효성을 나타내는 것은 아니다. 코로나19 사태에 따라 항공여객 이동이 급속히 감소하였음에도 불구하고 지역사회를 통한 전파가 지속적으로 이루어지고 있기 때문이다. 다만 이러한 차별적인 감소 경향에는 국가 간 상이한 항공시장의 구조가 영향을 미친 것으로 판단된다. 예를 들어, 누적 확진자 수 20만 명에 도달한 11개 국가 중 연결 중심성 감소율이 50퍼센트 이하인 국가는 총 6개국으로 미국(9.49퍼센트), 이란(14.89퍼센트), 이탈리아(39.68퍼센트), 멕시코(39.63퍼센트), 러시아(42.97퍼센트), 인도(44.29퍼센트) 순으로 낮게 나타났다. 이 중 이탈리아를 제외한 나머지 국가들은 코

〈표 3〉 누적 확진자 수 기준 상승에 따른 소속 국가들의 평균 연결 중심성 감소율 변화

구분	누적 확진자 수 기준 1만 명→5만 명	누적 확진자 수 기준 5만 명→10만 명	누적 확진자 수 기준 10만 명→20만 명
도달한 국가	35.18% (29개국)	49.53% (18개국)	53.38% (11개국)
도달하지 못한 국가	60.34% (36개국)	63.74% (11개국)	61.99% (7개국)

로나19 이전에도 국내노선 수가 국제노선보다 많았으며, 팬데믹 이후 국제 이동제한이 강화됨에 따라 국내노선을 중심으로 공급이 지속되고 있었다.

마치면서

코로나19 발생 이후 국가 간 상이한 전염병의 확산 양상 및 대응 체계로 인해 향후 국제 항공시장 회복에는 큰 불확실성이 존재한다. 이는 전염병 확산에 따른 대응 체계가 국가별로 상이하고 비대칭적인 현 상황 속에서 단순히 한 국가가 전염병 관리를 성공적으로 유지하고 있다고 하여 타국과의 국제노선을 재개하기에는 위험이 따르기 때문이다. 코로나19로 인한 침체를 극복하고 국제 항공시장이 다시 원활히 가동되기 위해서는 국가 간 유기적인 공조 체계를 구축하고, 나아가 대응 체계의 상호 비대칭성으로 인한 간극을 줄이기 위한 전염병 대응 전략의 글로벌 표준화가 시급하다. 이와 관련하여 ICAO를 중심으로 운영 중인 '민간항공 공공보건 이벤트의 예방과 관리를 위한 협력 협정CAPSCA: Collaborative Arrangement for the Prevention and Management of Public Health Events in Civil Aviation'은 국제적 공조를 위한 긍정적인 시도로 판단된다(우리나라는 2020년 7월부터 회원국으로 활동하고 있으며, 한국교통연구원은 동년 8월부터 파트너 기관으로 활동 중임).

본 연구에서는 2020년 상반기 동안 지역 간 항공 네트워크의 차별적인 축소 경향을 확인하였으며, 그 배경에는 국가별 코로나19 확산 추세 및 대응 방식의 차이와 더불어 항공시장의 구조적 특성 차이가 함께 영향을 미친 것으로 판단된다. 한편, 이러한 국가 간 항공 네트워크 축소 경향의 차별성은 향후 항공시장의 회복 또한 국가 간에 차별적으로 전개될 가능성이 높다는 것을 암시하기도 한다. 특히 국제선 시장의 경우 코로나 방역 수준이 우수한 국가 또는 지역 간 우선적으로 트래블 버블travel bubble 노선 개통(호주-뉴질랜드, 홍콩-싱가포르 등)이 추진됨에 따라 국소적·단계적으로 국제선 시장이 재가동될 가능성이 매우 높다. 우리나라 또한 중국을 중심으로 베트남, 일본 등과 국제노선 재개가 단계적으로 진행되고 있다. 다만 국제노선 재가동에 앞서 상대국의 전염병 확산 양상과 방역 체계에 대한 지속적인 모니터링과 평가를 통한 향후 트래플 버블 구축 및 확대에 대한 전략적 접근이 필요하다.

본 연구에서 사용된 WHO의 국가별 일일 코로나19 확진자 수 데이터와 OAG의 항공 스케줄 데이터는 코로나19 확산과 항공 네트워크 변화의 실제적 변화 양상을 설명하는 데 한계가 존재한다. 먼저 확진자 데이터는 국가 간 검역 방식과 수준에 편차가 존재함에 따라 일부 국가들의 경우 실질적인 감염 규모 대비 확진자 규모에 과소 추정 경향이 매우 높게 나타날 가능성이 존재한다. 또한 국가 단위로 집계된 자료를 활용함에 따라 각 국가 내에서 지역 간 전개되는 불균등한 전염병 확산 양상을 파악하는 것이 불가능하였다. 한편, OAG의 항공 스케줄 데이터는 2020년 상반기와 같이 항공사들의 운영 제약에 대한 변동이 큰 상황 속에서 빈번하고 긴급한 공급 계획 변경이 사전에 수집된 항공 스케줄 데이터에 완전히 반영되지 못했을 가능성이 존재한다. 또한 항공수요 급감에 따라 공급 기반의 항공 네트워크와 항공여객의 실제적 이동 양상 간 격차가 코로나19 이전에 비해 증대되었을 가능성이 높다. 따라서 향후 코로나19 확산의 영향으로 인한 공급과 수요 네트워크 간 차이에 대한 추가적인 연구가 진행될 필요가 있다. 또한 앞서 논의했듯이, 연결 중심성의 변화만으로 네트워크의 구조적 변화를 이해하기에는 한계가 존재한다. 이는 향후 항공 네트워크의 특성을 고려하여 네트워크 구조 변화를 민감하게 추적하기 위한 지표 개발 연구의 필요성을 시사한다.

참고문헌

A. Anzai et al., "Assessing the impact of reduced travel on exportation dynamics of novel coronavirus infection (COVID-19)." *Journal of clinical medicine* 9(2), 2020, p. 601.

J. Chi, J. Baek, "Dynamic relationship between air transport demand and economic growth in the United States: A new look." *Transport Policy*, 29, 2013, pp. 257-260.

M. Chinazzi, et al., "The effect of travel restrictions on the spread of the 2019 novel coronavirus (COVID-19) outbreak.", *Science* 368(6489), 2020, pp. 395-400.

P. Suau-Sanchez, A. Voltes-Dorta, N. Cugueró-Escofet, "An early assessment of the impact of COVID-19 on air transport: Just another crisis or the end of aviation as we know it?", *Journal of Transport Geography* 86, 2020, 102749.

S. V. Gudmundsson, M. Cattaneo, R. Redondi, "Forecasting recovery time in air transport markets in the presence of large economic shocks: COVID-19.", Available at SSRN, 2020.

외교부, "코로나19 확산 관련 각국의 해외입국자에 대한 조치 현황", www. overseas.mofa.go.kr(검색일: 2020. 8. 24.)

ACI, "ACI ADVISORY Bulletin", www.aci.aero/wp-content/uploads/2020 /05/200505-Third-Economic-Impact-Bulletin-FINAL.pdf(검색일: 2020. 5. 5.)

IATA, "Air Passenger Forecasts", www.iata.org/en/publications/economics(검 색일: 2020. 4.)

ICAO, "Effects of Novel Coronavirus(COVID-19) on Civil Aviation: Economic Impact Analysis", www.icao.int/sustainability/Documents/ COVID-19/ICAO_Coronavirus_Econ_Impact.pdf(검색일: 2020.6.26.)

ICAO, "Effects of Novel Coronavirus(COVID-19) on Civil Aviation: Economic Impact Analysis.", www.icao.int/sustainability/Documents/COVID-19/ICAO_Coronavirus_Econ_Impact.pdf(검색일: 2020.6.26.)

McKinsey & Company, "COVID-19: Briefing note #2(2020.3.9.)." www.mckinsey.com/business-functions/risk/our-insights/covid-19-implications-for-business?cid=soc-app#(검색일: 2020.8.3.)

OAG, "UNDERSTAND THE AIRLINE SCHEDULE CHANGES AND MANAGE THE IMPACT." www.oag.com/coronavirus-airline-schedules-data(검색일: 2020.7.27.)

UNWTO, "INTERNATIONAL TOURIST NUMBERS COULD FALL 60-80% IN 2020.", www.unwto.org/news/covid-19-international-tourist-numbers-could-fall-60-80-in-2020(검색일: 2020.7.6.)

도심항공모빌리티의 등장과
그 실현을 위한 과제

김명현

도심항공모빌리티의 출현

도시화의 지속과 함께 대도시의 교통문제는 더욱 심화되고 있으며, 기존 도로·철도와 같은 지상 교통인프라 신규 건설 및 운영 효율 개선(신호 체계, 배차 간격 조정 등)만으로는 교통혼잡을 해결하기 어려운 상황에 이르고 있다. 특히 도심부에서 지상 교통인프라 확충은 공사비 자체보다도 과도한 토지보상 비용 때문에 더욱 추진이 어려운데, 이러한 상황에서 기술적 진보와 함께 도심부에서 수도권광역급행철도GTX: Great Train Express, 어반루프urban loop와 같은 지하 교통수단과 함께 하늘로 이동하는 항공 교통수단의 활용성을 검토할 수 있게 되었다.

항공 교통수단을 활용하는 도심부 운송서비스는 에어택시air taxi, 드론택시 등의 명칭이 혼용되다가 최근에는 도심항공모빌리티UAM: Urban Air Mobility라는 용어가 가장 일반적으로 쓰이고 있다. 도심항공모빌리티는 여객과 화물 수송을 모두 포함하는 개념이나, 여기서는 여객 운송 관련 내용에 집중하고자 한다. 도심항공모빌리티는 활주로가 필요 없고 소음이 작으며 온실가스도 배출하지 않는 '수직이착륙전기항공기eVTOL: Electric Vertical Take-Off and Landing'를 활용하여 도심부 곳곳을 빠르게 이어 주는 간선 교통수단의 역할을 수행할 수 있을 것으로 기대된다. 단, 도심에서 버스·지하철·택시와 같은 대중교통수단의 역할을 추구함과 동시에 기존 항공기 운항에서 중요시하는 안전, 보안 등을 고려해야 하는 숙제를 안고 있으며, 기술적으로도 고정익항공기[1]와 회전익항공기[2]의 특성을 동시에 가지는 수직

---

1 날개가 고정된 구조로, 날개에서 양력을 받아 뜨는 항공기.
2 회전하는 날개에 의해 양력을 받아 뜨는 항공기.

이착륙전기항공기의 실제 적용성에 대한 검토가 필요한 상황이다.

항공기는 일정 길이의 활주로가 필요하고 소음이 과도하여 인구가 밀집된 곳에서는 이용할 수 없는 수단이다. 그러나 최근 수직이착륙과 함께 전기엔진을 사용하는 항공기 개발이 진행되면서, 활주로가 불필요하고 소음이 획기적으로 줄어듦에 따라 항공기가 버스, 철도, 택시와 같은 도심부 주요 교통수단 역할을 할 수 있을 것으로 기대되고 있다. 본 글에서는 도심항공모빌리티의 필수 요소인 수직이착륙전기항공기eVTOL 및 이착륙 시설 버티포트vertiport를 소개하고, 관련 서비스 추진 현황과 함께 실제 도심부에 적용하기 위한 기술적, 정책적 과제를 제시하려 한다.

수직이착륙전기항공기 출현에 따른 항공기 패러다임의 변화

항공기는 공항까지의 접근, 안전 및 보안을 위한 타 수단 대비 까다로운 수속 절차, 이착륙 장소(활주로 등)의 제한 등으로 장거리 지역 간 연결 역할을 주로 담당하고 있으며, 도심 내 교통에서 버스·철도와 같은 대중적인 교통수단으로 활용되지는 못하고 있다. 여기서 언급한 항공기는 일정 길이의 활주로를 필요로 하는 고정익항공기를 의미하며, 흔히 헬리콥터라고 불리는 회전익항공기는 고정익항공기와 달리 긴 활주로가 필요하지 않기 때문에 응급 상황용, 관광용으로 일부 도심에서 활용되고 있다. 그러나 회전익항공기도 이착륙 및 이동 시의 소음 문제, 고정익항공기보다 효율이 떨어져 이동 거리 대비 과다한 비용(운임)이 발생하는 등의 문제로 일상적인 교통수단 역할을 담당하기에는 한계가 있다. 여기서 고정익항공기

고정익항공기(美 보잉 B737)
출처: 대한항공 홈페이지(www.koreanair.com)

회전익항공기(伊 아구스타웨스트랜드 AW-109)
출처: 유아이헬리제트 홈페이지(www.uihelijet.com)

대비 효율이 떨어진다는 것은, 동일 연료로 동일한 인원(또는 무게)을 싣고 이동했을 때 상대적으로 짧은 거리를 이동할 수 있다는 의미이다.

그러나 최근 수직이착륙전기항공기 기술 개발 이슈와 함께 항공기의 도심 이동수단 활용 가능성에 대한 논의가 시작되고 있다. 수직이착륙전기항공기는 전동화electrification와 함께 기존 항공기 대비 소음 및 운영 비용이 적고 온실가스 배출 문제도 해결한 신개념 교통수단으로 알려져 있다. 아직 상용화되지 않은 기체이기 때문에 정량적인 수치는 알려진 바 없으나, 전동화를 통해 현재보다 항공기의 도심부 적용성이 높아질 수 있다는 점은 분명하다. 또한 타 수단 대비 무엇보다도 큰 장점은 도심 내 어떤 수단보다도 빠르게 이동할 수 있다는 점이다. 예를 들어, 김포공항에서 잠실까지 약 25킬로미터 거리를 시속 250킬로미터로 이동 시 6분 소요될 것으로 예상된다. 이착륙 시간, 수속 시간 등을 고려하더라도 기존 수단 대비 빠르게 이동할 수 있으며, 특히 혼잡 시에는 빠른 이동의 장점이 더 극대화될 수 있다.

수직이착륙항공기의 기술적 구분

현재 도심항공모빌리티를 전제로 개발 중인 여객 운송용 수직이착륙전기항공기는 기술적으로 크게 멀티콥터multicopter 형태와 벡터트러스트vector thrust · 리프트앤크루즈lift and cruise 형태 두 종류로 구분할 수 있다. 멀티콥터는 기존 헬리콥터 대비 회전날개가 여러 개로 분산되어 추진하는 기체로 중국의 이항Ehang, 독일의 볼로콥터Volocopter 등에서 개발하여 시범 운영 중이다. 벡터트러스트는 기체 형상은 기존의 고정익항공기와 비슷하나 양력을 받기 위해 바닥 방향으로 추진하여 활주로 없이 이륙 후 전진하는 기체이다. 두 기체의 가장 큰 차이는 속도로, 멀티콥터 형태의 경우 대략 시속 100~150킬로미터 수준으로 이동한다고 알려져 있는 반면, 벡터트러스트 형태는 시속 300킬로미터 이상을 목표로 기체 개발이 이루어지고 있다. 단, 멀티콥터 형태는 동력원이 기존 내연기관에서 전기모터로 바뀌는 것 이외에 기존 헬리콥터 대비 기술적 제약이 적은 반면, 벡터트러스트 형태의 기체는 아직 장시간 운용이 이루어지지 못하는 등 기술적 제약이 존재하는 상황이다. 벡터트러스트 형태의 기체는 활주로가 필요 없이 이착륙이 가능한 회전익항공기의 장점과 연료 효율 및 속도가 높은 고정익항공기의 장점을 모두 갖는 매우 효율성이 높은 항공기이다. 다만, 수직이착륙전기항공기의 표준화된 기체 크기, 무게, 이동 가능 거리 등은 아직 정해지지 않은 상황이다.

한편, 전기로 추진하는 항공기는 배터리 무게 때문에 장거리 이동에는 제약이 있다. 일반 내연기관 항공기의 경우 비행하면서 연료가 소모되면 기체가 가벼워지고 연료 효율이 증가하는 반면, 배터리는

에어버스 A3(벡터트러스트)　　　　볼로콥터 2X(멀티콥터)

출처: The Vertical Flight Society(http://evtol.news)

전기가 소모되더라도 무게가 그대로 유지되기 때문에 배터리 용량을 늘려도 더 먼 거리를 이동할 수 없다는 한계가 있다. 최근 이러한 한계점을 개선하고 장거리 이동을 목표로 하는 하이브리드 형태의 수직이착륙항공기도 개발 중이다. 향후 도심항공모빌리티 시장에서 단거리는 순수 전기 추진 항공기가 담당하고, 장거리는 하이브리드 항공기가 담당할 것으로 예상된다.

버티포트 : 도심항공모빌리티 이착륙 인프라

도심항공모빌리티를 위한 이착륙 인프라는 흔히 버티포트vertiport라고 표현한다. 버티포트는 수직 방향을 의미하는 버티컬vertical과 항만·공항과 같이 교통수단을 이용할 수 있는 시설인 포트port가 합쳐진 말로, 수직이착륙항공기가 뜨고 내릴 수 있으며 승객이 이를 이용할 수 있는 시설을 의미한다. 우버Uber에서 처음 제시한 버티포트 개념은 기존 도심 건물의 옥상을 활용하는 것을 전제로 하였으나, 최근에는 이착륙 전용 인프라를 건설하는 방향으로 전개되고 있다. 2018년 로스앤젤레스에서 열린 제2회 우버엘리베이트서밋Uber Elevate Summit에서 5개 건축사가 각 사의 이착륙 인프라 개념 및 운영 방안을 제시하기도 하였다.

(Gannett Fleming)　　(Pickard Chilton/ARUP)　　(CORGAN)

(Humphreys & Partners)　　(BECK)　　(BOKA Powell)

우버와 협업 중인 건축사들의 버티포트 콘셉트
출처: 제2회 Uber elevate summit 발표 자료

버티포트는 기본적으로 항공기 이착륙을 위한 이착륙구역TLOF: Touchdown and LiftOFf과 최종진입이륙지역FATO:Final Approach and Take-Off area, 이용객이 타고 내릴 수 있는 게이트gate 및 주기장apron과 함께 두 지역을 이어 주는 유도로taxiway, 충전 시설 등으로 구성된다. 버티포트에서 항공기는 이착륙구역에 착륙하여 유도로를 통해 주기장으로 이동 후 게이트에 승객을 내려 준다. 이후 기내 정리 등 준비 작업을 한 뒤 출발하는 승객을 태워 다시 유도로를 통해 이착륙구역에서 이륙한다. 상황에 따라 버티포트 내 별도 시설로 이동해 배터리를 충전하거나 정비를 받기도 한다. 아직 도심항공모빌리티의 표준화된 기체 형태 또는 크기 등이 명확하지 않기 때문에 버티포트 역시 명확한 구축 방향이 결정된 바 없으나, 우버와 건축사 코간Corgan이 2019년 발간한 보고서에서 5개의 게이트와 이착륙이 구분되는 2개의 이착륙장을 설치하는 형태의 구체적인 대안을 제시하기도 하였다.

여기서 도심항공모빌리티에 활용되는 항공기는 수직이착륙이라고 표현되지만 이착륙 항로에서 일정 수준의 제한표면[3]을 기준으로 안전구역 safety area을 확보해야 한다. 건물 밀도가 높은 도심 지역에서는 기존 건물 등을 활용하는 대안의 경우 건물이 버틸 수 있는 하중 등의 문제와 별

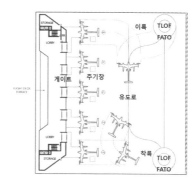

버티포트 이착륙장 및 주기장 배치 대안
출처: Corgan(2019), Connect evolved.

도로 주변 건물 때문에 안전구역 확보가 어렵다. 따라서 도로·철도 등 기존 교통인프라 위에 버티포트를 건설하여 도로 또는 철도 방향에 따라 안전구역을 확보할 수 있을 것으로 예상된다.

한편, 버티포트는 충분한 수요가 기대됨과 동시에 주변 지역의 안전이 보장되고 실제 운항이 가능한 곳에 갖춰져야 한다. 예를 들어 서울 도심인 종로 지역은 업무 수요가 많은 것은 분명하나, 주변에

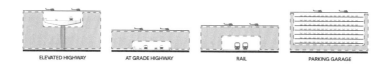

도로, 철도, 주차장 등 기존 교통인프라 활용 버티포트 구축 방안
출처: Corgan(2019), Connect evolved.

---

3 항공기의 이착륙, 선회 등의 안전을 확보하기 위해 공항 및 그 주변의 일정한 공간에는 장애물이 없어야 하며, 이때 만든 가상적인 표면을 제한표면이라고 함.

청와대 등 보안시설이 존재하여 민간항공기의 운항이 제한된 지역이므로 현재 상황에서 이착륙 인프라 입지가 불가능하다. 우버와 코간에서는 기존 교통수단 및 인프라와의 연결성connectivity, 상업/쇼핑/대중교통 등의 편리함convinience, 충분한 시설 규모site, 이착륙 용이성unobstructed approach and departure 등 버티포트 입지의 네 가지 조건을 제시하고 있다. 우버에서는 텍사스 프리스코 지역을 대상으로 실제 운영 대안을 제시하고 있는데, 이 네 가지 조건을 충족한다고 판단했기 때문이다. 현존하는 헬기 항로skylane를 기준으로 수요가 존재할 것으로 예상되는 곳에 시설 규모와 안전구역 확보를 고려해 버티포트의 입지를 결정한 것이다. 우리나라에도 한강 등 하천 및 주요 간선도로를 기준으로 지정된 항로가 존재하므로, 이를 기반으로 초기 버티포트 입지 및 서비스 추진을 고려할 수 있을 것이다.

또한, 통행 목적이나 승객의 수단 간 연계성을 고려했을 때 공항 셔틀 서비스가 가장 먼저 이루어질 것으로 예상되므로, 기존의 여객 및 화물 항공기의 이착륙 항로와의 상충 등을 상세히 고려해야 한

미국 댈러스 헬리콥터 항로
출처: Corgan(2019), Connect evolved.

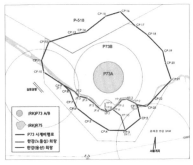

우리나라 수도권 헬리콥터 항로
출처: 국토교통부(2020), 전자항행정보발간물(eAIP)

다. 실제 볼로콥터는 2019년 싱가포르 ITS^{Intelligent Transportation Systems}

세계대회에서 마리나베이에 볼로포트^{voloport}라는 이착륙 인프라를 구축하여 제시하였으며, 독일·핀란드 등에서는 공항에서 기존 항공기와 수직이착륙항공기의 통합 관리 시범 운영이 이루어지기도 하였다.

도심항공모빌리티 활용 시나리오

도심항공모빌리티의 실제 적용성을 판단하기 위해 볼로콥터2X, 이항184 등의 수직이착륙전기항공기를 활용하여 두바이, 싱가포르, 광저우 등에서 일부 시험 운항이 이루어졌다. 그러나 기술적 문제로 인해 실제 여객 운송서비스가 가능한 수준은 아닌 것으로 알려져 있으며, 도심항공모빌리티 상용화 서비스는 2020년대 중후반에 가능할 것으로 예상된다. 이러한 기술적 제약과 별개로 다양한 기관에서 도심항공모빌리티의 장래 활용 시나리오를 제시하고 있다.

수직이착륙항공기를 활용한 도심부 여객 수송 개념은 2016년 미국 우버에서 자회사 우버엘리베이트^{Uber Elevate} 설립과 함께 백서를 발간하면서 제시되었다. 'elevate'란 단어는 사전적으로 '들어올린다'는 의미를 가지는데, 수직이착륙하는 항공기를 이용할 수 있다는 의미와 함께 도심의 주요 이착륙장에서 다양한 교통수단을 위아래 구역에서 다양하게 이용할 수 있다는 의미로도 해석할 수 있다. 우버는 도심 주요 지점에 수직이착륙항공기의 이착륙이 가능한 인프라를 구축한 뒤, 다양한 교통수단을 연계하여 출발지에서 도착지까지 우버와 관련된 다양한 수단을 이용해 이동할 수 있도록 한다는 콘셉트를 갖고 있다. 이전에도 개인항공기^{PAV: Personal Air Vehicle} 개념과 함께 다양한 기체 개발이 추진돼 왔으나 우버엘리베이트가 제시한 콘셉트가 이전과 다른 점은 최근 이슈로 떠오르고 있는 공유경제 및 MaaS^Mobility as a Service 개념이 도입됐다는 점이다. 이착륙장까지의 접근 수단으로 우버엑스^UberX 등 승차공유 서비스를 이용할 수 있도록 하고, 출발지에서 목적지까지의 이동에 대한 통합 예약, 일괄 결제 및 연계 교통서비스를 제공하는 것이다.

미항공우주국^NASA과 포르셰컨설팅^Porsche consulting 등에서는 수요 대응형^On-demand 형태의 에어택시와 대중교통과 같은 에어메트로^air metro 개념을 제시하였으며, 상용화 초반에는 에어택시 형태로 시작하여 안정화 단계에서는 버스 · 지하철과 같이 정해진 노선에 따라 이동하는 정기 서비스로 확장될 것으로 예상하고 있다. 한편 버티포트의 입지 조건을 고려했을 때, 실제 승객들의 출도착 지점에서 매우 가까운 곳에 무조건 버티포트가 존재하기는 어렵다. 도심항공모빌리티를 통해 항공기가 주요 교통수단으로 자리 잡기 위해서는 최초 출발지에서 항공기 탑승 버티포트까지, 항공기에서 내린 뒤 버티포트에서 최종 목적지까지의 이동이 매우 중요하다. 버티포트 간 이동은 매우 빠를 것으로 예상되나, 버티포트와 출도착지 간 이동 시간이 길어지면 기존 수단 대비 그다지 빠르게 도착하지 못하는 상황이 발생할 수 있다. 이에 다양한 사업자들이 버티포트 간 이동과 함께 출도착지와 버티포트를 잇는 접근 교통수단 통합 제공을 도모하고 있다. 우버는 우버엑스로 대표되는 승차공유 서비스의 선두 주자로, 최근 공유자전거와 공유전동킥보드인 우버점프^Uber JUMP도 운영하고 있다. 이는 버티포트 간 이동 서비스와 함께 지상 접근 교통과 관련된 다양한 서비스(연계교통, 교통연계, 통합모빌리티 등으로 표현)를 자사 플랫폼을 통해 통합 제공하려는 것이다. 우리나라에서도 SK

텔레콤(우버와 협력), 쏘카·카카오(공유자전거에 투자) 등 플랫폼 사업자들이 연계교통 서비스 투자에 힘을 쏟고 있으며 현대자동차와 같은 완성차 업체도 개인교통수단PM:Personal mobility에 투자하고 있다. 이는 도심항공모빌리티 개념이 항공기를 이용한 이동뿐 아니라 도심부에서 제공 가능한 다양한 교통서비스 통합 제공을 포함함을 의미한다.

우버는 실제 2019년 뉴욕 맨해튼과 존에프케네디JFK공항 간 이동에 헬리콥터를 활용한 우버에어UberAir 서비스를 시작했다. 맨해튼 출발지에서 로어맨해튼에 위치한 헬기장까지(우버엑스), 로어맨해튼 헬기장에서 공항 근처 헬기장까지(헬리콥터), 공항 근처 헬기장에서 공항 입구까지(우버엑스), 우버엑스-헬기-우버엑스로 이어지는 수단 연계 서비스를 제공하는 것이다. 이는 실제 수직이착륙전기항공기 상용화 이전에 실제 수단 간 연계 서비스를 구축하기 위한 사전 서비스라고 할 수 있다. 프랑스에서도 항공기 제조사 에어버스,

카카오T바이크 전기자전거
출처: 카카오T바이크

우버JUMP에 활용되는 자전거와 스쿠터
출처: www.uber.com

파리공항공단ADP 및 파리교통공사RATP가 협력하여 2024년 파리올림픽에 샤를드골공항과 파리 시내 간 도심항공교통서비스 제공을 계획하고 있다. 우리나라에서도 현대자동차가 2020국제전자제품박람회CES:Consumer Electronics Show에서 선보인 우버와의 협력을 통한 수직이착륙전기항공기 기체가 큰 호응을 얻은 바 있으며, 한화그룹도 미국 오버에어Overair를 인수하여 수직이착륙전기항공기 기체 개발에 박차를 가하고 있다. 특히, 현대자동차의 경우 2020CES에서 도심항공모빌리티 이착륙장 콘셉트와 함께 지상 연계교통을 담당하는 목적기반모빌리티PBV:Purpose Built Vehicle 개념을 제시하기도 하였다. 목적기반모빌리티는 탑승자의 요구에 따라 이동 중에 카페, 병원 등 맞춤형 서비스를 자유롭게 이용할 수 있는 도심형 친환경 모빌리티로, 출발지·목적지와 수직이착륙항공기 이착륙장을 이어 주는 역할을 함과 동시에, 이동 중에도 목적에 따라 다양한 활동을 수행할 수 있도록 해 주는 역할을 한다.

한편, 이동 거리가 멀어질수록 접근 시간 비중이 작아짐에 따라 기존 수단보다 더 빨리 이동할 수 있기 때문에, 일정 거리 이상의 이동에서 먼저 도심항공모빌리티로의 수단 전환이 이루어질 것으로 예상된다. 그러나 먼 거리를 이동할수록 더 높은 운임을 지불해야 할 것으로 예상되기 때문에, 이용자가 아끼는 시간 대비 추가로 지불하고자 하는 금액과 실제 운임 차이에 따라 이용자의 수단 전환 특성은 달라질 것이다. 예를 들어 1시간 걸리던 곳을 도심항공모빌리티를 통해 30분 만에 갈 수 있다고 할 때 기존에 지불하던 1만 원보다 4만 원을 더 지불해야 하는 상황이라면, 5만 원이 비싸다고 생각하는 사람은 도심항공모빌리티를 이용하지 않을 것이고, 30분 아낄 수 있다면 10만 원이라도 더 내겠다는 사람은 5만 원이면 무조

현대자동차의 도심항공모빌리티 인프라 개념도
출처: www.hyundai,news/eu/brand/hyundai-to-present-human-centered-future-mobility-vision-at-ces-2020

건 도심항공모빌리티를 이용할 것이다. 이러한 시간과 비용 간의 상충, 즉 트레이드오프trade off에 대한 연구는 잠재선호조사SP: Stated Preference survey를 통해 이루어진다. 도심항공모빌리티가 현재 존재하는 수단 또는 서비스가 아니므로 임의의 짧은 시간과 높은 비용을 반복적으로 제시하여 기존 이용하던 수단 대비 상대적으로 비싸지만 더 빨리 이동할 수 있을 때 도심항공모빌리티를 이용할 것인지에 대한 이용자들의 잠재적인 수단 전환 의지를 파악할 수 있다. 실제 도심항공모빌리티의 활용성 및 잠재 수요 파악을 위해 관련 연구가 필요한 상황이며, 이때 시간과 비용뿐 아니라 안전, 보안 등도 추가로 고려해야 한다.

도심항공모빌리티 실현을 위한 기술적 과제

도심항공모빌리티에 적용 가능한 다양한 수직이착륙전기항공기가 출현하더라도 용량, 날씨, 보안 등 실제 도심부 운항을 위해 해결해야 할 기체 개발 외 다양한 기술적 문제들이 존재한다. 현재 개발 중인 수직이착륙전기항공기는 2~4인승으로 한 번에 많은 승객을 태울 수 없다는 한계가 존재하며, 다수의 승객을 이동시키려면 최대한 항공기 간 운행 간격을 줄이고 이착륙이 빈번히 일어날 수 있도록 해야 한다. 현재의 항공기 교통관리ATM:Air Traffic Management는 안전을 최우선으로 이루어지고 있으며, 항공기 간에 일정 거리 또는 일정 시간 이상의 간격을 두도록 한다. 실제 활주로가 하나인 제주공항의 시간당 이착륙 횟수는 최대 40회 수준으로, 이는 1분 30초에 1대가 이착륙할 수 있음을 의미한다. 도심항공모빌리티에 그대로 적용하기에는 무리가 있으나 이를 그대로 적용하면 하나의 이착륙장에서 1시간에 이착륙 가능한 승객 수는 최대 160명으로, 도심에서 주된 교통수단 역할을 수행하기에는 부족한 점이 있다. 이러한 문제를 해결하기 위해 기존의 항공교통 관리에서 벗어나 다수의 비행체가 동시에 자유롭게 비행할 수 있는 체계에 대한 연구(미국의 ATM-X, 유럽의 U-space) 및 원격조종/자율비행 기술 적용에 대한 연구가 진행되고 있으며, 이를 통해 용량 및 안전 문제를 동시에 해결하려 하고 있다. 원격조종 및 자율비행 기술 적용은 용량, 안전 문제 해결과 더불어 운영 측면에서 인건비를 줄여 비용 및 운임을 줄일 수 있다는 점에서 가장 중요한 이슈이기도 하다.

날씨는 도심부 실제 적용에 있어 가장 해결이 어려운 문제 중 하나이다. 안개 등으로 인해 앞이 잘 보이지 않는 상황(시정), 천둥 번개, 바람(특히 측풍) 등은 실제 항공기 이착륙 및 운항에 큰 영향을 미치며, 특히 도심항공모빌리티는 기존 항공기 대비 상대적으로 낮은 고도로 이동할 것이기 때문에 운항 중에도 통과 지점의 지속적인 날씨 변화에 계속 영향을 받을 수밖에 없다. 또한 이동 중 보안 문제도 해결해야 할 과제이다. 이는 자율주행차 등에서도 공통적으로 발생 가능한 문제로, 크게 물리적 보안과 사이버 보안으로 구분할 수 있다. 물리적 보안과 관련해서는, 기존 공항의 경우 수속 단계에서 승객의 특이 사항을 스크리닝하기 위한 다양한 단계가 존재하는데(체크인-탑승 수속-보안 검색-출입국 심사), 이를 모두 거치는 경우 빠른 이동수단이라는 장점이 상쇄될 수 있으므로 도심에서 실제 교통수단 역할을 할 수 있도록 적정한 수속 절차가 갖춰져야 한다. 사이버 보안과 관련해서는 탑승자의 신원 보장(기내 난동 등 위험 행동), 관제센터와 항공기 간 통신 강건성(통신 두절로 인한 항공기 모니터링 불가 상황) 등의 요소를 대비하여 안전한 비행이 이루어지도록 해야 한다.

도심항공모빌리티 실현을 위한 제도적 과제

한편, 도심항공모빌리티에 활용될 수직이착륙전기항공기는 고정익항공기와 회전익항공기의 특성을 동시에 가지는 신개념 항공기로, 관련 법제도나 규정이 명확하지 않은 상황이다. 앞으로 개발되는 기체의 지속적인 시범 운영 및 이해 당사자 간 논의를 통해 안전 보장을 위한 법 규정이 마련되어야 한다. 여기에서는 수직이착륙항공기 기술 개발이 이루어짐을 전제로 실제 도심항공모빌리티 서비스를 시작할 때 발생할 수 있는 법제도적 문제를 다루려 한다.

먼저 수직이착륙전기항공기의 법적 구분 및 인증 문제가 있다. 항공기의 법적 구분이 문제가 되는 이유는 항공기의 경우 하늘에서 날 수 있다는 인증certification을 받아야 하는데, 인증 체계를 구성하기 위해서는 해당 항공기의 법적 · 기술적 구분이 이루어져 있어야 한다. 일반적으로 항공기는 고정익항공기와 회전익항공기로 구분되는데,

수직이착륙전기항공기는 고정익 특성과 회전익 특성을 동시에 가지기 때문에, 새로운 분류에 대한 고민이 진행되고 있다. 수직이착륙항공기가 기술적으로 멀티콥터 형태와 벡터트러스트 형태로 구분된다고 할 때, 멀티콥터 형태는 회전익항공기가 개량된 형태로 인지되고 있으며 현행 회전익항공기 인증 체계에서 크게 벗어나지 않는 수준으로 인증이 가능할 것이다. 그러나 벡터트러스트 형태는 고정익과 회전익 특성을 동시에 가지기 때문에 새로운 법적 구분 및 인증기준이 필요하다. 이러한 제도적 고민은 크게 미국과 유럽에서 이루어지고 있는데, 미국에서는 기존의 고정익 및 회전익 항공기 인증기준을 최대한 활용하는 방식을 취하고 있으며, 유럽에서는 수직이착륙전기항공기에 대한 새로운 기준(안)을 제시하는 방식을 취하고 있다. 우리나라에서도 관련 기준에 대한 연구가 이루어지고 있는 상황으로, 항공기 기술 개발과 함께 관련 체계가 갖춰져야 할 것이다.

수직이착륙전기항공기에 대한 인증이 이루어지고 다양한 기술적 문제들이 해결되어 실제 도심에서 항공기가 자유롭게 날아다닐 수 있는 상황이 되더라도 실제 운항이 이루어지려면 항공운송사업 또는 여객운수사업(버스, 철도, 택시 등) 관련 제도를 기반으로 도심항공모빌리티 운송사업에 대한 명확한 기준이 마련되어야 한다. 현재 항공운송사업은 '항공사업법'에 따라 국내·국제항공운송사업자 및 소형항공운송사업자로 구분된다. 국내·국제항공운송사업자는 다양한 기준에 따라 심사를 거쳐 면허를 발급하는 방식인 반면, 소형항공운송사업자는 신청자가 국토교통부에 등록하는 방식이다. 이후 '항공안전법'에 따른 운항증명AOC:Air Operator Certificate을 득한 후 실제 항공기를 이용한 운송사업을 운영할 수 있다. 운항증명을 득하기 위해서는 사업 계획, 조직, 안전, 항공기 정비 및 관리, 종사자 교육, 급유 절차, 비상탈출 계획 등 다양한 항목을 만족시켜야 한다. 여객운수사업은 '여객자동차운수사업법'에 따라 면허를 발급받거나(시내·시외·고속버스와 택시) 운송사업을 진행하겠다는 등록 절차(마을버스·렌터카)를 거쳐 운영할 수 있다. 도심항공모빌리티의 경우 도심부에서 빠르게 여객을 운송하는 것을 목표로 한다는 점에서 사업의 특성 자체는 항공운송사업보다는 기존의 운수사업과 비슷하기 때문에 운수사업에 대한 법제도에 기반하여 사업자 관리가 이루어질 것으로 예상되나, 항공기를 수단으로 한다는 점에서 일정 수준의 운항증명 관련 절차가 추가될 것으로 보이며, 경우에 따라 항공운송사업 관련 내용이 적용될 수 있다. 2020년 5월 발표된 '한국형 도심항공교통K-UAM 로드맵'에 따르면, UAM특별법에 도심항공모빌리티 운송사업을 위한 별도 항목이 신설될 것으로 예상된다. 여기에는 운송사업에 수반되는 수직이착륙항공기 조종사 자격 및 정비사업 MRO^{Maintenance, Repair, and Operation}에 대한 고민도 필요하다.

도심항공모빌리티 서비스가 실제 이루어진다고 할 때, 버티포트에 대한 법제도적 구분도 고민해야 할 부분 중 하나이다. 일반적으로 공항은 '공항시설법'에 따라 국토교통부장관이 고시한 공공용 비행장[4]을 의미하며, 항공기의 이착륙 및 항행을 위한 시설(활주로, 유도로, 관제시설 등), 여객 및 화물 운송 시설(터미널 관련 시설) 및 지원 시설(정비, 기내식, 숙박, 급유 등) 로 구분된다. 여기서 비행장은 동법 시행령 및 '비행장시설 설치 기준'에 따라 비행장, 헬기장 등으로 구분되는데 이 중 옥상헬기장이 버티포트와 가장 유사한 개념이

---

4 항공기 이착륙을 위해 사용되는 일정한 구역을 의미하며, 육상비행장, 육상헬기장, 수상비행장, 수상헬기장, 옥상헬기장, 선상헬기장, 해상구조물헬기장 등으로 구분.

라고 할 수 있다. 결국 공항 시설 및 옥상헬기장을 구성하는 요소들을 기반으로 도심항공모빌리티 서비스를 위한 버티포트의 시설 범위를 결정하게 될 것이며, 공항 또는 비행장을 구성하는 모든 시설이 필요한 것은 아니기 때문에 각각의 시설 목록에 대한 버티포트에서의 필요 여부 및 적용 방안이 고려되어야 할 것이다. 기존 철도역, 버스터미널, 공항, 주차장과 같은 주요 교통수단과의 수직적 연계, 전기 충전 시설, 전용 통신망 등 기존 공항 시설에서 고려하지 않는 사항에 대한 추가 검토가 필요하며, 운송사업자 관련 법제도와 마찬가지로 버티포트에 대한 별도 항목이 특별법에 포함되는 형태가 될 것으로 예상된다.

도심항공모빌리티 활성화를 위한 제언

주로 어떤 교통수단을 이용하는지 질문했을 때 항공기라고 답하는 사람은 드물 것이다. 우리가 살아가면서 주로 이용하는 교통수단이라면 승용차, 버스, 철도와 함께 가끔씩 택시를 타는 정도를 떠올리는 것이 일반적이며, 항공기는 주로 육로를 통해 이동할 수 없는 지역 또는 매우 먼 거리를 이동하거나 응급, VIP 수송 등 비상 상황에 활용되는 수단으로 인식되고 있다. 항공기가 버스, 지하철과 같은 도심에서의 일상적인 교통수단 역할을 하지 못하는 이유는 여러 가지가 있다. 앞에서 언급한 바와 같이 고정익항공기는 일정 활주로가 필요해 접근성이 떨어지고, 회전익항공기는 고정익항공기 대비 접근성 문제는 적으나 이착륙 시의 소음, 안전 문제가 존재한다. 항공기의 기술적인 구분을 떠나 비용 및 운임이 타 수단 대비 매우 높다는 것도 문제이다. 그러나 최근 수직이착륙전기항공기 기술 발전과 함께 도심지에서도 항공기로 이동할 수 있는 가능성이 점차 높아지고 있으며, 도심항공모빌리티라는 이름으로 다양한 미래상이 제시되고 있다. 본 글에서는 도심항공모빌리티를 위해 개발되고 있는 수직이착륙전기항공기의 기술적 구분, 도심항공모빌리티 서비스 시나리오, 이착륙 인프라 버티포트 및 실제 서비스를 위한 기술적/제도적 과제를 제시하였다.

수직이착륙전기항공기가 상용화되어 실제 도심에서 다닐 수 있는 상황이 되면 활주로, 소음, 안전 등의 문제가 물리적으로 해결되더라도 이와 별개로 일반 사람들의 인식 문제가 남을 것이다. 머리 위에서 항공기 수십 대가 빠르게 이동하는 것이 보이는데 혹시 떨어지지 않을까 걱정된다면? 아무리 안전하다고 하더라도 무서워서 절대 타지 않겠다는 사람이 매우 많다면? 시끄럽지 않다고 하지만 이착륙 시 발생하는 소음 때문에 버티포트 주변 지역에서 지속적으로 민원이 제기된다면? 이러한 문제를 수용성이라고 표현하는데, 전기차나 자율주행차 등 다른 신규 교통수단에서도 공통적으로 발생하는 문제이다. 서비스 시작 및 확산을 위해 가장 중요한 것은 계속적인 시범 운영 및 관련 행사를 통해 대중에게 관련 기술을 노출하고, 이러한 새로운 기술이 실제 생활에서 적용될 수 있는 상황임을 인식할 수 있도록 하는 것이다. 2019년 총 23만 건의 자동차 사고가 일어나 3천 명 이상이 목숨을 잃었지만 무서워서 자동차를 타지 않겠다고 하는 사람이 거의 없듯, 도심항공교통서비스를 위한 항공기도 사람들이 거부감을 갖지 않는 교통수단이 될 수 있도록 노력해야 한다.

또한 도심항공모빌리티의 실제 도입에 있어 가장 중요한 것은, 기존 수단 대비 빠른 속도를 바탕으로 한 획기적 시간 절감이라는 장점을 극대화하기 위해 접근 수단 연계를 충분히 고려해야 한다는 것이다. 항공기 자체가 빠르다는 것은 누구나 인지하고 있으나 출발지에서 도착지까지를 기준으로 볼 때, 기존 수단보다 가격은 비싼데 그다지 빠르지 않다는 인식이 통행자들에게 퍼져 있으면 상대적으로 비싼 가격을 지불하고 이용할 이유가 없기 때문이다. 실제 도심항공모빌리티 서비스 도입을 위해 기체 개발, 인프라 구축뿐 아니라 도시 네트워크 구조 및 접근 수단 특성에 기반한 종합적인 검토가 이루어져야 할 시점이다.

　우리나라는 2019년 국토교통부에서 도심항공모빌리티 실현을 위한 직속 조직 '미래드론교통담당관실'을 신설하고, 2020년 5월 관계부처 공동으로 K-UAM 로드맵을 제시함과 동시에 6월 'UAM Team Korea'라는 협의체를 구성하는 등 기술적·정책적 논의를 진행할 기반이 마련돼 있는 상황이다. 산학연관의 다양한 이해 당사자가 모여 미래 모빌리티에 대한 심도 있는 논의를 진행하고 있으며, 'K-UAM Grand Challenge'[5] 등 도심항공교통 실증 사업을 추진하고 있다. 여기서 가장 중요한 것은 공공과 민간이 서로 추구하는 바가 다름을 인지하고, 이에 대한 이해와 더불어 실제로 원원win-win할 수 있는 대안을 찾는 것이다. 공공은 이용자의 편익과 안전에 중점을 두는 반면 민간에서는 투자 비용 대비 수익을 고려할 수밖에 없으므로, 공공에서는 과도한 초기 비용에 대한 지원과 규제 개선 등을 통해 민간이 투자할 수 있는 환경을 마련하고 민간에서는 기술 개발에 적극적으로 투자함으로써 도심항공교통의 실제 도입을 앞당길 수 있도록 해야 할 것이다.

5　미항공우주국의 National campaign과 같은 도심항공교통 관련 다양한 산업 분야(기체, 인프라, 항로, 통신 등)에 대한 시험 및 실증 지원 사업.

참고문헌

〈도시의 하늘을 여는 한국형 도심항공교통(K-UAM) 로드맵〉, 관계부처합동, 2020.

〈전자항행정보발간물(eAIP)〉, 국토교통부, 2020.

김명현, 〈도심부 항공운송 서비스 추진 동향 및 과제〉,《월간교통》2019년 11월 호, 2019. 19~23쪽.

김명현, 정세연, 박선욱, 〈항공 산업부문의 혁신성장 방안 연구〉, 한국교통연구원, 2019.

Connected evolved-Uber elevate 2019, Corgan, 2019.

Fast-Forwarding to a Future of On-Demand Urban Air Transportation, Uber, 2016.

Innovative transit technologies study, TBARTA, 2020.

The Future of vertical mobility, Porsche consulting, 2018.

Urban air mobility (UAM) market study, NASA. 2018.

웹페이지

Helicopterinvestor Article(www.helicopterinvestor.com/articles/we-could-be-flying-yeah-632)

HYUNDAI Article(www.hyundai.news/eu/brand/hyundai-to-present-human-centered-future-mobility-vision-at-ces-2020)

KOREAN AIR(www.koreanair.com)

Uber Youtube (www.youtube.com/watch?v=E0Ub9Z8ifiQ&list=PLmVTG4mAK7nyJ7pu7pTd_7q29YUHvPZEt&index=32)

UI HELIJET(www.uihelijet.com)

Vertical Flight Society Article(www.evtol.news)

관계 법령

공항시설 및 비행장시설 설치기준(공항시설법 시행규칙 [별표 1])

공항시설법(www.law.go.kr/LSW/lsInfoP.do?efYd=20200730&lsiSeq=213581
#0000)

항공사업법(www.law.go.kr/LSW/lsInfoP.do?efYd=20200527&lsiSeq=211619
#0000)

항공안전법(www.law.go.kr/LSW/lsInfoP.do?efYd=20200609&lsiSeq=219587
#0000)

(임)모빌리티에 의한 도시 공간의 구성

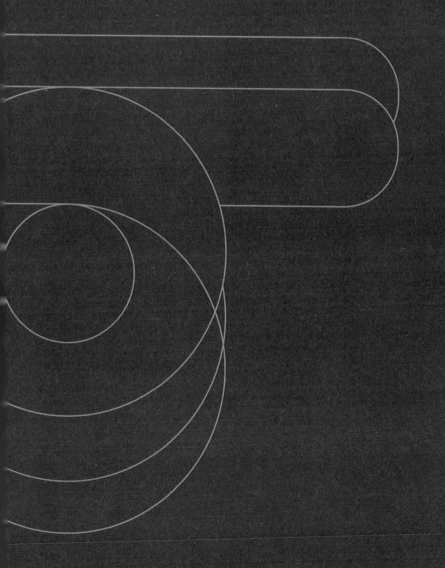

모빌리티 공간 구성을 위한 도시재생과 도시관광

: '서울로 7017'을 사례로

정은혜

이 글은 《한국도시지리학회지》 제21권 1호(2018)에 게재된 원고를 수정 · 보완하여 재수록 한 것이다.

모빌리티 시대의 도시경쟁력

　모빌리티 시대 도시경쟁력city competitiveness이 점차 중요해지고 있다. 도시경쟁력보다 국가경쟁력에 더 관심이 컸던 근대 초에는 국가경쟁력이 그 국가가 갖고 있는 군사력·경제력·외교력 등 힘의 논리로 표현되었다. 하지만 산업 시대에 들어와서 산업기술과 연관된 생산력, 경제력 등 물질적 측면의 국가경쟁력이 중요해지면서, 특정 산업을 기반으로 하는 특화도시가 생겨나게 되었다. 그리고 최근 지식정보화 시대와 모빌리티 시대가 도래하고 동시에 모빌리티 도시 공간론이 등장하면서 도시경쟁력은 '도시가 가진 자연적·인위적 환경에 축적된 사회적·문화적·경제적 기반과 도시 활동 주체인 시민·기업·정부가 미래의 가치를 창출해 낼 수 있는 역량의 총체이자 유동적 도시flux city로의 이행이 이루어지는 모빌리티의 도시'로 정의되고 있다(구자훈·신예철, 2013: 조명래, 2015b). 이런 가운데 오늘날 인구·사회구조 및 경제·산업구조가 재편되면서 '모빌리티 도시화' 및 도시재생urban regeneration'이 중요한 의제agenda가 되고 있다. 도시가 개발 중심의 고도성장에서 점차 저성장 시대로 변화하면서 도시의 질적 향상과 성숙이 중요시되고 있기 때문이다. 이에 따라 도시의 성장 및 발전 방식도 이전과는 다르게 나타나고 있다. 또한 도시 공간 및 환경에서 나타난 경제성장의 둔화는 새로운 성장 체계로서의 도시재생 활성화와 모빌리티 도시 공간을 요구하게 되었다. 특히 시민

1　모빌리티의 도시화는 구조(계급, 권력, 시스템 등)에 갇힌 정주적 도시Sedentary city 에서 사람과 사물의 이동과 흐름에 의한 다양한 관계 맺기(현존과 부재의 관계)로 재구성되는 유동적 도시Flux city로의 이행을 초래하고 있다.

들의 생활수준이 향상되면서 이동성을 기반으로 하는 모빌리티 패러다임과 도시 공간의 질적 수준을 높일 수 있는 도시재생이 유효한 정책의 하나로 고려되고 있다.

　모빌리티에 내재된 유동성, 관계성, 자율성 등의 속성은 도시 공간의 의미를 새롭게 인식하는 계기가 되고 있다(이상봉, 2017; Massey, 1994). 즉, 모빌리티 패러다임으로의 전환은 역사적으로 정태적이고 고정적이었던 비공간적 사회구조에 관한 사회과학을 넘어서는 후기 학문을 의미하는 것으로서, 경제적·사회적 생활이 다양한 공간과 시간으로 조직되고 다차원적으로 연결connecting되어 범지구적으로 뻗어 가는 공간 사회적 질서를 해석하는 새로운 사회과학으로 간주될 수 있다(Urry, 2002).

　이러한 모빌리티 도시화를 구현하기 위해 도시재생은 도시의 새로운 면을 부각시키는 좋은 재료가 된다. 도시재생이란, 넓은 의미에서 정태적인 도시 토지 이용과 물적 환경을 사회경제구조 및 생산기술 등과 같은 동태적인 사회경제적 환경에 적응시키기 위한 일체의 교정 또는 회복적 변화를 의미하며, 좁은 의미로는 도시계획이라는 틀에서 추진되는 도시 공간의 교정이나 회복적 변화를 의미한다(김용웅, 2008). 이러한 도시재생의 일환으로 실시되는 도시녹화urban greening 과정은 도시 환경의 쾌적성을 높여 이를 도시관광과 연계함으로써 도시경쟁력에 적잖은 영향을 미치고 있다(이혜은·최재헌, 2009). 특히 도시 내 산업지구 혹은 노후화된 기반시설 등의 재개발부지brownfield를 녹지 공간으로 재창조하고 관광지화하는 것은 도심 환경 정비와 개발 잠재력을 높일 수 있는 방법이다. 많은 선진국들은 과거 공공기관, 군사기지, 항만, 철도, 공장 등의 시설이 입지했던 공간을 공원, 박물관, 문화시설 등으로 재활용하고 있는데, 이는 도시재생을 통해 새로운 관광목적지로 설정한 좋은 사례이다.

이러한 측면에서 이 글에서는 모빌리티 공간 구성의 관점에서 기존의 노후화된 기반시설을 도시녹화 과정을 통해 재창조한 '서울로 7017'을 도시재생으로 간주하고, 이를 도시관광과 연계하여 논의한다.

옛 서울역고가도로의 새 이름인 '서울로 7017'은 1970년 만들어진 고가도로가 2017년 17개의 사람이 다니는 길로 다시 태어났다는 뜻에서 명명된 것으로, 2015년 12월 13일 서울역고가도로가 폐쇄된 후 공사를 거쳐 2017년 5월 20일에 개장된 '서울역 7017 프로젝트(일명 '서울의 공중공원 프로젝트')[2]의 결과물이다. 서울역 7017 프로젝트의 핵심은 도시재생을 통해 서울역고가도로를 보행 친화적 공원으로 재탄생시키고, 이를 통해 시민과 관광객들을 모으고 소통시키며, 이들을 주변 지역과 상권으로 자연스럽게 퍼져 나가게 하는 물꼬 역할을 하게 함으로써 유동적이고 관계적인 도시를 만들어 도시관광의 목적을 이루고자 하는 데 있다.

따라서 본 글에서는 모빌리티 도시화 구현을 위한 도시재생으로서 역사적 자산을 활용하고 낡은 기반시설을 도시 녹지 공간으로 재창조한 '서울로 7017'에 대해 논의한다. 이를 위해 2017년과 2018년, 두 차례에 걸쳐 직접 답사한 현장 사진들과 팸플릿 자료, 현황 등을 분석하였다. 이것을 바탕으로 '서울로 7017'의 장·단점을 확인하고 좀 더 유동적인 도시를 위한 효과적인 개선 방안을 제시하고자 한다. 특히 '서울로 7017'이 모빌리티 도시화로서 도시재생이 잘 이

---

2 '서울역 7017 프로젝트'란, 서울역 고가도로를 '차량 길'에서 '사람 길'로 재생하고, 단절된 서울역 일대를 통합 재생하여 지역 활성화와 도심 활력 확산을 목표로 실시한 도시재생 사업명이다.

루어졌는지 파악하고, 더 나아가 도시관광으로 도약하기 위한 점진적인 개선 방안을 제언하려 한다.

모빌리티 공간 구성을 위한
도시재생 및 도시관광의 개념 정의

모빌리티 도시화 구현을 위한 도시재생

모빌리티의 인프라를 내장하고 있는 도시 공간은 사람과 사물의 이동과 연결을 가속화시키는 다양한 시스템들로 재구축된다. 즉, 도시는 단순한 장소적 공간place-based space에서 흐름의 공간space of flow으로, 그리고 유동의 공간flux space으로 빠르게 바뀌고 있다(조명래, 2015b). 도시 공간 자체는 지형과 위치로 구성된 물리적 장소로 고정되어 있지만, 그 공간 위로 무수한 사람과 사물의 교차적·순환적 이동이 이루어지면서 마치 물이 흐르는 것과 같은 효과가 생긴다. 모빌리티의 가속화와 유동화는 도시의 물리적 경계를 넘어 가상공간 혹은 범지구적 영역으로 이동과 결속의 뻗침을 만들어 낸다. 이를 구체적으로 구현하기 위해 도시재생이 도입되기도 한다. 도시재생이란, "인구 감소, 산업구조 변화, 도시의 무분별한 확장, 주거 환경 노후화 등으로 쇠퇴하는 도시를 지역 역량의 강화, 새로운 기능의 도입과 창출 및 지역 자원의 활용을 통해 경제적·사회적·물리적·환경적으로 활성화시키는 것"을 의미한다('도시재생 활성화 및 지원에 관한 특별법' 제2조). 즉, "산업구조의 변화 및 신도시·신시가지 위주의 도시 확장으로 상대적으로 낙후되고 있는 기존 도시에 새로운 기능을 도입·창출함으로써 경제적·사회적·물리적으로 부흥시키는 것"이다(전상인·김미옥·김민영·최민정·김민희, 2010, 60쪽). 여기에서 상대적 낙후는 동일 지역이 과거에 비해 상대적으로 노후화되거나 낙후된 상태를 의미하기도 하고, 다른 한편으로는 특정 지역이 다른 지역에 비해 상대적으로 노후화되고 낙후된 상태에 처하게 된 것을 의미하기도 한다.

처음 서구에서 도시재생 개념이 등장할 때는 주로 전자의 경우를 나타냈으나 산업화로 인한 근대적 도시 성장의 역사가 비교적 짧은 한국의 경우는 후자의 개념으로서,[3] 한국의 도시재생은 시계열적 비교에 의한 쇠퇴보다는 다른 도시와의 횡단적 비교를 통해 이루어졌다. 따라서 한국의 도시재생은 주로 도시경쟁력과 관련하여 도시재개발, 도시재활성화 등과 혼용되어 사용되었다. 특히 신도시 및 신시가지 개발에 대응하는 개념으로 도시재개발이라는 용어가 광범위하게 쓰이다가, 2000년대 중반부터 도시재생이라는 용어를 사용하고 있다(김학훈, 2011). 그런 의미에서 한국의 도시재생은 도시경쟁력, 도시재개발, 도시재활성화 등의 유사 개념과 엄격하게 구분하기 어렵다. 여기에 물리적·경제적 측면과 더불어 사회·문화적 측면까지 고려하는 최근의 도시재생과 모빌리티 패러다임을 감안하면 더욱 그렇다. 즉, 한국의 도시재생은 그간의 고도성장기를 거치면서 겪었던 각종 성장의 후유증을 치유·극복하면서 새로운 단계의 도시 발전을 이끌어 내기 위한 것에 알게 모르게 맞추어져 있다(조명래, 2015a).

---

3 서구에서 도시재생이 논의되고 정책으로 추진된 배경에는 도시 쇠퇴Urban decline라는 분명한 현상이 있었다. 이는 경기 변동이나 도시 발전 단계에 따라 나타나는 도시 변화의 일시적 양상이 아니라 산업 패러다임, 도시 패러다임, 거버넌스 패러다임 등의 복합적 전환에 따른 것으로 크게 보면 서구 자본주의 체제 변화와 맞물려 있다. 하지만 한국의 도시 쇠퇴 현상은 서구가 앞서 경험한 것을 잣대로 한다면 상대적으로 그리 분명하지는 않다. 중소도시의 원도심 낙후, 구시가지의 노후화, 개발지 사업의 미추진 등으로 나타나는 도시의 정체 현상이 간헐적으로 확인되지만 서구 도시에서 볼 수 있는 도시의 전면적인 방기나 쇠퇴(미국의 디트로이트가 자동차 산업 사양화로 인해 도시 전체가 방기되는 현상 등)의 모습은 아직 나타나지 않았다.

반세기 가까이 지속된 고도성장이 끝나고 저성장으로 이어지는 성장 방식의 변화와 모빌리티의 시대 속에서, 한국의 도시들은 대부분 도시의 성격, 도시개발의 수요 및 관리 방식 측면에서 거대한 전환을 마주하고 있다. 이에 따라 개발주의 도시에서 탈개발주의 도시로, 관료주의적 도시에서 시민적 국가 경영 도시로의 이행을 위한 도시 정책과 도시 관리 변화에 대한 요구가 나타나고 있으며, 또한 그러한 변화가 실제 일어나고 있다. 과거 한국의 도시재생은 불량 노후 주거지역, 공장 지대, 도심 상가 등의 재개발 및 재건축 사업 등 기존 도시의 물리적 환경 개선을 뜻했으나 최근에는 주민 참여 개념이 도입돼 물리적 환경 개선뿐만 아니라 사회경제적 환경 개선도 도시재생의 범주에 포함되고 있다는 점이 이를 반영한다(이영아, 2009). 2010년부터 전국의 많은 지자체장들이 '사람중심도시'를 슬로건으로 내걸고 자치 혁신을 시도하는 것은 도시의 중심 가치가 바뀌고 있음을 보여 준다.

1990년대 초반까지 도시재생은 공간적, 가시적, 물리적, 정량적 접근으로 이루어지다가 이후부터는 장소적, 무형적, 사회·문화적, 정성적 접근으로 나타나고 있다. 도시재생의 잠재력 지표로 '입지, 재정, 기반시설, 지역의 쾌적성amenity, 공동체 결속, 장소 이미지' 등을 강조한 연구(Coombes·Wong, 1992), 지속가능한 도시재생 지표로서 '자원, 경제, 건물과 토지 이용, 교통 및 접근성, 교육과 문화 수준, 공동체 의식' 등을 책정한 연구(Hemphill·McGreal, 2004), 도시 내 공원의 설립 및 건물 내 녹지 공간 형성을 주장하는 연구(De Sousa, 2003; Shilling·Logan, 2008) 등은 이러한 점을 뒷받침한다.

한편 존 어리John Urry(2007), 이혜은·최재헌(2009), 전경숙(2009), 정은혜·손유찬(2018) 등은 도시녹화를 통한 도시재생이 다음과 같은 효과를 가져올 수 있다고 하였다. 첫째, 도시계획과 도시 경관적인 측면에서 환경 개선의 효과, 둘째, 사회적인 측면에서 도심의 부정적 이미지 완화 및 도시의 전반적인 수준 향상, 셋째, 경제적인 측면에서 투자 유치 및 부동산 가격 상승, 지역경제 및 관광의 활성화 등의 효과, 마지막으로 모빌리티 도시화 이론의 측면에서 일상 과정의 탈장소화 및 유동적인 공간화가 그것이다. 물론 이러한 도시 녹지 공간의 창조는 환경·생태·경제·사회·미적인 시각을 종합적으로 고려하여 다원성을 확보하고, 상호 연계된 도시 기반시설을 구축할 뿐만 아니라 의사결정 과정에 있어 지역공동체의 의견을 존중하는 차원, 즉 혼종 공간hybrid space의 차원으로서 진행될 수 있다고 하였다.

모빌리티 도시화 구현으로서의 도시관광

도시가 지닌 중심지로서의 다양한 기능, 그리고 각 도시가 갖는 독특한 문화적 매력은 많은 사람들이 다양한 목적으로 도시를 방문하도록 이끈다. 이러한 과정은 도시관광urban tourism이라는 현상으로 포괄된다. 도시관광은 '자연관광, 문화관광, 유적관광, 쇼핑관광, 업무관광 등 관광 형태의 분류와 관련된 특정 주제나 관광 행동이 아닌, 이러한 다양한 형태의 관광 행동을 모두 포함하는 도시에서 일어나는 수많은 형태의 관광 행동'을 지칭한다(Ashworth·Page, 2011; Edward·Griffin·Hayllar, 2008; Pearce, 2001).

1980년대 서구 산업도시에서 대두한 도시관광은 첫째, 산업구조 변화로 쇠퇴하게 된 산업도시들의 고용 및 소득을 창출할 수 있는 새로운 산업을 찾기 위한 노력에서 비롯되었고, 둘째, 소득의 증가로 여가가 증대됨에 따라 관광산업이 새로운 성장 산업으로 인식되기 시작하면서 이루어졌다(Law, 1992). 무엇보다 관광산업은 제조업과 달리 친환경적으로 이루어질 수 있고, 제조업 유치가 어려운 상황에서도 가능하다는 점이 가장 결정적이었다.

이러한 상황에서 도시재생 수단으로 도시관광을 도입하게 된 배경으로는 '도시의 관광목적지화'를 들 수 있다(문휘운·박태원, 2015). 산업 시대와는 달리 관광목적지로서의 도시는 첨단 지식산업으로의 산업구조 변화와 모빌리티 시대의 도래와 함께 생산지에서 소비지로의 변화를 수반한다. 즉, 도시 관광객의 도시 방문은 위락이라는 목적 외에도 쇼핑, 업무, 교육, 회의, 친지 방문 등 그 목적이 다양하므로 도시 공간 및 기반시설 역시 직·간접적으로 다양하게 이용된다. 도시관광이 도시에 가져오는 실질적 득실에 대한 의견은 분분할 수 있지만(Maitland, 2006), 도시의 관광목적지화는 관광객들의 소비지출이 타 산업을 비롯한 도시 경제에 큰 영향을 줄 수 있다는 점에서, 그리고 관광객들의 관광 경험이 도시 이미지를 형성하는 주요 요소가 되고 있다는 점에서 중요하다. 따라서 대다수의 도시들은 도시의 경제적 성장을 위해 관광산업을 핵심 산업 중 하나로 설정하고 집중정책을 펴고 있다(Gospodini, 2001; Karski, 1990).

물론 도시재생 수단으로서 도시관광을 도입하기 이전부터 도시는 그 자체로 매력적인 관광목적지로서의 역할을 하였다. 그러나 도시관광은 쇠퇴해 가는 도시의 물리적 환경 변화를 이끌어 냈고, 이를 통해 도시 내 유동인구를 증가시키고 소비를 촉진시켜 지역주민의 소득 증대 및 지역 경제 활성화에 더욱 긍정적 효과를 유발하였다. 이 같은 도시 공간의 재구조화는 1990년대부터 한국에서도 적용되었다. 결국 도시관광 효과와 도시재생을 연계하는 서구의 연구들이 이후 한국에서도 이어져, 도시재생을 통한 도시관광에 대한 논의가 활발히 진행되었다(강동진, 2010; 김상빈, 2003; 김향자, 2015; 문화재청, 2008).

한편, 도시의 관광 매력물을 발굴·조성하여 연계시키는 것은 도시관광을 적용한 도시재생의 중요한 과제이다. 도시관광을 적용한 도시재생의 일차 대상은 관광 매력물이지만, 관광목적지로서 도시의 매력성은 관광 매력물 그 자체뿐만 아니라 상점, 음식점, 편의시설 등 부가적인 시설까지도 포함한다. 즉, 단일 관광 매력물만 존재하는 도시보다 여러 다양한 시설들로 구성된 도시가 관광객들의 방문을 더욱 유도할 수 있다는 것이다. 이는 관광객의 잠재적 이용 대상이 되는 관광 매력물과 도시 시설에 대한 접근성을 의미하는 '도시관광 스펙트럼urban tourist opportunity spectrum'이라는 용어로 표현될 수 있다(Karski, 1990; Jansen-Verbeke · Lievois, 1999). 도시관광 스펙트럼은 역사적 건축물, 박물관, 공연장, 이벤트와 같은 관광객을 유인하는 주요 요소, 이와 연계된 체험의 기회를 제공하는 음식점, 상점 등의 이차적 요소, 그리고 관광안내소, 관광 편의시설 등의 부가적 요소로 구성된다. 따라서 도시관광의 매력도를 나타내는 도시관광 스펙트럼은 관광 매력물의 연계성과 관광 접근성 및 다기능성에 비례하여 증가할 수 있다(정은혜·손유찬, 2018). 이는 곧 관광 매력물 자체도 중요하지만 매력물 간의 연계성과 부가적인 도시 서비스의 제공 역시 도시재생을 위한 도시관광에서 중요하다는 점을 시사한다.

'서울로 7017'의 과거: 자동차 중심의 근대화 유산

서울역고가도로가 있던 자리는 원래 남대문에서 만리재를 넘어 마포나루까지 마차와 사람들로 붐비던 길이었다. 만리재길은 사대문 밖에서 가장 번성한 시장이었던 남대문시장과 마포나루를 이어 주는 통로로 서민들에게 중요한 도로였다. 그러다가 1900년 이곳에

경인선의 종착역으로 남대문정거장역이 개통하고, 1925년 이곳의 이름이 잠시 경성역으로 바뀌었다가 1960~70년대 급격한 산업화 시대에 접어들어 고가도로가 설치되면서 이 일대는 서울 도심 내 거대한 건축물군으로 변모되었다(신예경, 2016; 조경민, 2015).

서울역고가도로[4]는 중구 남대문로 5가에서 만리동 사이를 잇는 도로 시설물로서 1967년 수립되어 1969년 3월 19일 착공돼 1970년 8월 15일 완공되었다(《매일경제》 1970년 8월 15일자). 1970년대는 국가주도적 근대화가 강도 높게 추진되던 시절이다. 이른바 근대성modernity 구현을 위한 노력이 도시계획 분야에서도 다양하게 이루어지던 시대였다. 당시 신설된 고가도로, 로터리, 지하도, 자동차전용도로 등은 이러한 시대를 입증한다. 밀려드는 인구와 팽창하는 도시 활동을 수용해 내기 위해 도시 공간을 면적으로 확장하는 가운데, 서울역고가도로는 '자동차 중심의 도로'로서 도심과 서남부(마포, 여의도, 영등포)를 연결하는 축의 하나로 건설되었다. 이 고가도로에 의해 서울역 철도 부지의 동측과 서측이 자동차 통행으로 직접 연결됨으로써 당시에는 이 일대의 교통 흐름 개선에 기여한 바 있다. 따라서 서울역고가도로는 우리나라의 1970년대 근대화를 상징하는 구조물이자 지방에서 상경한 이들에게는 서울의 첫 얼굴이었으며, 40여 년 동안 고가도로를 지나 온 서울시민에게는 추억이 담긴 대로大路 중 하나였다(〈그림 1〉).

그러나 1980년대로 접어들면서 고가도로가 당초 의도했던 것과는 달리 교통 흐름을 막거나 교통체증을 일으키는 문제점들이 나타

---

4 서울역 고가도로는 폭 8.4미터, 연장 688.5미터이며, 옹벽 구간은 높이 8.4미터, 연장 226미터로서 총연장은 914.5미터이다.

〈그림 1〉 옛 서울역고가도로(좌)와 현 서울로 7017(우)
출처: 서울로 7017 공식사이트(좌), 2017년 필자 촬영(우)

나기 시작했다. 고가도로가 장애물이 되어 지역이 단절되고 지역 간 흐름이 왜곡되었다. 즉, 소통을 원활히 해야 할 고가도로가 과도한 차량 유입으로 오히려 심각한 체증을 유발했다. 고가도로로 인한 정체는 주변 지역의 교통 흐름에 연쇄적으로 영향을 끼쳐 도심부의 교통 속도가 전반적으로 감소하는 원인으로 작용하였다.

게다가 교량의 노후화로 2006년 정밀안전진단 D등급 판정을 받으면서 안전 문제와 함께 관리 비용이 점증하는 문제점이 나타났다. 이후 서울시는 안전과 미관 등의 문제를 고려해 2007년 기존 고가를 철거하고 새로운 고가를 신설하는 계획을 마련했다. 이 계획에 맞춰 서울시는 임시적인 보수·보강과 함께 13톤을 초과하는 대형 차량의 통행을 제한하는 등 기능의 축소화를 단행하였다. 그런데 미국 서브프라임 모기지 사태[5]로 촉발된 경기침체와 사업성 악화로 인해 대체 고가 신설이 요원하게 되었다.

이런 상황에서 서울시는 서울역고가도로의 공원화 추진을 대안으

---

5 미국의 초대형 모기지론(주택저당대출) 대부업체들이 파산하면서 시작된, 미국만이 아닌 국제 금융시장에 신용경색을 불러온 연쇄적인 경제위기.

로 제시하였다. 이는 경제성장기 동안 억압되고 배제되었던 인간중심 도시 가치를 복원하고 구현하고자 한 것으로, 결국 2014년 9월 '서울역 7017 프로젝트'를 발표함으로써 시작되었다. 즉, 서울역고가도로를 자동차 위주의 길에서 사람을 위한 길로 전환하고, 끊어진 서울 도심의 축을 연결하자는 취지로 추진하게 된 것이다.

'서울로 7017'의 현재: 모빌리티 도시의 실현 및 인간중심의 도시재생 문화자원

앞서 언급했듯이 '서울로 7017'은 첫째, 1970년대에 만들어져 2017년에 다시 태어난 역사적 고가도로라는 의미, 둘째 1970년 차량 길에서 17개의 사람 길로 재탄생한 공간이라는 의미, 셋째 1970년에 만들어진 17미터 높이의 고가라는 의미 등을 함축하고 있다. 이렇게 명명된 '서울로 7017'은 뉴욕 맨해튼의 하이라인 파크High Line Park를 모델로 한다(《한국경제》 2017년 5월 20일자).

하이라인 파크는 맨해튼 서남쪽 미트패킹Meatpacking 지구에서 첼시Chelsea 지구를 거쳐 제이콥 재비츠 컨벤션센터Jacob K. Javits Convention Center 부근까지 약 2.3킬로미터 구간에 이르는 소호soho 지역의 화물운송용 폐고가철로를 녹지 보행공원으로 재생한 공간이다. 이 지역에 고가철로가 놓인 것은 1930년대 중반으로, 식품을 공급하는 화물노선 운행을 위해 건설되었다. 이미 1850년대부터 기존 도로망을 따라 철도가 운행됐으나 교통체증을 유발하고 사고가 자주 일어나는 바람에 아예 별도의 고가도로(9미터)를 설치했던 것이다. 그러나 트럭 등의 운송수단이 빠르게 발달함에 따라 1980년대 초반 선로가 폐쇄되고 결국 고가철로는 방치되었다. 뉴욕시는 도심의 흉물이

된 선로를 철거하기로 하고 1999년 공청회를 열었는데, 여기에 참석한 청년들이 보존운동을 제안했다. 그들은 크고 작은 모임을 열어 지지자를 불리고 자금을 모았다. 뉴욕시의 철거 결정을 무효화하는 소송을 진행하고, 철거보다 공원화가 수익성이 좋다는 연구 결과로 공무원들의 지지를 얻어 냈다. 인근에 부동산이 있어 보존에 반대하는 사람들은 다른 곳의 개발권을 보장하는 묘수로 설득했다. 2006년 이 고가철로 리모델링 작업이 시작되었고 2009년 완공되면서 현재의 모습을 갖추게 되었다. 하이라인 파크가 완성되자 뉴욕 시민들은 '내가 하이라인을 살렸다, 뉴욕에서는 꿈이 이루어진다!'며 기뻐했다. 지금 이곳은 뉴욕 시민들은 물론 외국 관광객을 포함해 연간 5백만 명 이상 찾을 만큼 높은 인기를 누리고 있다. 하이라인 파크가 공원으로 재생되면서 주변 지역의 거리 미관도 함께 정비되었으며, 일대 부동산 개발도 활발해졌다(허영섭, 2014). 이러한 선례가 '서울로 7017'로 이어졌고, '서울로 7017'의 모빌리티 도시 구현을 위한 도시재생 및 도시관광을 추진하게 된 계기로 작용하였다.

하지만 풀뿌리 시민운동으로 완성된 하이라인과 달리 '서울로 7017'은 정부가 주도한 하향식 개발계획이다. 서울시가 2014년 서울역고가도로 공원화를 발표한 후 6백억 원 규모의 사업은 마무리까지 3년도 걸리지 않았다. 네덜란드 건축가 비니 마스Winy Maas에 의해 설계된 '서울로 7017'은 가나다순으로 배열된 228종의 한국 토종 식물(2만 4085주의 꽃과 나무)이 1,024미터의 길을 따라 645개의 원형 화분 속에 심어져 있다(《동아일보》 2017년 6월 13일자; 《한겨레》 2017년 6월 8일자). 하지만 뉴욕의 하이라인 파크를 모델로 하였다는 서울시의 발표와 달리 비니 마스는 "서울로 7017은 하이라인 파크와는 의도적으로 다르게 디자인하였다"고 밝혔다(《조선비즈》 2017년 5월 29일자). 그는 하이라인은 폐기된 철로였고 기존 건물의 위나 옆으로 가깝게 지나가고 있는 공간이라면, 서울역고가는 이동이 진행 중인 산업도로였고 주변 건물에 걸쳐서 의지하지 않는 독립적인 시설이었기에 하이라인과 서울로는 구조 자체가 완전히 다르다며, 같은 점이 있다면 하이라인처럼 행복을 주는 공간을 목표로 했다는 것뿐이라고 하여 정책에 대한 이해를 어렵게 하였다.

그럼에도 불구하고, '서울로 7017'은 모빌리티 도시화를 구현하려는 하나의 시도로서 도시재생을 통해 도시관광을 추구했다는 점에서 의미가 있다. 다시 말해, '서울로 7017'은 역사적·문화적 가치가 있는 근대문화를 보존하여 장소의 가치를 재인식시키고, 여기에 트렌디한 감각을 융합시킴으로써 과거·현재·미래의 시간적 차원을 중첩한 인간중심의 도시관광을 유발할 수 있다는 점에서 경쟁력이 있다. 또한 마누엘 카스텔Manuel Castells(2000)이 언급했듯 '흐름stimulate 의 공간'(시간의 공유, 즉 순간적으로 이루어지는 사회적 실천의 물질적인 조직이며 그러한 실천이 작동하는 다양한 흐름이 이루어지는 공간)을 구현했다는 데 의의가 있다.

그런 의미에서 서울역고가도로의 용도를 보행전용고가로 전환한 '서울로 7017'은 첫째, 남산과 침체된 남대문은 물론이고 낙후된 서울역 서부(공덕동, 청파동 등)를 유기적으로 연결하여 모빌리티를 확장시키고, 둘째 '서울로 7017'을 통해 보행 환경 개선과 주변부의 지역재생을 촉진하며, 마지막으로 '서울로 7017'의 랜드마크 구축을 통한 관광자원 개발 등을 이루겠다는 목적을 지닌다. 이는 모빌리티 도시공간론을 도시재생으로 현실화하고, 동시에 도시관광을 모두 고려한 정책으로 볼 수 있다. 결국 이러한 모든 것은 차도로서의 수명을 다한 서울역고가도로의 역사적인 의미와 가치를 감안하여 철거 대신 공공공간을 선택함으로써 새로운 관광목적지로 설정하였음을 의미하며, 이를 통해 쇠퇴 지역의 재생을 도시관광으로 적극적으로 활용하겠다는 의지를 담은 것으로 해석할 수 있다.

모빌리티 공간 구성으로서의 가능성: '서울로 7017'의 긍정적 특징

'서울역 7017 프로젝트'는 모빌리티 도시를 구현하기 위해 도시 재생과 도시관광을 수용한 것이다. 이 프로젝트로 '서울로 7017'은 새로운 관광목적지가 되었는데, 이 공간은 다음과 같은 긍정적 특징 (장점)을 보인다.

첫 번째 특징은, 이곳에 대한 홍보가 비교적 잘 이루어져 제법 많은 관광객이 찾고 있다는 점이다. 서울시는 동영상, 전단지, 팸플릿, 포스터, SNS 등 다양한 방법을 통해 장소 마케팅을 하고 있다(〈그림 2〉). 덕분에 많은 관광객이 이곳을 새로운 관광목적지로서 인식하고

〈그림 2〉 네트워크를 통한 서울로 7017의 홍보
출처: 서울로 7017 공식사이트(좌), 서울로 7017 팸플릿(우)

방문하고 있음을 확인할 수 있다. 이러한 특성은 모바일과 네트워크 관련 기술의 발전, 즉 모빌리티의 증대와도 무관하지 않다. 모빌리티의 증대로 인한 삶과 '서울로 7017'이라는 사회적 공간의 재구성은 모빌리티 패러다임을 구축하는 하나의 사례로 간주할 수 있다. 한편, 주변의 특징 있는 지역들을 보행고가로 꿰어서 서울의 관광명소로 만들려는 노력도 이러한 긍정적인 효과를 유도했으리라 판단된다. 특히 관광객들은 서울역사가 내려다보이는 고가의 중앙 부분(지도의 ⑧와 ⓒ 부분)에 주로 집중하고 있다(〈그림 3〉). 이처럼 '서울로 7017'이라는 공간의 장소성은 흐름의 공간으로서 결절점node의 기능을 하고 있으며, 모빌리티 도시로서 그 의미가 유동적·관계적으로 재생산되고 있음을 확인할 수 있다(Sassen, 2001).

두 번째 특징은, '서울로 7017'에서 바라본 뷰view와 도보를 통한 이동이 새로운 시각적 경험을 제공한다는 점이다. 이전이라면 불가능했던 위치와 높이에서 주변 경관을 둘러볼 수 있다는 것은 특별한 경험을 선사한다. 새롭게 단장된 고가 위에서 사람들은 직접적인 이동을 통해 빌딩, 도로와 자동차, 구 서울역사와 현재의 서울역사 등

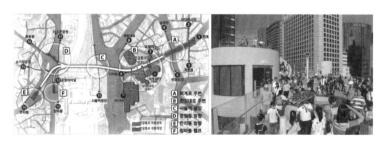

〈그림 3〉 서울로 7017의 지도(좌), 이곳을 찾은 많은 관광객(우)
출처: 서울로 7017 공식사이트(좌), 2018년 필자 촬영(우)

〈그림 4〉 이동을 통해 확인한 서울로 7017의 주변 경관
출처: 2017년, 2018년 필자 촬영

의 도심 환경을 하늘과 함께 바라볼 수 있게 되었다(〈그림 4〉). 그리고 해가 저물면 형형색색의 네온사인으로 이루어진 야경을 마주할 수 있다는 점은 관광객의 입장에서 이색적이고 차별화된 시각적 경험으로 판단된다. 익숙하고 지루했던 도심의 풍경이 '서울로 7017'을 통해 시시각각 다른 표정으로 읽힐 수 있는 공간으로 변화한 것이다.

세 번째 특징은, '서울로 7017'이 자동차 중심에서 인간 중심으로의 가치 변화가 내재된 곳인 만큼 '서울로 7017'이 공중공원으로서 시민의 산책로로 활용되고 있다는 점이다. 이는 모빌리티 도시 공간이 가지는 유연성, 적응성, 확장성이라는 강점을 반영한다. 빌딩이 빽빽하게 들어차 초록의 네트워크를 찾아보기 힘든 서울에서 도시 녹화라는 아이디어는 생태도시와 삶의 질 향상의 단초를 제공했다. 특히 이동을 통해 얻을 수 있는 산책로의 효과는 길 중간중간에 놓인 시설물과 놀이기구를 통해 놀이터 역할까지 병행되면서 더욱 증대되고 있다(〈그림 5〉). 이에 더해 '서울로 7017'과 연결되는 지하철 1호선 서울역 지하도에 마련된 전시회, 쇼핑몰, 그리고 고가 위아래에 놓인 작은 상점·카페·공연장 등은 이 공간을 더욱 유연성 있게

〈그림 5〉 서울로 7017의 시설물을 이용하는 관광객
출처: 2017년, 2018년 필자 촬영

〈그림 6〉 서울로 7017의 문화·관광 시설: 전시회(좌), 카페(중), 공연장(우)
출처: 2017년, 2018년 필자 촬영

확장시키는 증거물이다(〈그림 6〉). 따라서 '서울로 7017'은 모빌리티 도시 공간으로서 함께 있는 사람들과의 열린 교섭을 통해 유동적이고 관계적인 방식으로 새롭게 장소성이 구현되고 있는 공간으로서 그 의미가 변화하고 있다.

마지막 특징은, '서울로 7017'이 모빌리티 도시화 구현의 공간으로서 주변 차로와 기찻길과 연결되어 접근성을 높였다는 점이다(〈그림 7〉). 이 공간은 다른 공간들과 연결되어 있으며 특히 네트워크를 통해 내·외부를 연결하는 경로path가 되고 있다. 즉, 고정성과 닫힌 경계를 넘어 확장되는 상호관계의 산물로 나타나고 있는 것이다. 이는 다른 한편으로는 이 공간이 단순한 뿌리내림의 장소가 아니라 이동하는 장소로 변화했음을 말해 준다. 이동하는 장소는 고정적이거나

〈그림 7〉 서울로 7017의 물질적 네트워크: 기찻길(좌), 차로(우)
출처: 2018년 필자 촬영

단일하게 존재하지 않는다(이상봉, 2017, 126쪽). 즉, '서울로 7017'은 이곳이 원래 지녔던 고가차도라는 고정적 · 단일적 특징으로 파악되는 것이 아니라, (다른 장소들과 비교했을 때) 고가이면서 도보로의 느린 이동이 가능한 장소이자 모빌리티의 빠른 속도를 확인할 수 있는 관광지로서 하나의 경로가 되었다는 의미이며, 또한 다른 장소와의 연계성을 통해 장소성을 획득한 공간이라는 의미를 가진다.

따라서 모빌리티의 증대가 구현된 '서울로 7017'은 단순히 빠르고 편리해진다는 기능적 의미를 넘어 사회관계 구성에 커다란 영향을 미치고 있는 공간이며, 이는 더 나아가 모빌리티 패러다임으로서 주목할 수 있는 공간임을 나타낸다.

모빌리티 공간 구성으로서의 불충분성: '서울로 7017'의 부정적 특징

앞서 언급했듯 '서울로 7017'의 모빌리티 도시로서의 가능성은 열려 있다. 그럼에도 불구하고 현실적으로 지닌 문제점들도 적지 않아 보인다. 그런 의미에서 다음의 특징들은 불충분성(단점)으로 지적될 수 있을 것이다.

　부정적으로 볼 수 있는 첫 번째 특징은, '서울로 7017'이 도심 속 자연을 표방함으로써 형성된 도시 녹지공원이라는 점을 네트워크 자본을 통해 많이 홍보하고 있으나 막상 가 보면 이러한 느낌을 별로 받을 수 없다는 점이다. '서울로 7017'의 모델인 하이라인 파크는 식물들이 바닥에 뿌리를 두고 자라나며 보행로 곁을 지키지만, '서울로 7017'은 공중도로 위에 놓인 원형 시멘트 화분에 꽃과 나무들이 가나다순으로 이식된 정도에 불과하다. 폭 10미터 남짓한 좁은 바닥에 옮겨 놓은 거대한 화분의 크기도, 수량도, 위치도 보행자의 자유를 방해한다. 게다가 강한 태양열에 고사된 식물들도 많아 관리의 허술함을 드러내고 있다. 녹지의 가치는 절박하지만 식재의 지속 가능성에는 의문이 든다. 토심을 확보하기 위해 높아진 콘크리트 화분은 답답해 보이고, 좁은 화분 속에서 뿌리내려 사계절을 버티고 공해와 싸워야 하는 식재들에 대한 우려의 목소리도 무시할 수 없는 측면이다. 더욱이 고가 위의 탁한 공기, 부족한 벤치, 태양 복사열로 인한 더위, 그에 비해 상대적으로 부족한 그늘 공간 등은 하이라인 파크와 같은 쾌적한 공중산책로를 기대했던 시민과 관광객들에게 실망감을 안겨주고 있다(〈그림 8〉).

　도심 한가운데 재생을 명분으로 세운 거대한 구조물이 흙과 나무와 자연으로 약간 디자인되었다고 해서 도시녹화를 통한 도시재생과 도시관광이 성공적으로 이루어졌다고 말하기는 어렵다. '숲을 만들어 맑은 하늘을 이루어 내자', '살아 있는 식물도감' 등의 홍보 문구에 걸맞으려면 '서울로 7017'의 겉모습만 화려하게 바뀌어서는 안 된다. 시민들과 관광객들의 피부에 와 닿을 수 있는 진정성 있는 공공공간으로서 교류되지 못한다면 주변 환경과 제대로 관계를 맺

〈그림 8〉 시멘트 화분에서 말라 가는 식물들(좌)과 협소한 그늘에 빼곡히 모인 관광객(우)
출처: 2017년 필자 촬영

지 못하게 될 것이고, 이는 다양한 주체의 참여와 이용이 제한되는 결과로 이어져 결국 시민들과 관광객들에게 외면당할 것이기 때문이다.

그 다음 부정적 특징은, 과연 '서울로 7017'이 도시관광 스펙트럼 (도시관광의 매력도)을 유발하고 있는가라는 질문에 그다지 긍정적으로 답하기 어렵다는 점이다. 앞에서 언급했듯 관광목적지로서의 매력성은 관광 매력물 그 자체뿐만 아니라 관광객을 유인하는 주요 요소와 이와 관계된 부가적 요소를 포함하고 있어야 한다. 이러한 측면에서 '서울로 7017'은 아직 매력물 간의 연계와 이와 관련한 부가적인 도시관광 서비스의 제공이 부족하다는 특징이 있다. 즉, '서울로 7017'이 그 자체로 도시관광 자원으로서의 매력은 있지만 도시관광 스펙트럼은 아직 나타나고 있지 않다는 것이다. 아직까지는 인근 오피스나 상점들과의 연결이 다소 부족해 보인다. 이러한 일상성의 부족은 '서울로 7017'을 시민과 관광객이 오래 머무는 공간이 아닌 단순히 스쳐 지나는 환승지로서의 공간으로 인식하게 만든다. 그러다 보니 시민과 관광객들이 주변 지역과 상권으로 자연스럽게

〈그림 9〉 서울로 7017의 한쪽 끝 방향(좌), 만리동 방면(ⓔ)의 한적한 풍경(우)
출처: 2017년 필자 촬영

퍼져 나가지 못하고 있다. 이는 '서울로 7017'의 양쪽 끄트머리 공간 (〈그림 3〉, 지도의 Ⓐ, Ⓔ, Ⓕ 부분)으로 갈수록 보행자의 수가 급격히 감소하는 것으로 확인할 수 있다(〈그림 9〉). 이에 '서울로 7017'이 권위적인 공공건축물, 주변과 어울리지 못하는 건축물, 접근과 이용이 어려운 건축물로 남지 않도록, 더 나아가 모빌리티 도시 공간의 구현이라는 도시재생과 도시관광의 목적을 실현하기 위해서라도 향후에는 이 공간을 좀 더 연결과 이동이 가능한 공간으로 변화시켜 나가야 할 것으로 보인다.

모빌리티 공간으로서의 '서울로 7017'에 대한 제언

서울역고가도로의 공중공원화에 대해 그간 제기된 반대 혹은 비판에도 불구하고 '서울로 7017'은 2017년 5월 20일에 개장하여 우리나라 최초의 공중보행길이라는 새 역사를 쓰게 됐다. 미국 뉴욕 맨해튼 하이라인 파크를 벤치마킹함으로써 조성된 '서울로 7017'의 핵심은, 모빌리티 도시 공간을 구현하기 위해 네트워크 자본과 도시재생이라는 방법을 활용하여 도시관광을 이루고자 한 것이다. 즉, '서울로 7017'을 보행 친화적 공원으로 재탄생시켜 시민들과 관광객들을 모아 소통시키며 모빌리티화하고, 이들을 주변 지역과 상권으로 자연스럽게 네트워킹하게 함으로써 도시관광의 목적을 이루고자 한 것이다. 사실상 서울역고가도로는 이미 자동차 통행이 불가능한 도로로 판정받았기에 철거와 재활용이라는 대안밖에는 없었다. 따라서 서울시는 차도로서의 용도를 폐기하고, 보행이라는 사람 중심의 교통을 이용해 서울역 일대의 동서 간 연계와 통합을 도모할수 있는 가능성을 전제로, 철거 대신 재활용이라는 방법을 선택하였다. 이렇게 재탄생한 '서울로 7017'은 도시녹화라는 도시재생과 네트워크 자본을 활용해 이를 홍보함으로써 주변 상권의 활성화 및 도심 속 도보관광이라는 새로운 모빌리티적 변화를 시도하고 있다. 무엇보다 사용할 수 없게 된 도시 속 역사적 건축물을 도심 속 자연을 표방한 새로운 관광자원으로 탈바꿈시키겠다는 의도와 시도는 대체적으로 긍정적인 평가를 받고 있다. 하지만 서울역 7017 프로젝트를 실시하는 과정에서 교통정체와 상권 위축 문제에 대해 지역주민과 시민들의 의견을 충분히 수렴할 만한 시간이 주어지지 못했다는 비판과 더불어, 본문에서 언급한 부정적인 특징들로 인해 아직 긍정적 평가만을 다루긴 어렵다.

이 글에서는 '서울로 7017'이 모빌리티의 증대로 인해 단순히 빠르고 편리해진다는 기능적 의미 이상의 사회관계 구성에 중대한 영향을 미치는 공간으로 파악하고, 문헌 연구와 답사를 통해 다음과 같은 특징을 도출하였다. 첫째, '서울로 7017'에 대해 모바일과 네트워크 기술을 통한 다양한 장소 마케팅이 이루어지고 있다는 점, 둘째 고가에서 바라본 경관을 통해 뿌리내림의 장소가 아닌 이동하는 장소로의 변화를 확인할 수 있다는 점, 셋째 시민(특히 어린이)의 쉼터 및 놀이터로서의 기능을 통해 유동적이고 관계적인 방식으로 새롭게 장소성이 구현되고 있다는 점, 마지막으로 네트워크 자본을 통해 연결성과 접근성이 잘 어우러지고 있는 점 등은 모빌리티 도시화라는 측면에서 매우 긍정적인 특징으로 바라보았다. 특히 모빌리티를 통한 다양한 시도로 이루어지는 홍보와 그로 인한 새로운 관광목적지로서의 설정, 그리고 많은 인파는 향후 '서울로 7017'이 발전할 여지가 크다는 점에서 잠재력이 있다고 판단된다. 뿐만 아니라 산업화 시대의 도시 유산으로 고가도로를 남겨 미래 유산으로 보전·활용하고 관계성을 부각하고자 하는 것은 신자유주의 이후의 도시 패러다임, 더 나아가 모빌리티 패러다임에 적극 부합하는 것으로 볼 수 있다. 사람 중심, 보행, 소통, 연계, 미래 유산 등은 사람중심도시의 코드로서 도시의 품격을 한 단계 높이는 질료들이기 때문이다. 그런 의미에서 자동차도로를 폐쇄하고 이를 사람이 걷고 소통하는 모빌리티의 경로로 재활용한 것은 서울역 일대 도심부를 재생시킬 수 있는 가능성이 크다는 점에서 평가할 만하다.

그럼에도 불구하고(구조상 달라 뉴욕의 하이라인 파크처럼 만들 수 없었다는 비니 마스의 설명을 이해한다고 할지라도), 이곳이 자연과는 다소 거리가 있는 시멘트 정원으로 이루어져 있어 진정성 있는 공공공간으로 교류되지 못하고 있다는 점, 다시 말해 한국의 식재를 가나다순으로 단순 배열함으로써 자연스러운 흐름에 역행한다는 점, 화분의 불규칙적인 배열이 보행을 방해한다는 점, 벤치와 그늘 등 휴식 공간이 부족하다는 점 등은 '서울로 7017'을 생태친화적인 도심공원으로 칭하기 어려운 이유이다. 또한, 아직까지는 '서울로 7017'과 연관된 관광 부속시설이 부족하고 일상성과의 연계도 떨어져 도시관광 스펙트럼의 효과가 적다는 점도 아쉬운 측면이다.

모빌리티 도시공간으로 만들기 위해, 도시녹화를 선택하여 도시 재생과 도시관광을 실현하고자 하는 것은 노후한 도시에서 적정 규모 전략을 채택하여 버려진 공간을 도시 녹지 공간으로 전환함으로써 경관 및 환경의 질을 높이고, 사회적 안정감을 부여할 수 있다는 점에서 의의가 있다. 한발 더 나아가 이는 경제적 가치를 높이는 긍정적인 효과와 함께 녹색성장의 일환으로 녹색시장을 창출하고, 생태에너지 생산과 고용 창출 효과 등의 부가적인 효과까지도 기대할 수 있는 혼종 공간이라는 점에서 잠재력이 있다. 그러나 서울시가 2014년 발표한 후 3년도 채 걸리지 않은 이 사업은 다양한 이해당사자가 참여하기에는 그 전략과 시간이 부족했음을 부인할 수 없다. 이는 도심의 숲 혹은 공중공원이라고 하기엔 다소 빈약하게 조성·관리되는 결과를 낳았고, 방문객들 역시 고루 분산되지 못하고 어느 한 부분에서만 집중 분포하는 모습을 보이고 있다.

따라서 모빌리티 패러다임을 실현하기 위한 도시재생 과정으로 재탄생한 공중공원 '서울로 7017'이 도시관광으로 도약하기 위해 다음과 같은 현실적인 제언을 하고자 한다. 먼저, '서울로 7017'이 단순한 식물 전시장이 아닌 식물의 아름다움을 알리고 시민들과 관광객들의 진정한 휴식처가 되기 위해, 그리고 뉴욕 맨해튼의 하이라인 파크와 같은 공중공원으로 나아가기 위해서는 단순한 성과 중심의 정책에서 벗어나 장소의 의미와 맥락을 공간에 담을 수 있도록 주변 지역과의 연계성을 고려하여 도시 환경을 관광자원화해야 한다. 둘째, 조성된 공원 및 기반시설을 올바르게 관리해 나가야 한다. 이를 위해 제대로 된 식물 관리 방안과 이곳 방문객들을 위한 기반시설을 적절히 도입할 필요가 있어 보인다. 특히 인간 중심의 산책

길로 변화되었다는 말이 무색하지 않도록 최소한 햇빛이나 비와 같은 기상 변화에 대처할 수 있는 그늘이나 숲·정원이 충분히 확보된 공간이 될 수 있도록 바뀌어야 할 것이다. 마지막으로 '서울로 7017' 안에 내재된 관광 매력물 간의 연계와 부가적인 도시 서비스의 제공을 더욱 확충해 나감으로써 관광목적지로서의 역할을 수행할 수 있게 해야 할 것이다. 여기에는 '서울로 7017'의 주변 지역 활성화 전략도 동시에 고려되어야 할 것이다. 그래야 모빌리티 공간으로서의 '서울로 7017'이 주변 지역과의 연결과 흐름에 대한 부족성 문제를 해결할 수 있을 것이다.

한편, 모빌리티 도시 공간의 사례로 '서울로 7017'을 연구함에 있어 지역주민, 공공기관, 관광객 등 다양한 대상자들에 대한 인터뷰 조사를 시행하지 못한 점은 한계점으로 남는다. 하지만 추후 이와 같은 실제적이고 객관적인 분석에 기초해 좀 더 적극적인 계획과 관리 측면의 연구가 뒷받침된다면, 학문적인 측면에서뿐만 아니라 실질적인 모빌리티 패러다임의 구현으로 이어질 수 있다는 점에서 사회적·지리적으로 더욱 의미 있는 공간 연구로 나아갈 수 있으리라 사료된다.

참고문헌

문화재청, 《역사문화자원을 활용한 도시재생 연구》, 문화재정책국, 2008.
정은혜·손유찬, 《지리학자의 국토읽기》, 푸른길, 2018.

강동진, 〈산업유산 재활용을 통한 지역재생 방법론 연구: 산업 유형별 비교를 중심으로〉, 《한국도시설계학회지》 11(1), 2010, 157~178쪽.
구자훈·신예철, 〈도시재생 전략으로서 도시디자인 정책방향 및 개선과제 고찰: 런던, 뉴욕, 요코하마 도시디자인 정책사례를 중심으로〉, 《국토계획》 48(6), 2013, 269~282쪽.
김상빈, 〈도시관광을 통한 도시재생 전략: 동독 도시를 사례로〉, 《국토지리학회지》 39(3), 2003, 371~385쪽.
김용웅, 〈국토논단: 도시재생정책의 패러다임 변화와 대응과제〉, 《국토》 315, 2008, 142~154쪽.
김학훈, 〈미국 최초의 공업도시 로웰의 성쇠와 재생〉, 《한국도시지리학회지》 14(2), 2011, 49~64쪽.
김향자, 〈도시재생에서 관광의 역할과 과제〉, 《대한지리학회 학술대회논문집》, 2015, 112쪽.
문휘운·박태원, 〈도시관광을 활용한 도시재생 계획기준 연구: 영국 리버풀, 네덜란드 암스테르담, 일본 오타루 사례를 중심으로〉, 《한국도시설계학회지 도시설계》 16(3), 2015, 117~135쪽.
신예경, 〈서울역, 그리고 20세기 서울〉, 《철도저널》 19(6), 2016, 43~49쪽.
이상봉, 〈모빌리티 공간정치학: 장소의 재인식과 사회관계의 재구성〉, 《대한정치학회보》 25(1), 2017, 113~384쪽.
이영아, 〈영국의 사회경제적 도시재생정책의 현황과 평가〉, 《한국사진지리학회지》 19(3), 2009, 99~114쪽.
이혜은·최재헌, 〈도시 내 녹지공간의 창초와 활용: 도시재생의 관점에서〉, 《한국도시지리학회지》 12(1), 2009, 1~10쪽.
전경숙, 〈지속가능한 도시 재생 관점에서 본 광주광역시 폐선부지 푸른길공원의

2부 (임)모빌리티에 의한 도시 공간의 구성 _ 135

의의〉,《한국도시지리학회지》12(3), 2009, 1~13쪽.

전상인 · 김미옥 · 김민영 · 최민정 · 김민희, 〈한국 도시재생의 연성적 잠재역량〉, 《한국도시지리학회지》13(2), 2010, 59~72쪽.

조경민, 〈서울역 고가는 무엇을 넘고 있는가〉,《환경논총》56, 2015, 35~40쪽.

조명래, 〈도시재생으로서의 서울역 고가도로 공원화 사업 검토: 재생 방법론의 관점에서〉,《환경논총》56, 2015a, 4~19쪽.

조명래, 〈모빌리티 공간(성)과 모바일 어버니즘〉,《서울도시연구》16(4), 2015b, 1~23쪽.

허영섭, 〈공원으로 탈바꿈하는 서울역 고가차도〉,《대한토목학회지》62(11), 2014, 58~59쪽.

〈뉴욕의 하이라인처럼 만들고 싶지 않았다: 서울로 7017 건축가 비니 마스〉,《조선비즈》2017년 5월 29일자.

〈서울역 고가도 완전 개통〉,《매일경제》1970년 8월 15일자.

〈서울로 7017 공식 개장, 뉴욕 '하이라인 파크' 벤치마킹〉,《한국경제》2017년 5월 20일자.

〈서울로 7017이 감동을 못 주는 이유〉,《동아일보》2017년 6월 13일자.

〈푸른빛 은하수길 탄생, 쉴 공간 부족한 공중 정원〉,《한겨레》2017년 6월 8일자.

D. Massey, *Global Sense of Place, in Space, Place, and Gender*, Minneapolis: University of Minnesota Press, 1994.

J. Urry, *Mobility*, London: Polity, 2007.

M. Castells, *The Rise of Network Society*, Massachusetts: Blackwell, 2000.

M. Coombes, S. Raybould, C. Wong, *Developing Indicators to Asses the Potential for Urban Regeneration*, London: HMSO, 1992.

M. Jansen-Verbeke, E. Lievois, "Analysing Heritage Resources for Urban Tourism in European Cities, in Pearce, D. and Butler, R. (Eds.)", *Contemporary Issues in Tourism Development: Analysis and Applications*, London: Routledge, 1999.

S. Sassen, *The Global City:New York*, London, Tokyo, Princeton: Princeton Univ.

Press, 2001.

A. Gospodini, "Urban design, urban space morphology, urban tourism: An emerging new paradigm concerning their relationship", *European Planning Studies* 9(7), 2001, pp. 925-934.

A. Karski, "Urban Tourism: A key to urban regeneration", *The Planner* 6, 1990, pp. 15-17.

C. A. De Sousa, "Turning brownfields into green space into the city of Toronto", *Landscape and Urban Planning* 62, 2003, pp. 181-198.

C. M. Law, "Urban tourism and its contribution to economic regeneration", *Urban Studies* 29, 1992, pp. 599-618.

D. Edward, T. Griffin, B. Hayllar, "Urban tourism research: Developing an agenda", *Annals of Tourism Research* 35(4), 2008, pp. 1032-1052.

D. G. Pearce, "An integrative framework for urban tourism research", *Annals of Tourism Research* 28(4), 2001, pp. 926-946.

G. Ashworth, S. J. Page, "Urban tourism research: Recent progress and current paradoxes", *Tourism Management* 32, 2011, pp. 1-15.

J. Shilling, J. Logan, "Greening the rust belt: A green infrastructure model for right sizing American's shrinking cities", *Journal of the American Planning Association* 74(4), 2008, pp. 451-466.

J. Urry, "Movility and proximity", *Sociology* 36, 2002, pp. 255-274.

L. Hemphill, J. Berry, S. McGreal, "An indicator-based approach to measuring sustainable urban regeneration performance: Part 1. 2", *Urban Studies* 42(5/6), 2004, pp.833-839.

R. Maitland, "How can we manage the tourist-historic city? tourism strategy in Cambridge, UK, 1978-2003", *Tourism Management* 27(6), 2006, pp.1262-1273.

도시재생활성화 및 지원에 관한 특별법(www.law.go.kr/lsInfoP.do?lsiSeq =195762)

서울로7017 공식사이트(www.seoullo7017.co.kr)

관광객–모빌리티 기계의 기동 관람시각

오정준

이 글은 오정준, 〈관광객-모빌리티기계의 기동 관람시각: 서울 시티투어버스의 파노라마 코스를 중심으로〉, 《한국도시지리학회지》22(3), 2019, 83〜96쪽의 내용을 수정·보완한 것이며, 2018년 대구대학교 학술연구비 지원으로 연구되었다.

도시투어 버스는 도시를 관람sightseeing하는 대표적 방법이다. 관광객들은 달리는 버스 창문을 통해 사람, 경관, 장소를 응시하고, 방문한 도시를 시각적으로 경험한다. 그래서 도시투어 버스는 시간이 부족한 관광객들이 최단 기간 내에 도시를 경험할 수 있는 최적의 방법이다. 이 글은 움직이는 버스에서 바라보는 시각, 다시 말해 기동시각에 대한 인식의 변화를 요구한다. 그것이 인간의 시각이라는 당연한 사고를 거부하고 기계 및 테크놀로지와 같은 다양한 행위실체들의 이종적 결합에 의해 구성된다는 점을 제안한다. 부연하면 버스의 물리적 특징, GPS 테크놀로지가 결합된 녹음방송, 관광안내책자, 운전기사의 행위, 장소에 대한 담론 등이 상호 관계되어 관광객의 눈을 안무하고, 종국적으로 기동 관람시각을 창출한다는 것이다. 이러한 견지에서 볼 때, 투어 버스에서의 관람시각은 관광객만의 신체적, 정신적 성취물이 아니라 관광객의 신체 및 정신과 함께 담론, 사물, 기계, 테크놀로지 등이 이종적으로 얽혀진 결과물이다.

들어가며

사물은 관광의 필수품이다. 모자, 선글라스, 카메라 등 여행가방 속의 사물은 물론이고 자동차, 기차, 비행기와 같은 모빌리티기계,[1] 그리고 목적지에서 마주하는 장소의 물리적 특징은 관광의 필수적 요

---

[1] 본고에서는 기차, 자동차, 버스 등의 수송수단을 모빌리티기계Mobility machine로 표현하고 있다. 그 이유는 인간과 기계를 각각 주체와 객체의 입장에서 간주하지 않고, 모빌리티 사회에서 상호 관계되어 있는 효과로 바라보기 때문이다. 즉, 모빌리티기계는 관계적, 물질적, 모빌리티 패러다임의 사유 하에 인간-기계의 이종적인 하이브리드를 함축하는 용어이다.

소이다. 당연한 말이겠지만, '사물 없는 관광'은 생각할 수도 없고, 더 나아가 존재할 수도 없다. 그럼에도 불구하고 사물의 중요성은 줄곧 배제되어 왔다. 기존의 관광 연구들은 사물(혹은 장소)을 기호운반체로 단순화시킴으로써 사물의 물질성을 전적으로 무시해 왔다(Franklin, 2003, 97~98쪽). 이는 한 세대를 풍미한 관광 연구에서 잘 나타난다.

맥커넬Dean MacCannell(1976), 어리John Urry(1990), 쉴즈Rob Shields(1991)가 각각 제시한 '진정성authenticity', '관광객 시선tourist gaze', '장소신화place myth' 개념은 사물의 탈물질화de-materialization를 함의한다. 다시 말해, 사물(혹은 장소)을 정신적으로 연루되는 기호적 실체로 간주하고, 그것의 의미 읽기를 통해 밝혀지는 사회적 구성의 대상으로 고려했다(Haldrup · Larsen, 2006, 277쪽). 이러한 관점은 문화적 패러다임의 도래로 더욱 강화되었다. 사고와 상상, 담론과 의미, 재현과 해석, 그리고 시각과 이미지에 더욱 몰두함으로써 공간의 기호적 읽기와 장소신화의 재현적인 세계에 매몰되었다(Haldrup · Larsen, 2009, 3쪽). 즉, 현실에 존재하지 않는 사회적인 것을 강조할 뿐, 실재하는 물질적인 것은 간과했다. 그 결과 관광 연구에서의 사물은 관광객이 단지 '보고', '인식하고', '사진 찍는' 기호적 실체로만 존재했을 뿐 신체적 상호작용의 대상으로 고려되지 못했다(Haldrup · Larsen, 2006, 277쪽). 결과적으로 문화적 패러다임은 '고체'인 모든 것(사물)을 '공기(기호)'로 녹여 버렸다(Jackson, 2000; Haldrup · Larsen, 2006, 276쪽, 재인용).

그러나 현실의 관광객은 사물과 불가분의 관계를 맺는다. 관광 행위를 가능하게 해 주는 바다, 모래사장, 잔디, 등산로 등과 같은 물질적 표면이 없다면 관광은 존재할 수도, 발생할 수도 없다. 그리고 사물은 관광객과 신체적 근접성을 갖는다. 앞서 열거한 여행 소지품 및 모빌리티기계는 말할 것도 없고, 옥외 활동에 무수히 개입하는 레저신발,[2] 서핑보드, 낙하산 등은 관광객의 신체와 맞닿아 있다. 그리고 더 나아가 관광객 신체와 상호작용한다. '사물에 의한 신체의 매개와 변형'은 이러한 상호작용의 전형일 것이다(Ingold, 2000; 최일만 역, 2019, 397쪽, 재인용). 예를 들어 레저신발은 기복 있는 지표면을 활보할 수 있게 해 주고, 서핑보드와 낙하산은 각각 물고기와 새가 할 수 있는 경험을 인간에게 부여한다. 이렇듯 사물(혹은 테크놀로지)은 인간의 '순수한' 신체에 매개된 '인공기관prosthesis'으로 작용하여 인간의 신체를 변형(혹은 향상)시키고, 그로 인해 인간은 '인공기관적 주체'로 새롭게 태어나 세상을 보는 견해와 방법을 달리한다(최일만 역, 2019, 397~399쪽). 이는 '인간이 태어나 그곳에 계속 거주하면서 사용했기에 그들의 능력이 적극적 활용의 산물(Ingold, 2000)'이라는 관점과 자연스럽게 연결되고, '비인간을 인간과 동일하게 행위자로 간주하는(홍성욱 역, 2010, 22쪽)', 행위자-네트워크(ANT) 이론과도 공명한다. 앞선 두 개의 관점을 고려한다면, 관광을 오로지 인간의 전유물이라고 간주하고, 더 나아가 오직 인간만이 관광의 능동적 주체라는 사고는 폐기되어야 마땅하다. 오히려 인간과 사물을 반주체와 반객체로 간주함으로써 상호 간 탈영토화를 통한 공진화 과정을 파악하는 것이 요구된다.[3]

---

2 Michael(2001)의 레저신발(등산화)에 대한 연구는 관광 사물의 '사용가치'에 대한 선도적 연구이다.

3 사물이 관광의 필수품임에도 불구하고 관광객 사물에 대한 관광학계 및 지리학계의 선행 연구는 전무한 형편이다. 그러나 인문지리학계에서는 10여 년 전부터 물질적 전환 및 관계적 전환에 고취된 연구가 수행되었고, 후속 연구 역시 현재 활발하게 진행되고 있기에 관광객 사물에 대한 연구를 기대해 볼 만하다. ANT와 인문지리학을 접목시킨 연구는 김숙진(2006), 박경환(2014), 이재열(2015), 최병두(2016), 김숙진(2016)이 대표적이다.

이 글은 관람시각에 관한 것이다. 문화적 패러다임은 관람시각을 인간(정신)과 재현에만 관련지었다. 다시 말해 관람시각이 인간 고유의 성과물이며, 그것의 초점이 탈물화된 이미지와 기호의 소비에 있다는 것이다. 그러나 본고는 문화적 패러다임의 구속에서 벗어나 사물의 물질성을 회복하고자 한다. 그래서 관람을 인간과 사물, 기호와 물질의 이종적 결합으로 간주한다. 이는 물질적인 것과 비물질적인 것의 결합, 혹은 양자 간 경계의 소멸을 의미한다. 즉, 인간과 사물, 정신과 육체, 의미와 물질성 간의 경계를 불식하고 네트워크화된 혼합물로의 상정을 표방한다. 따라서 이 글은 이원론을 거부하고 문화적 패러다임과 물질적 패러다임을 동시에 채택한다. 이러한 측면에서 이 글은 '기호가 공간 내에서 인간의 만남을 통해 체화'된다는 크라우치David Crouch(2002)의 논의, '관광의 물질적 문화material culture가 실천적, 표현적임과 동시에 상징적, 기호적'이라는 마이클 Mike Michael(2001)의 견해, 그리고 '관광객 사물은 기호가치sign-value와 사용가치use-value를 동시에 갖는다'는 할드럽Michael Haldrup과 라르센 Jonas Larsen(2006)의 주장과 공명한다.

더 나아가 이 글은 기동(화된) 관람시각에 초점을 맞추고 있다. 도시를 관람하는 대표적 시각에는 정지 관람시각static sightseeing vision,[4] 보행 관람시각walking sightseeing vision,[5] 기동 관람시각motorized sightseeing vision이 있다. 앞선 두 개는 도시를 관람하는 전통적 시각이고, 이와 관련된 관광객의 전형적 실천 양상이 사진수행이라는 점은 다수의

---

[4] 정지 상태로 먼 거리의 경관을 응시하는 것, 그리고 상대적으로 높은 곳에서 바라보는 것은 도시를 가장 잘 조망할 수 있는 시각이다.
[5] 도시의 스펙터클을 마치 산책자(만보객)처럼 배회하면서 관람하는 것 역시 도시를 조망할 수 있는 전통적인 관람시각이다.

선행 연구에 의해 도출되었다.[6] 그러나 모빌리티기계의 발전과 함께 등장한 기동 시각은 정지된 상태에서 대상을 응시하고 사진수행으로 그것을 소비한다는 기존 개념, 즉 어리(1990, 2002)의 '관광객 시선'에 의해 설명되기 어렵다. 그 이유는 사진 촬영자인 관광객이 모빌리티기계를 통해 움직이고, 더 나아가 피사체인 경관 역시 빠르게 소멸되기 때문이다. 따라서 모빌리티기계의 속도감으로 인해 일순간 스쳐 지나가는 경관을 경험하는 인식, 즉 새로운 '보는 방식way of seeing'이 필요하다. 이에 기동 시각을 설명하기 위해 새로운 개념을 적용(혹은 차용)하여 버스관람에서 나타나는 전형적인 관광객 실천을 규명할 필요가 있다.

시각과 관람

시각은 지배감각이다. 다른 감각까지 지배하는 최상위의 감각이다. 적어도 근대성에 기반을 둔 다수의 학문들이 이에 동의했고 관광 분야 역시 마찬가지였다. 그래서 시각은 근대적 관광의 시작점부터 줄곧 중요한 위치를 차지했다. '관광tourism'과 '관람sightseeing'은 동의어이고', 그렇기에 '눈으로 하는 관광이 곧 (모든) 관광'이라고 주장한 맥커넬(1976)의 논의는 이를 잘 증명해 준다. 어리(1990) 역시 "관광은 본질적으로 보는 방식Way of seeing이기에 관광의 즐거움은 눈에 기반을 두고 있고, 시각적 그리고 기호학적으로 장소를 소비하는 즐거움에 있다"고 주장했다. 이렇듯 근대적 관광에서 시각을 중요하게 간주한 것은 근대성의 '시각적 헤게모니'를 반영한 결과이다(Urry, 2002).

---

6   Urry(1990), Urry(2002), Urry and Larsen(2011)이 대표적 연구이다.

근대라는 시대가 시각에 의해서 지배받았다는 것은 주지의 사실이다. 그 원인은 시각의 지배 방식이 그 이전과 확연하게 구분되기 때문이다. 망원경과 현미경, 그리고 인쇄술의 발명에 이르기까지 당시의 새로운 테크놀로지는 시각의 특권화를 가능하게 해 주었고, 그로 인해 구성된 지각의 장은 대부분 시각적인 것이 되었다(최연희 역, 2004, 21쪽). 또한 근대는 시각과 지식이 동일한 의미로 합치된 시기이다. 푸코Michel Foucault(1976)는 시각을 '앎'과 맞닿아 있는 감각이라고 진단하면서, 시각은 지각의 수준이 아닌 판단의 수준에서 사용된다고 주장했다(권상옥, 2009, 70~71쪽). 앞선 연유로 푸코는 시선Gaze을 절대권력으로 규정했다(Larsen, 2004, 19쪽). 또한 서구 인식론의 특징은 시각을 지배감각으로 만들기에 충분했다. 시각은 거리를 적당히 유지하면서 주체와 객체 간의 거리를 강조했던 서양철학의 핵심적 특성과 잘 부합하기 때문이다(권상옥, 2009, 65쪽). 특히 인식의 바탕이 감각지각에 있다는 경험주의와 조응하면서 시각적 관찰은 과학적 정당성의 근거로 자리매김되었다. 이를 통해 '진리'는 '빛'이 되고, 더 나아가 '보는see 것'이 곧 '아는see 것'이 된다는 인식이 고착되었다. 비단 과학뿐만 아니라 미학, 예술, 그리고 대중문화의 세계에서도 마찬가지였다. 눈eye은 가장 고결하고, 가장 믿음직하며, 더 나아가 가장 기쁨을 주는 감각으로 여겨져 왔다(Larsen, 2004, 19쪽).

다만 근대적 관광과 과학 간에 차이가 존재한다면, 그것은 안목이었다. 과학적 탐험과 달리 관광객들은 자신들의 관찰이 과학의 일부가 되는 것을 기대하지 않았고(강현수, 이희상 역, 2014, 460쪽), 기대할 수도 없었다. 그럼에도 불구하고 관광객들은 자신들의 여행을 정당화하고, 자신들의 행위를 합리화하기 위해 잘 훈련된 안목, 즉 감식안connoisseurship을 활용했다. 감식안은 또 하나의 보는 방식이었다. 이는

'어느 정도 거리를 둔 채, 여유를 가지고 차분하고 느긋하게 눈앞에 펼쳐진 것을 오랫동안 명상하듯이 바라보는 방식'(Bryson, 1983, Taylor, 1994; 강현수 · 이희상 역, 2014, 460쪽, 재인용)이었고, 이를 통한 여행이 유행했다. 그 결과 이성과 합리성으로 무장된 과학적 관찰은 퇴거되고, 감정과 상상이 체화된 관광객 시각이 찬미되었다(Larsen, 2004, 42쪽).

이렇듯 안목, 혹은 보는 방식을 통해 장소(혹은 경관)를 시각적으로 소비하는 것은 관광객의 눈이 순수하지 않다는 것을 의미한다. 특정 시대와 사회를 반영하는 담론과 상상은 환경, 장소, 자연, 그리고 세계를 바라보는 렌즈로 작용하여 관광객의 눈을 프레임한다. 포스터Forster(1988)의 논의에서 알 수 있듯이 담론은 관광객의 시각vision과 시각성visuality을 구분 짓고, 사이드Edward Said(1995)가 제시한 것처럼 상상은 순수한 인지적 조작과는 거리가 멀다(Larsen, 2004, 19쪽에서 재인용). 그래서 관광객의 눈은 사회적, 문화적으로 프레임되고, 그로 인해 관광객이 장소, 자연, 그리고 세계를 보는 방식은 단일하지도 단순하지도 않다. 개인적인 지식과 경험에 기초하기보다는 사회적으로 구성된 담론과 상상에 좌우된다. 동양을 방문했던 19세기 서구 관광객들이 그랬던 것처럼, 그들이 보는 것은 '진정한 동양'이 아니라 '염원하는 진정한 동양'이다(Schwartz, 1996; Larsen, 2004, 71쪽, 재인용). 따라서 관광객의 눈은 결코 '순수'하지 않다.

앞선 논의는 자연스럽게 해석학적 순환hermeneutic circle으로 이어진다. 사회적, 문화적으로 구성된 보는 방식을 통해 관광객의 눈은 경관을 응시한다. 이때 관광객은 경관 그 자체를 응시하는 것이 아니라 담론과 상상으로 구성된 경관, 혹은 미디어가 사전에 정해 준 경관mediascape을 바라본다. 이는 미디어로 경험한 것을 실제로 방문하여 응시하고 이미지화시킴으로써 '내가 거기에 있음I've been there'

을 증명할 뿐이다(오정준, 2015a, 220쪽). 이러한 과정에서 관광객의 전형적 실천 방식인 사진수행은 관광 대상 그 자체의 재현이라기보다는 매체를 통해 이미 재현된 것을 또 다시 모방하는 '재현의 재현'인 셈이다(오정준, 2015b, 133쪽). 어리는 이러한 관광객을 '강렬한 기쁨을 지닌 채, 색다른 장소를 응시하고 수집하는 카메라를 두른 기호학자'(Urry, 2002, 3쪽)로 표현했고, 이러한 과정을 '해석학적 순환'으로 제시했다.[7] 약간의 차이가 존재하지만 맥커넬(1999)도 마찬가지이다. 그는 '관광은 순환하는 이미지를 통해 유명하거나 진정한 것으로 만들어진 광경sight과 사물을 보는 방식이라고 규정짓고, 관광 매력물을 관광객, 광경, 그리고 표식marker간의 경험적 관계'라고 정의했다(1999, 41). 맥커넬과 어리의 논의 간에는 어느 정도 차이점이 존재하지만, 그들로 인해 관광 연구에서 시각적 헤게모니가 더욱 강화된 것은 분명하다.

그러나 관광 연구에서 풍미됐던 시각적 헤게모니는 곧 비판에 직면했다. 이는 페미니스트 관점에 입각한 일단의 연구자들로부터 시작되었다. 웨어링과 웨어링Wearing and Wearing(1996)은 관광의 시각적 헤게모니에 남성적 근간, 다시 말해 남성 시각적이고 관음적인 지배가 존재한다고 주장했다(Wearing and Wearing, 1996, 229~230쪽). 또 다른 일단의 연구자들은 관광객을 단순한 (시각적) 구경꾼spectator이 아닌 다감각적 신체를 통해 능동적 행위를 하는 주체로 간주하면서, 시각적 헤게모니가 시각을 제외한 여타의 감각을 배제했다고 주장했다(Franklin · Crang, 2001, 12쪽). 따라서 두 관점을 종합한다면, 시각적 헤게모니에 입각한 관광 연구는 '오로지 눈만 있고 신체는 없으며 가끔

---

7 젠킨스Jenkins(2003)가 제시한 '재현의 순환The circle of representation' 역시 Urry가 제시한 해석학적 순환과 유사한 맥락을 갖고 있다.

은 뇌가 없기조차 한 것'이고(Larsen, 2005, 417쪽), 그렇기에 관광객의 시각적 소비 과정은 '해석학적 순환'이라기보다는 '해석학적 악순환 vicious hermeneutic circle'에 가깝다고 볼 수 있다(Haldrup · Larsen, 2006). 근대성의 시각적 헤게모니는 관광객 신체를 탈체화된 눈으로 변화시키고, 경관을 시각으로서의 경관landscape as vision, 즉 이미지 경관으로 축소시키며(Larsen, 2004, 17쪽), 더 나아가 관광객 사물을 탈물화시켰다. 그 결과 관광객 사물(혹은 장소)은 단지 기호적 실체로만 인정되고, 그것의 물질성은 전적으로 간과되었다(Franklin, 2003: 97-98).

그러나 관점을 달리하면 현상은 다르게 인식된다. 문화적 패러다임이 관광객의 '눈'을 순수하지 않게 만든 것처럼 물질적 패러다임은 관광객 '신체'가 순수하지 않다는 사고를 독려한다. 관광은 본질적으로 신체적 실천이다. 인종(민족), 연령, 젠더에 귀속된 신체를 수반한 채 여행의 시작부터 끝까지 신체적 이동을 경험하며, 여행을 통해 보고, 듣고, 냄새 맡고, 만지고, 맛보는 다감각적 경험을 한다. 그래서 관광객들은 자신의 신체를 통해 모든 장소를 물리적으로 혹은 기호학적으로 이해한다(Larsen, 2004, 17쪽). 이 과정에서 관광객 신체는 비인간 구성물 없이 수행될 수 없다(Larsen, 2004, 19쪽). 여행가방 속의 사물은 물론이고 관광지에서 마주하는 사물, 더 나아가 테크놀로지 및 장소는 행위유발성affordance의 실체이자 행위를 발생시키는 행위체이고, 인간 능력을 뛰어넘게 해 주는 인공기관prosthesis으로 작용한다. 가령 등산화는 평상화로 산을 오를 때 고통을 느낄 만할 산악 표면을 용이하게 등반시켜 주고(Michael, 2001), 서핑보드는 바람에 날려 물 위를 스치듯 걷게 해 줌으로써 새나 신화적인 존재가 할 만한 경험을 인간에게 제공하고(Dant, 1999), 모래성은 사람들을 해변에 거주inhabiting시키고 더 나아가 가족을 단일한 사회적 실체social entity

로 만들어 준다(Haldrup · Larsen, 2006). 이렇듯 관광객 신체는 사물(테크놀로지)의 도움을 받아 새롭게 태어난다. 즉, 관광객의 신체는 상호주체적 관계에 얽혀 있다.

근대적 관광에서도 사물(혹은 테크놀로지)의 역할은 지대했다. 특히 카메라가 발명되기 이전에도 관람은 테크놀로지-하이브리드화된 인공기관에 의해 매개되었다. 가장 대표적인 사례는 클로드 유리 claude glass[8]이다. 이는 17세기 픽처레스크picturesque 화가인 클로드 로랭Claude Lorrain이 고안한 '경관 거울'이다. 다수의 영국인들은 클로드 로랭의 회화를 통해 픽처레스크 경관을 경험하고, 그것과 유사한 경관을 찾기 위해, 더 나아가 그것을 그리기 위해 영국 전역을 누볐다(김현경, 2010). 그러나 그러한 장소에 도착했더라도 회화와 실제 마주하는 경관 간에는 간극이 존재했다. 관광객의 상상과 감정 속의 경관은 회화의 구도, 색채, 색감에 의존하기 때문이다. 그래서 실제 경관이 픽처레스크와 다를 때, 그들은 클로드 유리를 사용했다. 그것은 피사체를 추상화함으로써 경관의 색상 및 색조 범위를 줄이고 단순화한다. 거울에 반영된 경관은 눈의 움직임에 따라 깔끔하게 다듬어지고 다시 만들어진다. 부드러운 자연의 색채와 함께 눈이 지각할 수 있는 가장 규칙적인 원근법으로 경관이 제시된 것이다(Larsen, 2004, 63쪽). 즉, 클로드 유리가 회화와 유사한 시각을 제공한 것이다. 따라서 근대적 시기조차 관람은 온전한 인간의 성취물이 아니었다. 여행객의 '정신'은 낭만주의 사고로 무장되었고, 그들의 '눈'은 클로드 유리와 같은 테크놀로지와 결합되었다. 그로 인해 인간 본연

---

8 클로드 유리란 코팅된 흑색 볼록거울로서, 그것을 통해 경관을 바라보면 전체적으로 색은 낮은 톤으로 보이고 초점은 약간 흐릿해진다(김현경, 2010).

의 능력 범위를 초월하는 새로운 '보는 방식'이 창출되었다. 따라서 17~18세기의 픽처레스크 시선은 상상과 감정이 체화된 인간-테크놀로지-사물의 하이브리드 시각이다.

앞선 논의에서 살펴보았듯이, 이제 관람에서 사물의 작업을 배제하는 것은 적절하지 않다. 물론 담론도 마찬가지이다. 오히려 담론, 상상, 감각적 신체, 사물, 테크놀로지, 장소가 함께 관계되어 있고 행위능력을 가진 것으로 간주해야 한다. 그래서 관람은 여러 가지의 상호주체적 관계에 얽혀 있고, 각각이 만들어 내는 효과이다. 다음 장에서는 관람시각 중에서 모빌리티기계에서의 관람, 즉 기동 관람시각에 대해 논의할 것이다.

기동 관람시각

'런던을 보는 많은 방법이 있지만, 최선의 선택은 옴니버스omnibus의 꼭대기에 오르는 것이다 … 웅장한 건물뿐만 아니라 거리의 삶, 사람들의 끊임없는 움직임, 도시의 하루를 형성하는 많은 사건들과 흥분들을 감상할 수 있다'(Gilbert, 1999, 291쪽; Larsen, 2004, 51쪽, 재인용).

'내가 생각하기에 여행의 하이라이트는 매력물에 있었던 것이 아니다. 버스에서 우리가 본 것이다'(Edensor, 1998, 159쪽).

전통적으로 관광 연구는 목적지와 도착을 중요한 것으로, 그리고 모빌리티기계 및 여정 등과 같은 '과정의 메커니즘'은 대수롭지 않은 것으로 간주해 왔다. 맥커넬(1976)이 '우리들의 순례(관광)는 매력물과 신체적으로 공현존할 때 절정에 이른다'고 주장했듯이, 그동안의 관광 연구는 오로지 도착만을 중요하게 고려했다. 거꾸로 말한다면 여정을 단지 선형적 수송으로만 고려하고, 원하는 목적지로 가기 위한 '필요악'으로 이해했다(Larsen, 2017, 39쪽). 더 나아가 문화적 패러다임에 근거한 연구자들은 근대적 관광객을 승객이나 운전자로 규정하지 않고, 만보객flâneur, 즉 보행자로 암암리에 개념화했다[9]. '근대성은 이동 중인 사회'이고, '전형적인 근대적 경험이 장거리를 가로지르는 빠른 모빌리티기계의 경험'이며, '근대적 이동 주체의 사회적 상징이 관광객'이라고 공공연하게 주장되어 왔지만(박형준, 권기돈 역, 1998), 근대적 관광객의 전형은 기차 승객, 자동차 운전자, 비행기 탑승객이 아닌 에펠탑, 스핑크스, 자유의 여신상을 방문하는 관광객으로 정의되어 왔다. 그 결과 관광 문헌에서의 모빌리티기계는 '관광지에 도달하기 위한 수송수단'으로만 이해되었고(Gunn, 1994, 69쪽; Larsen, 2001, 81쪽, 재인용), 그 이상도 그 이하도 아니었다.

그러나 모빌리티기계 혹은 여정을 단순히 이동의 수단 및 과정으로 이해하는 것에는 무리가 따른다. 그 이유는 모빌리티기계 그 자체가 경관을 경험하는 새로운 방식이기 때문이다. 모빌리티기계로부터의 시각적 경험은 '정지 중'의 시각적 경험과 근본적으로 상이하다. 더 나아가 모빌리티기계의 종류에 따라서도 상이하다. 버스, 승용차, 기차, 자전거, 심지어는 전동킥보드에 이르기까지 저마다의

---

9 만보객 혹은 산책자로 번역되는 Flâneur는 원래 '어슬렁거리는 자' 등과 같이 부정적 의미로 사용된 용어이다. 그러나 벤야민Benjamin에 의해 도시 스펙터클을 관람하는 관찰자 혹은 탐색자라는 의미로 재해석되면서(이재현, 2013), '근대적 영웅'으로 재조명받았다. 이후 페미니스트 학자들은 관음적 성향을 가진 남성적 도시 관람객으로 재해석했다(Wearing and Wearing, 1996). 한편 Urry(1990)는 Flâneur를 근대적 관광객의 시초이자 전형이라고 주장했다.

방식으로 도시를 경험하고, 그렇기에 도시에 대한 서로 다른 느낌을 받기 때문이다. 이러한 연유로 '정지 중'에 행해지는 기존의 '보는 방식'은 움직이는 모빌리티기계에서 통용될 수 없다.

'정지 중' 상태에서 시각적으로 경험하는 대표적 대상들은 토양의 종류, 촌락의 형태, 재배되는 과수의 종류와 색깔, 등산가의 복장과 장비, 그리고 먼 거리의 평지, 작은 언덕, 산 등이다.[10] 이들은 근거리 및 원거리에 함께 분포하는 '일련의 연속된 인상'이다. 그리고 이를 밀도 있게 경험할 수 있는 기본적 전제 조건은 '정지 중' 혹은 '보행 중' 시각이다. 그러나 근대적 모빌리티기계는 속도를 수반하기 때문에 시각적 경험의 대상이 흡사 움직이는 것처럼 보인다. 특히 속도감 있는 모빌리티기계로 이동할 때는 그것의 움직임이 더욱 빨라지고 근경과 원경이 하나로 접혀진다. 따라서 기존의 '보는 방식'으로 경관을 포착하는 것은 거의 불가능하다. 지나쳐 가는 원경과 근경을 동일한 방식으로 파악하는 방식, 즉 기존의 '보는 방식'을 고집한다면 사람들의 눈은 이내 피로해질 것이 분명하다(박진희 역, 1999, 76쪽). 이에 움직이는 기계에서 스쳐 지나가는 경관을 보는 방식이 새롭게 필요하다.

'새로운 보는 방식'은 기차의 등장과 함께 제기되었다. 기차가 처음 등장했을 당시 사람들이 받은 충격은 지대했는데, 그것은 기차의 속도 때문이었다. 말(마차)의 속도에 익숙해 있던 사람들은 기차를 마법철마 혹은 총알로 비유했다(박진희 역, 1999, 72쪽). 기차는 기존의 자연-시간-공간의 관계를 뒤바꾸고, 근대 세계 속에서 가장 독특한 경험을 산출했다(윤여일 역, 2012, 101쪽). 이러한 경험을 당시 사람들은 '초

---

10 위의 사례는 1797년 괴테의 스위스 여행기를 발췌한 것이다(박진희 역, 1999, 70쪽, 재인용).

자연적', '환영', '방향감각 상실', '충격', '불신', '매혹' 등으로 표현했다(Larsen, 2001, 82쪽). 전방을 주시할 수 없는 기차의 구조적 특징은 승객들로 하여금 측면 창문을 통해 경관을 주시하게 만든다. 이때 지나쳐 가는 무수한 사물은 승객의 눈을 압도하고, 그로 인해 경관은 다르게 경험된다. 근거리에 위치한 사람 및 사물을 정확히 구별하기 힘들고, 재차 시도하더라도 그것들은 이미 시야에서 사라진다. 더 나아가 산이나 계곡 등의 원경 역시 왜곡된다(박진희 역, 1999, 73~75쪽). 즉, '일련의 연속된 인상'에 대한 밀도 있는 경험이 불가능해진다. 따라서 기차에서의 시각적 경험은 경관을 포착한다기보다는 '경관을 통해 관통하는 것이고'(Schivelbusch, 1979; Larsen, 2001, 81쪽, 재인용), 그렇기에 여행자와 여행 공간 간의 밀접한 관계를 파괴한다. 이를 두고 러스킨Ruskin(1904)은 기차가 승객을 경관으로부터 절연截然시킨다고 주장하면서(최일만 역, 2019, 333쪽), 모빌리티기계에서 바라보는 시각을 비판적으로 언급했다.

    당신이 눈을 가지고 있든지, 아니면 자거나 눈을 감았든지, 그것도 아니면 당신이 똑똑한지, 멍청한지는 아무 상관이 없다. 당신이 타고 지나가는 그 땅에서 경험할 수 있는 것이라고는 … 전반적으로 피상적인 것뿐이다 … 기차는 여행하는 사람들을 살아 있는 소포parcel로 변화시킨다(박진희 역, 1999, 74쪽).

그러나 모빌리티기계 혹은 속도에 관한 긍정적 견해도 존재했다. 20세기 초·중반 이탈리아에서 일어난 미래주의futurism 예술운동은 새롭게 발명된 모빌리티기계와 대립하기보다는 오히려 기계(속도)의 역동성과 혁명성을 찬양했다(강현수, 이희상 역, 2014, 212쪽). 그들은 속도를 '새로운 아름다움'으로 규정짓고, 속도로 인해 나타나는 '새로운 보는 방식'을 제시했다. 이는 정지 혹은 보행 중의 보는 방식과는 다른 것으로서, 스쳐 지나가는 것을 고정시키려고 노력하지 않고, 일순간 지나가는 경관에서 속도의 미학적 즐거움을 발견하는 것이다(Larsen, 2001, 91쪽). 19세기 프랑스의 여행 작가 가스티노Gastineau는 이러한 새로운 보는 방식을 '일견glancing'으로 표현했다(Gastineau, 1861, Larsen, 2001, 91쪽, 재인용). '일견'은 '객실 창 저편에서 펼쳐지고 있는 차이들을 구별 없는 것으로 받아들이는 능력'으로서(박진희 역, 1999, 82쪽) '별개의 것을 무차별적으로 인식하는 능력'이다(Schivelbusch, 1979: Larsen, 2001, 91쪽, 재인용). 가스티노는 열차의 빠른 움직임으로 인해 만들어지는 장면들을 '파노라마panorama'라고 명명하지 않았지만, 그의 논의 속에는 그것의 속성이 모두 내포되어 있다(박진희 역, 1999, 82쪽). 파노라마 개념을 명시적으로 처음 사용한 이는 프랑스의 시사평론가인 클라르티Claretie이다. 클라르티(1865)는 열차에서 보는 경관을 '움직임으로 구성되는 연출 장면'으로 묘사했다. 다시 말해 그 장면들이 흘러감으로써 전체에 대한 파악, 즉 조망을 가능하게 하는 그런 연출이라는 것이다(박진희 역, 1999, 83쪽). 클라르티는 파노라마를 다음과 같이 설명했다.

단 몇 시간 내에, 그것은 당신에게 프랑스 전체를 보여 준다. 당신의 눈앞에 그것은 전체적인 파노라마로 재빠르게 펼쳐 놓는다. 그것은 당신에게 오로지 경관의 본질적인 것(커다란 윤곽)만 보여 준다. 옛 스승의 양식을 따르는 진정한 예술가처럼, 세부적인 것을 요구하는 대신에 '삶을 담고 있는 전체'를 요구하라. 요컨대 기차는 당신을 색채 화가의 손놀림을 통해 매료시킨 후에, 모든 시각은 보자마자 사라진다. 기차는 정지하게 되고, 당신을 목적지에 내려놓는다(박진희 역, 1999. 83쪽).

가스티노와 클라르티의 논의는 기차 여정에서 경험되는 경관이 인상파 회화의 그림과 유사하다는 휴고Hugo(1837)의 주장과 일맥상통한다. 이는 결국 형태의 선명한 윤곽을 흐릿하게 증발시키는 것으로서, 파노라마 지각 혹은 무상한 지각과 비슷한 것이다(최일만 역, 2019, 333~334쪽). 이에 대해 휴고는 다음과 같이 설명했다.

길가의 꽃은 더 이상 꽃이 아니라 붉고 하얀색 점, 어쩌면 줄무늬였다. 더 이상 점은 없고, 모든 것이 줄무늬가 되었다. 밀밭은 대단히 충격적인 노란 머리칼이다. 자주개자리 밭은 녹색 긴 머릿단이다. 마을과 나무는 지평선에서 미친 듯이 어우러져 춤을 춘다(최일만 역, 2019, 333~334쪽, 재인용).

기차의 속도에 관한 긍정적 혹은 부정적 인식에 상관없이, 모빌리티 기계가 경관의 물질성, 모양, 색상, 크기, 리듬에 대한 새로운 시각적 인식을 제공한다는 것은 분명하다. 라르센(2001)은 기존의 '보는 방식'이 전경과 세부적인 것에 초점을 맞춘다면, '새로운 보는 방식'은 광활함, 전체, 유동적 리듬을 제공한다고 주장했다. 이는 경관이 정해진 틀(창) 속에서 빠르게 지나가는 파노라마로 보이게 된 것으로, 쉬벨부쉬Wolfgang Schivelbusch(1979)의 논의를 따르자면 '오랫동안 바라보는 대상 혹은 회화의 대상이라기보다는 파노라마 인식의 대상'이 된 것이다(강현수, 이희상 역, 2014, 193쪽, 재인용). 이를 두고 어리(2007)는 모빌리티기계(기차)가 질주 속에서 인상으로만 남는, 즉 일견으로만 남는 새로운 경관을 구성했다고 주장했다(강현수, 이희상 역, 2014, 193~194

쪽). 따라서 '무차별적으로 개별적인 것을 보는 예술', 즉 '파노라마 인식panoramic perception의 예술'을 숙달한다면, 움직이는 경관은 파괴된 것이 아닌 미학적 파노라마를 드러내는 고귀한 것이 될 수 있다는 것이다(Larsen, 2004, 48쪽).

라르센(2001, 2004)은 앞서 언급했던 가스티노의 '일견', 클라르티의 '파노라마', 쉬벨부쉬의 '파노라마 인식'을 결합시켜 '관광객 일견tourist glance' 개념을 제시했다. 그는 어리의 '관광객 시선'을 정지된 스틸 이미지로 규정했다(Larsen, 2004, 52쪽). 관광객들은 정지된 상태에서 매력물을 사진으로 소비(포착)하기 때문에 결정적인 순간의 비이동성을 선호하게 되고, 그렇기에 관광객 시선은 재현된 대상과 정적이고 고정적 관계를 가진다는 것이다(Larsen, 2001, 87쪽). 이러한 측면에서 라르센(2001)은 모빌리티기계에 의한 관광객 신체의 기동화mobilization가 사진으로 경관을 포착하는 지배적인 관광객 실천을 약화시켰다고 주장한다(Larsen, 2001, 94쪽). 정지 중 관광객 실천의 전형이 사진수행에 방점이 맞추어져 있지만, 움직이는 모빌리티기계에서 움직이는 경관을 사진으로 포착하는 것은 거의 불가능하고, 그러기에 일견을 통한 시각적 경험을 선호하게 된다는 것이다. 이러한 연유로 라르센(2001)은 모빌리티기계에서 관람하는 관광객을 '일견하는 기동 만보객motorized flâneur of glancing'으로 명명했다(Larsen, 2001, 94쪽).

더 나아가 라르센(2001)은 기차 및 자동차와 같은 모빌리티기계를 시각기계vision machines로 규정했다. 비록 사진과 같이 물리적 재현을 생산하지 않지만, 모빌리티기계는 외부 세계를 보기 위해 기술적으로 매개되고, 프레임된 독특한 보는 방식을 가능하게 하고, 심지어는 강요한다는 것이다(Larsen, 2001, 88쪽). 쉬벨부쉬(1979)가 '관광객의 지각이 지각된 경관으로부터 분리된다'고 말한 것처럼, 모빌리티

기계의 내부는 외부 세계로부터 격리되어 있다(박진희 역, 1999, 86쪽). 에덴서Tim Edensor(2001)는 호텔, 관광단지, 면세점 등 외부 세계와 단절된 공간을 '엔클레이브 관광 공간enclave tourist space'으로 명명했는데, 유사한 맥락에서 모빌리티기계 역시 주변 사회로부터 단절된 환경을 제공한다. 모빌리티기계의 냉난방 시설과 방음, 그리고 매끄러운 이동은 관광객의 신체로 하여금 시각적인 감지를 제외하고 이동 혹은 속도의 감각을 거의 기록하지 못하게 된다. 그리고 외부 세계에 대한 시각적 경험은 단지 모빌리티기계의 창문 프레임에 의해서만 제공된다. 카메라의 눈이 정지된 시각에서 경관을 프레이밍했던 것처럼 모빌리티기계의 창문은 외부에 대한 프레임된 관계를 제공한다. 따라서 모빌리티기계는 오로지 시각을 통해서만 외부를 감지하고 다른 감각은 내부에 격리시키는 경험, 다시 말해 시각의 초감각적 경험을 제공한다. 이러한 연유로 라르센(2001)은 기차, 자동차 등이 이동을 가능하게 해 주는 모빌리티기계임과 동시에 새로운 보는 방식을 제공하는 시각기계라는 점을 분명히 한다.

내부와 외부의 구분, 그리고 신체적 움직임 없는 관람은 모빌리티기계를 흡사 영화관으로 사유하게 만든다. 기차와 자동차 승객들은 영화 관객처럼 안락의자에 앉아 장소를 투어하게 되고, 창문을 통해 빠르게 지나가는 대상들을 파노라마적으로 인식한다. 그리고 관람버스에서 제공되는 인간 가이드 및 비인간 테크놀로지에 의한 설명은 영화 대사와 다를 바 없다. 양자 간의 차이점이 있다면, 관광객은 모빌리티기계에 의해 물리적으로 이동되지만, 영화 관람객은 가상적으로 이동될 뿐이다. 그럼에도 불구하고 관광객은 이러한 시각기계에 지배되지도 않고, 이 기계를 지배하지도 않는다. 관광객의 신체와 시각이 움직이는 경관을 통해 모빌리티기계에 완전히 통합되고, 그것을 통해 매개되기 때문에 그들은 밀접하게 상호 연결되었다고 볼 수 있다(Larsen, 2001, 90쪽). 즉 인간-모빌리티기계 시각화의 하이브리드이다.

앞선 논의를 종합한다면, 모빌리티기계 그 자체는 경관을 경험하는 '새로운 방식'이다. 따라서 모빌리티기계임과 동시에 시각기계인 셈이다. 그리고 정지 중 혹은 보행 중의 보는 방식은 모빌리티기계에서 통용되기 어렵다. 그 이유는 모빌리티 그 자체도 움직일 뿐만 아니라 경관 자체도 움직이기 때문이다. 따라서 속도감 있는 모빌리티에서는 '새로운 보는 방식'이 요구된다. 그것은 파노라마적 인식의 체득을 통한 '일견'이다. 이러한 점을 감안했을 때 모빌리티기계, 더 나아가 여정을 단순히 이동수단 및 과정으로 이해하는 것에는 이제 무리가 따른다.

서울 시티투어버스 파노라마 코스에서의 기동 관람시각

나는 여행자들에게 가장 높은 곳에 올라 도시 전체를 조망하라고 말해 주고 싶다. … 이제 높은 곳에서 내려와 구체적인 경관과 장소를 살펴보자. 이때 버스는 참 좋은 수단이다 … 땅속의 두더지처럼 빠르게 움직이는 지하철과는 달리 버스는 시내의 구석구석을 달리므로 몸을 싣고 그저 물끄러미 차창 밖 경관을 살펴보면, 그곳 주민들의 일상이 한눈에 들어온다. 2층 버스는 더 좋고, 시간이 부족하면 시티투어버스를 추천한다. 가치 있는 경관과 장소를 많이 가지고 있는 '여행 친화적 도시'에서는 하루 동안 무제한으로 승하차가 가능하고 어떤 경우에는 이어폰을 통해 설명도 들을 수 있어 여행의 재미를 한 단계 높여 주기 때문이다(이영민, 2019, 141~150쪽).

'여행 친화적 도시'를 지향하는 서울에는 시티투어버스가 2000년부터 운영되고 있다. 시티투어버스의 운행 코스는 '파노라마 코스', '도심고궁남산 코스', '어라운드 강남 코스', '야경 코스'의 총 4개이며, 각 코스는 서울을 다양하게 경험할 수 있는 저마다의 특징을 갖고 있다. '도심고궁남산 코스'와 '어라운드 강남 코스'가 각각 강북 및 강남 지역 사이트 방문에 초점이 맞추어져 있다면, '파노라마 코스'는 버스관람에 주안점을 두고 있다. 강남과 강북을 오고 가는 유일한 코스이고, 이동 거리와 관람 시간이 가장 길며, 더 나아가 주간에 행해지는 것이 그 이유이다. 파노라마 코스는 상대적으로 시간이 부족한 관광객에게 단지 2시간만으로 서울의 구석구석을 시각적으로 경험시켜준다. 물론 파노라마 코스는 버스관람에만 국한되어 있지 않다. 정류소에 내려 자유롭게 승하차할 수 있기에 서울의 여러 지점을 방문할 수 있다. 따라서 파노라마 코스는 도보 및 지하철로 서울을 관람하는 것보다 속도, 유연성, 효율성 측면에서 우월하고 매력적이다.

파노라마 코스는 광화문에서 출발하여 명동, 서울애니메이션센터, 남산케이블카, 힐튼호텔, 남산도서관, 하얏트호텔, 강남역, 세빛섬, 63빌딩(유람선), 여의나루역, 홍대 앞, 공항철도 홍대입구역, 이대입구, 농업박물관, 역사박물관의 15개 정류장을 순환하여 다시 광화문으로 돌아온다. 1일 승차권을 구매하면 원하는 정류장에서 승하차하여 사이트를 방문하고, 45분 혹은 70분 간격으로 다음 버스를 이용할 수 있다. 투어의 시작점과 종착점이 광화문이기에 많은 사람들이 광화문에서 승하차한다. 광화문을 제외하고는 강남과 홍대가 많은 이들의 승하차 지점이다. 반면 명동, 힐튼호텔, 남산도서관, 하얏트호텔, 세빛섬, 63빌딩(유람선), 여의나루역, 이대입구, 농업박물관 등의 정류장에서는 극소수의 관광객들만 승하차하고 아예 승하차하는 사람이 없기도 하다. 탑승자의 대부분은 외국인이지만 내국인도 목격된다. 3회에 걸친 참여·관찰 동안 패키지 관광객은 단지 한 팀이었으며, 그나마 순수 관광 목적이라기보다는 초등학생들의 현장학습이었다. 세 번의 참여·관찰 동안 단 한 번만 만석이었으며, 두 번은 절반 정도의 관광객만 탑승했다. 대부분의 관광객들은 2층버스의 2층 앞자리나, 1층버스의 앞자리를 선호했다. 앞자리는 모두 만석이었고 뒷자리는 여석이 다수 목격되었다.

파노라마 코스에서는 독일산 하이데커 오픈탑 버스, 미국 전통의 트롤리 버스, 독일산 2층버스, 그리고 국산 1층버스가 랜덤 운행되는데(〈사진 1〉, 〈사진 2〉), 참여 관찰 기간에는 독일산 2층버스와 국산 1층버스만 운행되었다. 약간의 차이가 존재하지만, 이들 버스는 공통적으로 최신식 에어컨, 음향(통역) 시스템, 파노라마식 창문을 구비하고 있고 내부를 외부 세계로부터 완벽하게 분리시킨다. 따라서 파노라마 코스의 버스는 '탑승자의 신체를 지나가는 세계로부터 분리함으로써 모빌리티기계가 편리함과 관음증의 항해를 제공한다'

〈사진 1〉 국산 1층 버스 출처: 2019년 10월 필자 촬영   **〈사진 2〉 독일산 2층 버스** 출처: 2019년 10월 필자 촬영

는 모스Margaret Morse(1998)의 '아이언 버블iron bubbles'과 일치하고, '외부 세계와 분리된 관광객만의 세계'를 상징하는 에덴서(1998)의 '엔클레이브 관광객 공간'과도 공명한다. 이들 버스는 서울의 역동적인 소리(소음)와 특유의 냄새를 차단한다. 그리고 습도, 더위, 추위, 비, 눈 등 서울의 날씨를 피부로 감지할 수 없게 만든다. 더 나아가 현지인과의 접촉도 제한한다. 따라서 관광객들과 서울을 감각적으로 분리시키면서 단 하나의 감각, 즉 시각을 통해서만 서울을 경험하게 만든다. 이러한 보기seeing의 초감각적 경험을 통해 서울은 비현실적이 된다. 그들이 감지하는 서울은 실재가 아닌 시각적으로 재현된 도시일 뿐이다. 관광객은 현실의 버스 의자에 앉아 있지만, 차창 밖 도시는 흡사 영화 장면 같다. 즉, 현실이 아닌 증강된 현실일 뿐이다.

관광객들은 버스의 도움 없이는 감지할 수 없는, 다시 말해 인간 고유의 능력을 넘어서는 시각적 경험을 버스로부터 제공받는다. 일반적으로 버스는 포장된 도로를 통해서만 운행됨으로써 보행에 비해 경직성이 존재하지만, 기차에 비해서는 상대적으로 유연하다. 그래서 버스는 도시 대부분 장소를 경험할 수 있게 해 주고, 그러한 경험은 다양하게 제공된다. 서울의 기복 있는 도로를 주행하면서 관람 버스는 여러 각도의 시각을 제공한다. 이는 앙각(0~15°)에서 사각 조망(15~75°)에 이르기까지 다양하다.[11] 주변보다 낮은 고도의 도로를 통과할 때는 사람, 건물, 하천, 가로수와 같은 대상들을 우러러보면

---

[11] 앙각 및 사각 조망은 0°를 기준으로 90°까지 양의 값만 제시하는 것이 일반적이다. 예를 들어서 0°면 지표면에서 대상을 바라로는 각도이고, 90°의 경우는 하늘에서 평면적으로 지표면을 바라보는 각도이다. 그러나 본고에서는 음의 값까지 사용한다. 예를 들어 -15°면 지표면 아래 -15°의 각도에서 (지표면의) 대상을 바라보는 것이고, -90°는 지표면 아래 -90°의 각도에서 대상(하늘)을 바라보는 것이다.

서 지나치고, 주변보다 도로가 높으면 대상을 내려다보게 된다. 심지어 한강의 높은 교각을 통과할 때는 마치 나는 새처럼 아래를 바라볼 수 있다. 이는 시티투어버스의 2층버스에서 더욱 극대화된다. 2층버스의 높은 창문은 0도 이하의 조망 시야를 제공하고(〈사진 3〉, 〈사진 4〉), 천장의 창문은 하늘을 조망할 수 있게 해 준다(〈사진 5〉). 또한 전후좌우의 넓은 창문은 360도 관람을 가능하게 만들어 준다(〈사진 6〉). 내부와 외부의 구분으로 인해 다른 감각은 제한되고 오로지 관광객들의 시각만 극대화된다. 이 순간 관광객들은 스쳐 지나가는 경관을 인식하는 '일견'에만 집중한다. 관광객의 눈이 버스로

〈사진 3〉 2층버스의 높은 조망 지점(측면)
출처: 2019년 10월 필자 촬영

〈사진 4〉 2층버스의 높은 조망 지점(전면)
출처: 2019년 10월 필자 촬영

〈사진 5〉 2층버스의 천장 창문
출처: 2019년 10월 필자 촬영

〈사진 6〉 360도 관람이 가능한 창문
출처: 2019년 10월 필자 촬영

매개되고, 더 나아가 버스와 통합됨으로써 관광객-버스가 '인공기관적 시각기계prosthetic vision machines'가 되는 순간이다. 다시 말해 관광객의 '눈'이 순수하지 않게 되는 순간이다.

라르센(2004)은 덴마크 보른홀름Bornholm에서의 버스관람을 "횡단하는 공간에 대한 스치는 영화 같은 경험"이라고 기술했다. 즉, 버스를 영화관에, 버스관람을 영화 관람에 은유한 것이다. 버스에서의 관광객 신체는 고정된 좌석을 통해 정지 상태에 있다. 버스 관람객들의 눈이 부지런히 움직이는 동안 나머지 신체는 편안한 휴식을 취하고 있다. 이러한 상황에서 스쳐 지나가는 경관을 주시하기 때문에 스크린을 통해 동영상을 감상하는 영화와 유사하다. 덴마크와 서울의 차이점이 있다면 덴마크는 영화이고, 서울은 다큐멘터리일 것이다. 덴마크의 버스관람은 관광 가이드에 의해 연출, 안무되고 심지어는 감정 섞인 연기까지 덧붙여진다. 따라서 그것은 흡사 영화와 같다(Larsen, 2004). 그러나 서울은 인간 가이드의 감정 섞인 해설 없이 무미건조한 비인간 녹음방송만 존재한다. 이는 영화가 아닌 다큐멘터리를 보는 것과 같다. 파노라마 창문을 매개로 경험되는 서울의 다큐멘터리는 경관과 날씨를 탈체화된 방식으로 경험하게 만든다.

버스의 안내방송은 출발과 함께 시작되고, 창문을 스크린 삼아 외부 세계를 조망하는 동안 지속적으로 재생된다. 방송은 녹음방송과 버스 기사의 방송으로 대별된다. 버스 기사의 방송은 승하차 지점에 대한 단순 안내이고, 녹음방송은 승하차 안내방송과 함께 각 사이트에 대한 설명으로 구성되어 있다. 녹음방송은 한국어를 포함한 12개국 언어로 구성되어 있으며, 개인용 이어폰을 통해 깨끗한 음질로 제공된다. 사이트에 대한 설명은 승하차 지점과 지나쳐 가는 유명 경관(장소)으로 양분되어 있다. 이들은 모두 GPS 장치와 연계됨으로써 차량이 특정 장소에 근접하거나 지나칠 때 자동으로 재생된다. 녹음방송의 내용은 크게 세 가지로 대별된다. 서울의 역사, 현재, 그리고 아름다움이다. 이들은 각각 전통, 번영, 낭만의 세 가지 담론으로 구성되어 있다. 사이트를 지나칠 때마다 곳곳에서 문득문득 재생된다. 버스가 물리적이고 공간적인 이동을 가능하게 해 준다면, 세 개의 담론으로 구성된 녹음방송은 시간적이고 상상적인 여행의 토대를 제공해 준다. 그리고 관광객이 응시해야 할 곳을 알려 준다. 이를 통해 관광객들이 바라보는 서울은 '진정한 서울'을 넘어선 '염원하는 진정한 서울'이 된다. 담론을 매개로 관광객의 '눈'이 순수하지 않게 되는 순간이다.

버스가 홍대 부근을 지나칠 즈음에는 '오른쪽 건물은 미술대학으로 유명한 홍익대학교입니다'라는 내용이, 여의도 부근의 올림픽대로를 지나칠 즈음에는 '왼쪽에 보이는 곳은 서울에서 제일 큰 노량진시장입니다'라는 내용의 녹음방송이 들려온다. 비교적 짧지만 간단명료한 설명으로 인해 관광객들은 일순간 스쳐 지나갈 수 있는 창밖 경관을 주시하고, 그때 버스 기사는 속도를 조절하면서 버스의 시각적 감각을 극대화한다. 불과 3초 남짓한 순간이지만 버스의 안내방송과 버스 기사는 홍익대학교와 노량진시장에 대한 관람객들의 시선을 안무한다. '어느 방향인지', '그게 무엇인지', '그것이 서울에서 어떤 의미를 갖는지'를 알려 줌으로써 개개 관광객들의 눈, 머리, 신체는 하나의 사회적 신체가 되어 동시에 움직인다. 비록 모든 관광객들은 동떨어진 좌석에 개별적으로 위치하고 있지만, 그들의 시각은 하나로 통일된다. 어리(1990)의 용어를 빌리자면 '집단적 시선 collective gaze'인 셈이다.

버스관람 내내 도시 경관은 '카메라 수행'보다는 '관광객 일견'을 통해 소비된다. 사진수행은 전적으로 정지된 동작에서 잘 수행되기 때문에, 관광객들은 일반적으로 이동 중에 사진을 찍지 않는다. 보행 중이라도 잠시 걸음을 멈추고 셔터를 누르는 게 일반적이다. 또한 그들은 고정된 피사체를 찍는 것에 숙달되어 있다. 그러나 시티투어버스는 계속 이동하고, 피사체(경관) 역시 빠르게 움직인다. 관광객들에게 이러한 상황은 익숙하지 않다. 경관이 순식간에 변화함에 따라 관광객들은 대상을 프레이밍할 시간도 없고 미리 준비도 할 수 없다. 라르센(2004)에 의하면 관광객들이 버스에서 사진을 찍을 때 유일하게 할 수 있는 일은 '상체를 창밖으로 돌려 사진 찍고, 그것이 잘 나오기를 바랄 뿐'이다(Larsen, 2004, 151쪽). 서울 시티투어버스에서도 마찬가지이다. 일단의 관광객들은 스쳐 지나가는 경관을 포착하기 위해 상체를 길게 빼고 팔을 뻗어 사진을 찍는다. 그러나 아무리 상체를 길게 뻗어도 그들의 하체는 좌석을 이탈하지 않는다(〈사진 7〉). 그래서 사진의 구도를 잡는 일은 무척 어렵게 느껴진다. 더 나아가 경관 자체도 빠르게 움직이고 있기 때문에 버스에서의 사진 촬영은 이중고에 봉착한다. 열정적으로 사진을 촬영하는 독일인에게 '(본인이 촬영한) 사진에 만족하는가'라고 묻자 그는 다음과 같이 답했다.

"(서울은) 흥미로운 것들이 많아서 (스마트폰으로) 사진 찍고 싶은데, 생각만큼 (사진이) 잘 나오지 않아요. 그리고 (녹음방송이 나오면) 그것들을 찍고 싶지만 순식간에 지나쳐 버리니까 방법이 없네요. 버스를 되돌아가 달라고 할까? (웃음)…"2019년 11월 독일 관광객과의 인터뷰 내용)

어떤 관광객은 녹음방송이 나오는 동안 사진수행을 포기하고 자신들이 갖고 있는 관광안내책자를 들여다본다(〈사진 8〉). 이는 사이

〈사진 7〉 버스에서 사진 촬영하는 관광객
출처: 2019년 11월 필자 촬영

〈사진 8〉 안내책자를 읽는 관광객
출처: 2019년 11월 필자 촬영

트에 대한 심층적 정보를 수집하기 위함이다. 안내책자의 대부분은 사이트에 대한 설명과 함께 서울의 유구한 역사와 역동적인 현재를 소개하는 데 많은 부분을 할애하고 있다. 그리고 서울의 주요 지점과 관련된 사회적 담론과 개인적 느낌(내러티브)도 포함되어 있다. 안내책자를 읽는 관광객은 눈을 통해 소비하는 서울의 공간적 여행을 안내책자의 시간적 여행과 동시에 결합하고 있고, 작금의 물리적 여행을 텍스트의 상상적 여행과 동시에 결합하고 있다. 당연한 말이 겠지만, 이 안내책자 역시 관광객의 관람을 안무하고 있다. 오랜 시간 동안 관광안내책자를 들여다보는 미국인 관광객에게 '어떤 내용을 읽고 있는가'라고 질문하자 다음과 같이 답했다.

"(안내책자를 읽은 후, 경관을 바라보면) 이곳이 전혀 달라 보여요. 이렇게 역사가 깊은 곳인데, 그럼에도 불구하고 이렇게 현대적일수가 있는지. 이곳이 예전에 어떤 곳이었는지를 상상하면서 자꾸 바라보게 돼요. 흥미진진하네요. … 그리고 여기에 적혀 있는 식당도 가 보고 싶어요. 자꾸 상상됩니다(웃음)…." (2019년 11월 미국 관광객과의 인터뷰 내용)

나가며

이 글은 서울 시티투어버스에서의 관람시각이 인간, 사물, 테크놀로지, 담론 등 다양한 상호주체적 관계로 얽혀 있다는 점을 분명히 한다. 파노라마 코스에 대한 참여 관찰에서도 이러한 결론이 도출되었다. 버스의 물리적 특징, 운전기사의 속도 조절, GPS 테크놀로지가 결합된 녹음방송, 서울에 대한 담론, 관광안내책자의 사이트 설명 등은 모두 행위능력을 가진 행위체로 작용했다. 특히 사물과 테크놀로지는 관광객 신체의 고유 능력을 뛰어넘게 해 주는 인공기관으로 작용하여, 단순한 사물이라기보다는 이종적인 네트워크 내에서 행동을 유발하는 행위실체로 작용했다. 이러한 견지에서 관광객 신체는 순수하지 않고, 그러하기에 기동 관람시각이 관광객의 고유한 전유물이 아니라는 점이 도출됐다. 또한 파노라마 코스에서 관광객 실천의 전형은 사진수행이 아닌 '일견'으로 나타났다. '일견'은 관광객의 눈, 신체, 담론 사물, 기계, 테크놀로지 등이 이종적으로 결합된 '하이브리드 수행'으로서 파노라마 코스에서 경관을 '파노라마적으로 인식'할 수 있는 최적의 관광객 실천이었다. 이러한 사실에 비추어 볼 때, 모빌리티기계를 단순한 운송수단으로 인식하기에는 무리가 따른다. 그것보다는 장소를 시각적으로 경험하는 '새로운 방식'이라는 점을 파악할 수 있었다.

이 글은 그동안의 관광 연구에서 간과되어 왔던 관광객 사물의 중요성을 제기하고, 동시에 문화적 패러다임의 이론적 구속으로부터 벗어나는 데 궁극적 목적을 두고 있다. 그럼에도 불구하고 이 글은 또 다른 이원론을 생산하지 않기 위해 문화적 패러다임의 입장을 유지하면서 사물의 중요성을 고려했다. 이에 물질적인 것과 비물질적인 것의 결합을 추구함으로써 버스 관람시각을 인간과 사물, 그리고 기호와 물질의 이종적 결합으로 간주했다. 이제 관광객의 '눈'이 '순수'하다는 논의는 기각되어야 한다. 관광객의 '눈'은 담론으로 매개된 상상을 통해 대상을 응시하고, 다른 한편으로 관광객의 '눈'은 사물과 테크놀로지에 의해 증강된다. 그 결과 현실 경관을 자연의 상태로 순수하게 바라보는 관광객의 '눈'은 존재하지 않고, 나아가 관광객 본연의 능력으로 경관을 응시하는 '눈'도 존재하지 않는다. 따라서 관광객의 '눈'은 담론, 상상, 재현, 사물, 테크놀로지 등이 상호복합적으로 관계된 하이브리드이다. 즉, 이종적 결합으로 얽혀 있다.

참고문헌

볼프강 쉬벨부시, 《철도여행의 역사》, 박진희 옮김, 궁리, 1999.

브루노 라투르, 《인간 사물 동맹》, 홍성욱 옮김, 이음, 2010.

스코트 래쉬, 《기호와 공간의 경제》, 박형준, 권기돈 옮김, 현대미학사, 1998.

이영민, 《지리학자의 인문여행》, 글담, 2019.

존 어리, 《모빌리티》, 강현수·이희상 옮김, 아카넷, 2014.

존 어리, 《사회를 넘어선 사회학》, 윤여일 옮김, 휴머니스트, 2012.

피터 애디, 최일만 옮김, 《모빌리티 이론》, 앨피, 2019.

핼 포스터, 《시각과 시각성》, 최연희 옮김, 경성대학교 출판부, 2004.

이재현, 《모바일 문화를 읽는 인문사회과학의 고전적 개념들》, 커뮤니케이션북
　　스, 2013.

권상옥, 〈의학적 시선에서 기술적 시선으로 – 미셸 푸코의 『임상의학의 탄생』을
　　중심으로 – 〉, 《의철학연구》 7, 2009, 63~80쪽.

김숙진, 〈생태환경공간의 생산과 그 혼종성에 대한 분석: 청계천 복원을 사례로〉,
　　《한국도시지리학회지 9(2)》, 2006, 113~124쪽.

김숙진, 〈아상블라주의 개념과 지리학적 함의〉, 《대한지리학회지》 51(3), 2016,
　　311~326쪽.

박경환, 〈글로벌 시대 인문지리학에 있어서 행위자―네트워크 이론(ANT)의 적
　　용 가능성〉, 《한국도시지리학회지》 17(1), 2014, 57~78쪽.

오정준, 〈'재현의 재현'을 넘어선 관광객 사진-영화 건축학개론 '서연의 집'에서
　　의 사진 수행을 중심으로-〉, 《문화역사지리》 27(3), 2015, 131~145쪽.

오정준, 〈재현과 수행으로서의 관광객 사진: '러버덕 프로젝트 서울'을 중심으로〉,
　　《대한지리학회지》 50(2), 2015, 217~237쪽.

이재열, 〈도시 건출물의 상징, 놀란 그리고 일상적 실천들: 비판 건축지리학적 관
　　점에서 기술하는 서울 한강의 노들섬〉, 《한국도시지리학회지》 18(3), 2015,
　　171~182쪽.

최병두, 〈행위자-네트워크 이론과 위상학적 공간 개념〉, 《공간과 사회》 25(3),

2016, 125~172쪽.

이민수, 김현정, 〈사조와 장르〉, 네이버캐스트, 2010.

A. Franklin, *Tourism:an Introduction*, Sage, 2003.

D. MacCannell, *The Tourist*, Schocken Books, 1976.

J. Urry, J. Larsen, *The Tourist Gaze 3.0*, Sage, 2011.

J. Urry, *Tourist Gaze*, Sage, 1990.

M. Haldrup, J. Larsen, *Tourism, Performance and the Everyday-Consuming the Orient-*, Routledge, 2009.

M. Morse, *Virtualities: Television, Media Art and Cyberculture*, Indiana University Press, 1998.

R. Shield, *Places on the Margin*, Routledge, 1992.

T. Edensor, *Tourists at the Taj*, Routledge, 1998.

A. Franklin, M. Crang, "The Trouble with Tourism and Travel Theory", *Tourist Studies* 1, 2001, pp. 5-22.

B. Wearing, S. Wearing, "Refocusing the Tourist Experience: the "Flâneur" and the "Choraster"", *Leisure Studies* 15, 1996, pp. 229-243.

D. Crouch, "Surrounded by Place, Embodied Encounters", *Tourism: Between Place and Performance*, Berghahn, 2002, pp. 207-218.

J. Larsen, *Performing Tourist Photography*, Roskilde University Ph.D. thesis, 2004.

J. Larsen, "Tourism Mobilities and the Travel Glance: Experiences of Being on the Move", *Scandinavian Journal of Hospitality and Tourism* 1, 2001, pp. 80-98.

J. Larsen, "Leisure, Bicycle Mobilities and Cities", *Tourism and Leisure Mobilities: Politics, Work and Play*, Routledge, 2017, pp. 39-54.

M. Haldrup, J. Larsen, "Material Cultures of Tourism", *Leisure Studies* 25(3), 2006, pp. 275-289.

M. Michael, "These Boots are Made for Walking: Mundane Technology, the Body and Human-Environment Relations", *Bodies of Nature*, Sage, 2001, pp. 107-126.

O. Jenkins, "Photography and Travel Brochures: The Circle of Representation", *Tourism Geographies* 5(3), 2010, pp. 305-328.

T. Edensor, "Staging Tourism: Tourists as Performers", *Annals of Tourism Research* 27(2), 2000, pp. 322-344.

이동과 정주가 공존하는 경계 위의 집

: 혼자 사는 청년들의 '집 만들기' 실천과 '집'의 의미

이지선 · 이영민

이 글은 이지선의 석사학위논문을 바탕으로 재구성한 것으로, 2018년 대한민국 교육부와 한국 연구재단의 지원을 받아 수행된 연구임(NRF—2018S1A5A2A03035736).

서론

 최근 가구 유형의 재편 속에서 1인가구의 비중은 2016년 기준 27.9퍼센트로 전체 가구 유형 중 가장 높게 나타났으며, 특히 20~30대 청년 1인가구는 34.8퍼센트로 다수를 차지하고 있다. 일반적으로 청년은 독립을 향해 나아가는 시기로 다른 연령층에 비해 개인 단위의 인구 이동이 많기 때문이다(박미선 외, 2017). 이들은 평균적으로 32.9㎡ 면적의 원룸에 보증금 있는 월세 형태(56.8퍼센트)로 거주하며, 평균 거주 기간은 1.3년이다(통계청 2016). 이와 같은 특징과 더불어 청년들은 주택 탐색 과정을 포함하여 주거와 관련된 일련의 과정 속에서 불안정성을 경험하기에 새로운 주거불안계급으로 정의되기도 한다(박미선, 2017b).

 이에 주목하여 청년들의 주거와 관련된 선행 연구는 불안정성 양상에 초점을 맞춰, 이들의 주거 실태를 파악하고 정책적 대안을 모색하는 내용이 주류를 이루고 있다(권현정, 2016; 김서연, 2013; 박미선, 2017a; 최은영 외, 2014). 이는 높은 주거비와 경제적 불안정성으로 인해 주거 빈곤율이 꾸준히 증가하고 있으나(최은영 외, 2017) 정책에서는 배제되어 있었던 청년들을 적극적으로 드러내는 데 의의가 있다. 그러나 주거 현황 분석에 치우친 연구들로 인해 청년들의 주거 공간은 그 의미가 고정된 장소로, 청년은 경제적 불안정성을 바탕으로 주거불안을 겪고 있는 사회적 약자로 고정되게 재현된다는 한계가 있다(김선기 외, 2016; 장민지, 2015; 정민우, 2011). 결국 청년들의 주체성과 다양성은 간과되고, 이들이 살고 있는 공간을 집home으로 보는 관점 대신 물리적 측면을 강조한 주택house으로 바라보는 경향이 지배적인 실정이다.

 그러나 집은 물리적으로만 존재하는 것이 아니라 일상의 반복적인 실천을 통해 만들어지는 것이다. 인간은 식사를 하고, 휴식을 취하고, 취미활동을 하는 것과 같은 매일의 실천을 통해 집을 집답게 만들어 간다. 이러한 일상은 거주지를 토대로 이루어지지만 필연적으로 거주지의 물리적 경계를 넘어 다양한 물질들과 관계 맺게 된다. 관계를 맺는 과정은 곧 합의적 혹은 경합적 과정을 포함하며, 다양한 감정과 의미를 수반하게 된다(이용균, 2017b; 박경환, 2014).

한편, 페미니스트 지리학자들이 비판했듯이(Rose, 1993; 박경환 역, 2009), 집을 토대로 이루어지는 일상적 실천들은 주체에 따라 다양한 경험, 감정, 의미를 생산하기 때문에 소속감과 친밀감뿐만 아니라 공포와 소외와 같은 감정을 불러일으키기도 한다. 하지만 'feeling at home'이나 '집처럼 편하다'와 같이 집과 편안함을 관련지은 표현은 일반적으로 집을 정서적 안정감을 제공하는 장소로 기대한다는 것을 보여 준다. 따라서 집이라 느끼게 하는 감정들과 복잡한 사회 공간적 관계들이 결여되어 있을 때 사람들은 '집이 없다'고 느낀다(Dayaratne and Kellett, 2008). 팀 크레스웰Tim Cresswell은 심지어 집이라 부를 만한 가시적 장소가 없어도 어떤 장소를 집으로 인식하기만 하면 집이 될 수 있다고 주장하며 집의 관계적, 감정적 측면을 강조한다. 따라서 집은 주택 혹은 거주지dwelling로 한정될 필요가 없으며, 복잡한 사회 공간적 관계들과 이에 수반되는 다양한 감정들로 구성되는 물질적, 감정적 장소라 할 수 있다(심승희 역, 2012). 이처럼 집이 행위와 실천을 통해 만들어진다는 것은 한편으로는 결코 완성되지 않으며 항상 과정 중에 있다는 것을 의미한다. 따라서 집을 이해하기 위해서는 '규칙적으로 반복되는 행위는 무엇이고, 이러한 일상적 실천이 어떻게 특정 장소감을 생산하는지, 집이 어떻게 특정 형태의 실천은 장려하고 다른 형태의 실천은 지양하도록 구성되는지'와 같이 구체적인 일상에 대한 물음을 던질 필요가 있다(심승희 역, 2012, 222~223쪽).

이러한 공간에 대한 관계적 사유는 물질적 전환material turn과도 맞닿아 있다. 물질적 전환이란 인간과 비인간, 주체와 타자, 이성과 물질의 이원론을 토대로 한 근대의 인간중심적 인식론과 사회구성주의에 의해 연구 대상에서 배제되어 있던 비인간nonhuman, 즉 물질들과의 관계에 주목하는 관점이다(김숙진, 2016; 채석진, 2018). 앞서 살펴보았듯이 관계적 장소로서 집의 정체성을 물리적 경계와 동일시하지 않고 관계적 실천에 따라 변화하는 하나의 역동적인 사건으로 이해한다면(심승희 역, 2012, 64쪽 이용균, 2017b, 47쪽), 그 접점은 일상의 장소에서 언제나 함께 존재해 왔으나 가려져 있던 물질들의 행위성을 고려하고 인간과의 과정적 상호작용에 초점을 맞추는 것이다(정상철 역, 2020: 246쪽). 예를 들어, 잘 구축되어 있는 교통인프라는 거주지와 다른 장소 및 타인과의 관계 맺기를 강화한다는 점에서 유대감 및 소속감과 같은 긍정적 장소정체성을 생산할 수 있다. 그러나 증가하는 유동성으로 인해 집 주변의 물질 경관들이 사라지고, 사회적 네트워크가 파괴된다면 부정적 장소정체성이 형성될 수도 있다. 이처럼 인간의 행위는 물질과의 관계를 통해 이루어지며 관계에 따라 행위능력이 강화되기도 약화되기도 한다는 점에서, 특히 이전에는 인식하지 못했던 물질들이 집 만들기 실천에서 일상생활에 어떤 제약을 주고 어떤 기회를 만들어 가는지를 면밀히 살펴보는 것은 집을 이해하는 데 유용할 것이다.

지금까지의 논의를 바탕으로 본 글에서는 청년들의 주거 공간을 고정된 장소가 아닌 주체에 따라 다양한 의미를 지닌 관계적 장소로 보는 관점을 견지하고, 청년들을 불안정한 거주지에 정박된 존재가 아닌 대안적 실천을 통해 주체적으로 집을 만들어 가는 능동적 행위자로 전제한다. 구체적인 일상 속에서 이들의 집을 둘러싼 담론 및 물질성, 그리고 사회적 네트워크를 간과하지 않을 때 비로소 일상적 수행으로서의 '집 만들기'와 그 과정에서 만들어지고 변화하는 집의 의미를 포착할 수 있을 것이다. 본 글에서는 먼저 사례 연구에 앞서 관계적 장소로서 집의 개념을 이동과 정주의 관점에서 좀 더 면밀히 검토하고, 국내외 1인가구 및 청년 1인가구에 대한 인식 및 사회적 변화를 확인한다. 이어서 청년들이 거주지를 선택하고 정착하며, 또 다시 이동하는 일련의 이주 과정에 주목한다. 거주지 이동 과정은 관계된 타자들과의 갈등과 협상을 필수적으로 수반(정상철 역, 2020. 237 쪽)하기 때문에 청년들이 집에 기대하는 욕구와 현실의 제약을 동시에 드러내며, 그 간극을 통해 청년들이 만들어 내는 집의 의미를 포착할 수 있다. 이후 현재의 거주 공간을 중심으로 청년들이 일상에서 관계 맺고 있는 물질적·사회적 네트워크에 주목한다. 이를 통해 생성, 변형, 재구성되는 집의 의미를 포착할 수 있을 것이다.

연구 방법으로는 심층인터뷰를 활용하였으며, 인터뷰는 2018년 7월 15일부터 2018년 9월 16일까지 약 두 달에 거쳐 진행되었다. 인터뷰의 양과 질에 따라 응답자별로 평균 2회 실시하였으며, 한 회당 최소 40분에서 최대 3시간 정도 소요되었다. 주로 참여자의 집 근처 카페에서 진행되었지만 인터뷰를 마친 후 참여자의 집을 방문하여 주거 공간을 관찰하기도 했다. 본 연구에서는 청년의 범위를 사회적으로 성인이 된 시점부터 평균 초혼 연령을 고려하여 만 19~34세로 설정하였으며, 연구 대상은 현재 서울에 살고 있는 청년으로 한정했다. 총 23명의 연구 참여자는 연구자의 인적 네트워크를 기반으로 눈덩이 표집 방식을 통해 모집되었으며, 그 결과 연구자의 위치성이 연구 전반에 걸쳐 영향을 미치고 있다. 이러한 한계는 참여자의 특성을 자세히 밝히고 인터뷰 결과를 맥락적으로 제시함으로써 보완하고자 했다.

〈표 1〉은 연구 참여자의 특성을 정리한 것이다. 이들은 공통적으로 학교 진학 혹은 취업의 이유로 혼자 살기 시작하였으며, 공동거주 경험이 있다. 본가가 수도권인 참여자는 9명이고 나머지 14명은 제주, 부산, 대전 등 다양한 곳에서 이주하였다. 회사에서 제공해 준 집에서 서울살이를 시작하게 된 1명의 참여자를 제외하고 모두 부모의 경제적 지원을 통해 혼자살이를 시작할 수 있었으며, 현재에도 취직 후 경제적으로 독립한 경우를 제외하고 모두 부모님의 지원으로 보증금과 월세를 해결하고 있다. 이들은 모두 '원룸'에 살고 있다. 본 연구에서는 심층인터뷰를 바탕으로 혼자 살고 있는 청년들의 거주 경험을 일반화하고 종합하기보다는 집을 토대로 한 그들의 일상생활 속 다양한 실천과 의미들을 포착하고자 한다.

〈표 1〉 연구 참여자

참여자	나이	직업	본가	거주지	점유 형태
F1	21살	대학생	대전	성동구 행당동	보증부 월세
F2	22살	대학생	대전	용산구 청파동	보증부 월세
F3	22살	대학생	부산	서대문구 대현동	보증부 월세
F4	23살	대학생	경기(안산)	동대문구 이문동	보증부 월세
M1	21살	대학생	대전	성동구 사근동	부모님 소유
M2	26살	대학생	경기(수원)	서대문구 창천동	보증부 월세
M3	26살	대학생	경기(수원)	관악구 청룡동	보증부 월세
F5	25살	취업준비생	충북(충주)	성북구 안암동	보증부 월세
F6	25살	대학원생	전남(화순)	서대문구 대현동	월세
F7	25살	회계사	경기(성남)	마포구 공덕동	보증부 월세
F8	26살	취업준비생	경기(안산)	용산구 청파동	보증부 월세
F9	26살	프리랜서	대전	서대문구 대신동	보증부 월세

F10	29살	회사원	부산	중구 약수동	전세
M4	27살	교사	경기(안산)	마포구 염리동	반전세
M5	27살	회계사	전북(전주)	동대문구 이문동	반전세
M6	28살	취업준비생	경기(평택)	관악구 신림동	보증부 월세
M7	29살	회사원	인천	관악구 봉천동	반전세
M8	29살	배우	대구	성북구 안암동	보증부 월세
M9	29살	회사원	경북(구미)	강서구 화곡동	전세
M10	32살	취업준비생	울산	영등포구 당산동	반전세
F11	31살	회사원	경기(성남)	송파구 송파동	보증부 월세
F12	34살	프리랜서	제주	강서구 등촌동	반전세
F13	34살	프리랜서	대전	강북구 수유동	전세

이동과 정주의 관계적 장소로서의 집

오늘날 많은 사람들은 글로벌화의 영향으로 장소와 집에 대한 감정이 빠르게 사라지며, 그 결과 장소에 대한 애착이 결여되고 있다고 말한다. 그러나 도린 매시는Doreen Massey(1992)는 이러한 주장이 집을 단일하고 고정되며 경계가 있는 것으로 정의하기 때문이라고 비판한다. 일반적으로 공간의 경계는 가시적으로 나뉘는 것이며, 경계 자체를 영토의 자연스러운 특성으로 간주하는 것은 사실이다. 그러나 경계는 인간의 권력관계의 산물이며, 경계를 넘나드는 오늘날의 일상생활은 장소 간 관계를 확장하고 있다(Melaps, 1999). 따라서 공간의 경계는 선이 아니라 장소정체성이 영향을 미치는 범주로서 이해될 필요가 있다. 이때 범주는 유동적인 관계맺음으로 만들어지는 사건이라 할 수 있다. 이러한 관점을 바탕으로 도린 매시는 집이 사회적 관계를 통해 끊임없이 재구성되는 곳이라 말한다. 즉, 집을 흐릿한 경계를 지닌 관계적 장소로 이해하길 제안한다.

아울러 소위 모빌리티mobility가 빠르게 증가하는 새로운 시대적 변화의 맥락 속에서, 집을 '뿌리roots'로 보는 기존의 관점에서 '통로 routes'로 볼 것을 제안하는 입장이 있다. 집의 이동mobile, 다중성, 트랜스문화적transcultural 지리를 강조하는 이러한 관점은 특히 고향을 떠나 흩어져 사는 디아스포라의 집을 이해하는 데 유효하다(Blunt and Dowling, 2006, 199쪽). 많은 디아스포라들이 집에 있는 편안함feel at home 을 대단히 갈망하지만 단일한 고향으로의 귀환을 추구하지 않는다고 말한다. 그들에게 집은 육체적으로 되돌아갈 수 있는 하나의 장소(고향)가 아니라 소속감을 느끼는 곳인 것이다. 실제로 디아스포라에게 돌아갈 혹은 도달할 기원지란 없으며 상상의 장소만이 있다(Brah, 1996, 16쪽). 이처럼 이주하는 주체들의 집은 이동에 따라 끊임없이 재구성되기 때문에 뿌리가 아닌 경로적 측면이 두드러진다. 그러나 소속의 경험이 여전히 특정한 시공간을 토대로 이루어진다는 점에서 이동만을 강조하는 관점은 편향되었다는 주장이 제기된다(김승현 외 역, 2004, 49쪽: Gilory, 1993, 190쪽). 폴 길로이Paul Gilroy(1993, 190쪽)는 이동과 뿌리를 모두 고려한 '변화하는 동일changing same'이라는 개념을 통해 디아스포라의 정체성을 설명한다. 그에 따르면 디아스포라 문화의 정체성은 영역보다는 기억을 토대로 하며, 오랜 시간 유지된 집합적 기억은 과거에 그랬던 것, 지금 그러한 것, 앞으로 그러할 것 사이의 긴장들이 타협, 접합, 해소되는 과정의 결과이다(Fortier, 2005). 그렇게 만들어진 집합적 기억은 '로컬의 일상적 경험'과 결합되어 재구성되기 때문에 필연적으로 특정한 장소를 취하며 장소에 의미를 부여하게 된다(Brah, 1996; Fortier, 2005). 정리하자면, 디아스포라와 같이 이동이 잦은 주체들에게 집은 끊임없이 재구성되는 네트워크화된 한 지점으로서, 다수의 입지, 시간성, 정체성이 접합되는 혼성적 공간으로 존재한다(Blunt and Dowling, 2006, 199쪽; Ambuster, 2002, 30쪽).

오늘날 현대인의 삶과 집의 의미는 어떠한가. 사람들은 끊임없는 이동을 지향하면서도 정주성sedentarism을 포기하지 못하는 모순된 양상을 보인다. 반복되는 이동의 경험은 거주지 경계 너머와의 네트워크를 바탕으로 집의 감각을 확장시키며, 그 범위는 인간의 몸에서부터 도시, 국가 등 다양한 스케일에 걸쳐 만들어진다(Blunt and Dowling, 2006). 이때 시공간을 가로질러 이동하는 주체는 단순히 인간의 육체만을 가리키는 것은 아니다. 집은 다양한 모빌리티가 교차하는 유동적인 공간으로, 인터넷과 같은 통신 네트워크의 가상 이동과 모바일 폰을 매개로 이루어지는 커뮤니케이션의 이동뿐만 아니라 집으로 유입되고 배출되는 사물의 이동 또한 집을 구성하는 중요한 네트워크가 된다(Urry, 2007). 특히 집이 잠을 자고 식사하고 가사노동을 하는 일상생활의 토대라는 점에서, 이를 가능케 하는 사물들의 이동은 집의 의미를 만들어 내는 데 중요한 역할을 한다(Blunt and Dowling, 2006).

사물들은 개별 가구의 사회관계적 맥락 속에서 사용되면서 독특한 의미를 생산하게 된다. 집에 있는 사물이 무엇이며 어떻게 배치되는가, 그리고 물건이 언제 어떻게 이용되는가는 거주자의 정체성을 표출하고 일상과 이상desire 간의 관계를 보여 주기도 하며, 상호작용을 통한 소속감의 원천이 되기도 한다. 그러나 집 만들기는 거주자가 집이라는 감각을 획득하기 위해서 단순히 물건과 가구, 색깔과 질감 등을 적절하게 만드는 일방적인 과정이 아니다. 반대로 거주지의 물질성 역시 거주자들의 감정을 변화시키고 때로는 교란시키는 일종의 상호관계인 것이다(Daniels, 2001). 이러한 역동적인 사회·물질적 관계를 바탕으로 집 만들기 실천은 집단에 따라 상이하게 수행되며, 일생에 걸쳐 계속 변화한다. 구체적인 연구로서 피터 사운더스

Peter Saunders(1989)는 세입자와 자가 거주자의 집 만들기 양상과 소속감에는 차이가 있다고 밝혔다. 그에 따르면 자가 소유자는 세입자에 비해 주택의 위치, 디자인, 설계, 장식 등을 선택할 때 더 많은 권력을 가지기 때문에 그 영향으로 집에 대한 애착을 더 강하게 느끼는 경향이 있다. 뿐만 아니라 집이 개인 소유물이기 때문에 가사노동에 좀 더 많은 만족감과 기쁨을 느끼고, 개인의 자율성과 존재적 안정감에 기여하는 모습을 보였다. 한편, 하숙집 세입자의 경우 물건의 배치를 자유롭게 할 수 없고 집 내부에서 허용되는 수행에는 제한이 있다. 무엇보다 가내 규칙이 공간별로 상이하게 적용되는 까닭에 세입자는 시공간을 조율하고 사용하는 데 한계가 있었다. 결국 안식처, 사생활, 통제, 지속성과 같이 이상적인 집과 관련된 많은 의미를 제공받지 못하는 것으로 나타났다(Blunt and Dowling, 2006). 지금까지의 논의를 정리하면, 오늘날 집은 더 이상 정주의 공간이 아닌 이동과 정주가 교차하는 관계적 장소로서, 관계 맺음의 실천이 만들어 내는 역동적인 집의 의미를 포착하기 위해서는 집을 둘러싼 인간과 비인간 물질 모두의 행위성을 드러내는 작업이 수반되어야 한다.

1인가구로의 가구 유형 재편과 인식의 변화

1인가구의 증가는 선진국에서 특히 빠른 속도로 이루어지고 있는 전 세계적인 현상이다. 우리나라의 경우 1990년에는 9퍼센트였지만 불과 25년 만인 2016년에는 27.9퍼센트로 증가했다. 이러한 현상은 유럽, 호주, 일본뿐만 아니라 1인가구를 흔히 일탈적이고 바람직하지 않은 라이프 스타일로 여기는 지역에서도 포착되고 있다(Jamieson and Simpson, 2013).

이에 대한 다양한 논의들이 주로 선진국을 중심으로 축적되면서, 미디어 담론에서 다뤄지는 혼자 사는 사람들에 대한 부정적인 편견에서 벗어난 대안적 시각이 요청되고 있다. 대표적인 연구로 에릭 클라이넨버그Eric Klieneberg(안진이 역, 2013, 284쪽)의 《고잉 솔로 싱글턴이 온다Going solo: The extraordinary rise and surprising appeal of living alone》는 미국 대도시에 거주하는 1인가구의 경험을 토대로, 앞으로 더욱 많은 사람들이 부와 안전에 대한 문제만 해소된다면 1인가구로 편입될 것이라 보았다. 따라서 혼자 사는 것을 사회적 문제로 볼 것이 아니라 새로운 관계와 삶의 가능성을 열어 주는 현대사회의 특징으로 볼 것을 요청하며, '어떻게 혼자 살 것인가'와 '어떻게 함께 잘살 것인가'의 문제가 공동의 과제임을 역설했다. 영국을 대상으로 한 연구(Jamieson and Simpson, 2013)에서는 1인가구가 된 동기, 혼자 사는 방식과 인간관계를 유지하고 협상하는 방법, 이러한 현상이 나타나게 된 사회적 배경에 대한 답으로 1인가구의 다양한 경험들을 소개하며, 담론적 스케일에서 흔히 단일한 집단으로 묶이는 1인가구의 이질적 특성을 드러냈다.

한편, 이러한 연구들은 공통적으로 지난 수십 년간 취직, 결혼 등의 실천보다 혼자만의 집을 꾸리는 것을 성인이 되는 핵심 요건으로 두는 청년들이 많아진 현상에 주목했다(안진이 역, 2013, 51쪽: Jamieson and Simpson, 2013, 53쪽). 이에 대한 배경으로 혼자 사는 청년들 중 다수가 어릴 때부터 가족과 함께 보내는 시간보다 혼자 보내는 시간이 많았다는 점을 꼽는다(안진이 역, 2013). 전 세계적으로 가족 규모는 줄고 주거지의 규모는 늘어남에 따라 아이들은 자연스럽게 가정 내 사적 공간을 갖게 된다. 맞벌이 가정의 증가는 아이들 스스로 여가시간을 조율하고 계획할 수 있는 기회를 제공한다. 이러한 사회·문화적 변화에 따라 아이들은 '자신만의 방'에서 혼자 살아가는 방법을 배우며 독립에 대한 욕구를 키우게 된 것이다. 이제 혼자 사는 것은 더 이상 유별난 것으로 치부되지 않으며 '정상'의 범주에 속하는 바람직한 생활양식으로 인식의 변화가 이루어졌음을 확인할 수 있다.

그러나 1인가구 증가 현상이 비교적 오래된 서구 사회와 다르게 국내의 연구들은 여전히 청년 1인가구를 비규범적 집단으로 인식하는 경향이 있다. 우리나라의 경우 일본과 비슷하게 고등교육을 위해 불가피하게 집을 떠나는 경우가 많기 때문에(Jamieson and Simpson, 2013) 혼자 사는 청년들의 집과 삶은 부모의 집에서 떠나 새로운 가정을 꾸리는 실천 사이에 놓인 과도기적 단계로 치부되어 왔다. 이러한 인식을 바탕으로 한 정부 정책과 주택정책들은 흔히 청년들에게는 여전히 부모의 집에서 살 권리가 있을 뿐만 아니라 그곳에서 주거에 대한 욕구를 충족할 수 있으며, 스스로 독립된 생활을 유지할 경제적 여건이 안 된다면 그럴 자격이 없으며, 집이 없는 청년들은 본인의 선택에 의해 그렇게 된 것이며, 독립할 때 부모에게 경제적 지원을 받을 수 있을 것이라는 가정들을 내포하고 있다(Jones, 2000). 그 결과 사회에서 공급되는 주택은 핵가족에 맞춰져 있기 때문에 청년들이 살기에 적합한 주거 유형이 부족하고, 청년들의 주거비 부담은 심각한 상황이지만 청년 1인가구에 대한 주거 지원은 다른 집단에 비해 제한적이다.

이는 한국 사회에서 집이 주거 공간보다는 자산 및 노후 마련을 위한 수익원으로서의 의미가 큰 것과도 연관된다(최은영 외, 2014). 정민우(2011)는 한국 사회에서 집은 "자가 소유의 아파트에서 살아가는 정상가족"을 의미한다고 정리했다. 즉, 규범적으로 집은 가족관계를 통해 형성되는 편안함, 안정감, 소속감 등의 정서적 차원, 아파트라는 물리적 차원, 소유해야 하는 자산이자 자산 재생산의 수단이라는 경제적 차원의 의미를 담고 있다고 보았다. 집이 자산 증식의 수단으로 기능한 결과, 특히 서울의 주거비는 이미 개인 혹은 가구 단위에서 해결하기 어려운 수준이 되었다. 이에 따라 집의 의미를 상품이 아닌 주거 공간으로 전환할 것을 촉구하는 움직임이 청년세대를 중심으로 일어나고 있다. 즉, 이들은 소유가 아닌 경험에 가치를 두고 사회 전반적으로 주거권이 보장되기를 요구한다(음성원, 2017; 이한솔, 2013).

이처럼 한국 사회는 최근 청년세대를 중심으로 수행적 의미를 강조하는 집으로 인식의 전환이 이루어지고 있으며, 이는 앞서 논의한 관계적 장소로서의 집과도 맞닿아 있다. 소유보다는 경험을 중시하며, 모바일 네트워크에 능통하고, 친환경성 및 지속가능성을 중시한다는 소위 '밀레니얼 세대'인 오늘날의 청년세대는 기성세대의 규범적 집에 균열을 낼 중요 행위자이다(음성원, 2017). 비록 시작 단계에 불과하지만 집의 인식론적 고찰은 핵가족을 넘어서 1인가구로 가구 유형이 재편됨에 따라 더욱 가속화될 것이며, 따라서 청년들의 독립에 대한 인식, 사회 공간적 제약과 지원, 물질의 소비와 향유, 일상적 실천 등을 살펴보는 것은 오늘날 집을 둘러싼 사회적 변화와 집의 의미 변화를 포착하여 새로운 현상을 이해하는 데 필요하다.

거주지 이동 경험과 원룸으로의 편입

2017년 국토연구원 조사를 기준으로 '원룸'은 단독, 다가구, 연립, 다세대주택 등 주택 유형에 상관없이 '하나의 방' 구조를 가진 거주 공간이다. 수도권에 거주하는 청년 1인가구 중 70.4퍼센트가 원룸에 살고 있다(박미선 외, 2017). 원룸이 청년들에게 선택적 친화성과 더불어 주거적 친화성[1]이 있기 때문이다(구승우, 2016). 인터뷰에 참여한 청년들 역시 다양한 맥락을 바탕으로 원룸을 선택하게 되었다. 본 연구에서는 복잡한 집의 의미를 이해하기 위해서 과거에 '집에 있는 것being at home'과 '집을 떠나는 것leaving home'이 남긴 발자취에 주목한다(Ahmed, 1999). 부모에게서 벗어나 거주지를 선택-정착-이동하는 일련의 과정을 살펴봄으로써 청년들이 상상하는 집의 의미를 포착한다. 더불어 청년들의 현실과 이상desire, 즉 사회공간적 제약과 욕구는 거주지를 둘러싼 갈등과 협상에서 드러나는 물질들과의 관계를 통해 포착할 수 있다(Silverstone and Hirsch 1992).

공동주거 경험과 독립의 다양한 동기

부모로부터의 공간적 분리는 대다수가 대학(원) 진학이나 고시 준비, 진로 모색, 취직 등의 목적으로 행해진다. 특히 대학 진학을 이유로 본가를 떠나는 경우, 많은 이들이 사회적으로 막 성인이 된 시기에 이루어지기 때문에 거주지를 선택하고 주거 비용을 해결하는 데 있어서 부모에게 의존할 수밖에 없는 상황에 처한다. 어떤 이유로든 가족이 분산되는 것은 부모와 청년 모두에게 낯설고 새로운 경험이다. 따라서 부모는 가족을 대신할 안전장치들을 통해 심리적 안정을 도모하려는 모습을 보였다.

"처음에는 인천에서 통학을 했었거든요. 근데 반 학기 다니다가 너무

---

[1] 구승우(2016)는 한국 사회의 높은 주택 가격을 감당할 수 없는 청년들에게 임대 주거지인 원룸은 상대적으로 주거 진입이 용이하기 때문에 선택적 친화성이 존재하며, 고시원과 기숙사에 비해 쾌적하고 개인적 삶을 보장받을 수 있는 공간으로 여겨지기 때문에 주거적 친화성이 존재한다고 주장한다.

힘들어서… 집에 설득을 하고 있는 중에 기숙사 빈자리가 학기 중에 나왔어요. 그래서 우연히 기숙사 빈자리에 들어가게 되었어요. 근데 학기가 끝나고 나서 나와야 되니까 하숙을 구하게 된 거거든요. 원래는 집에 들어오는 걸로 얘기를 했다가 막판에 설득해서 급하게 구하게 됐어요. 아버지가 밖에서 밥을 먹고 다니라고. 너 혼자 있으면 밥 안 먹을 것 같다고 밥 먹으라고. 그래서 하숙을 구했어요. 선택지가 없었어요."(M7)

인터뷰에 따르면 청년들이 대학 진학으로 인해 처음 독립을 경험하는 경우, 부모는 누군가가 청년들의 일상생활을 관리하고 통제해주길 희망하는 경향을 보였다. 기숙사는 학교라는 울타리 안에 있으며 경비원, 기숙사 조교 등 관리자가 있다. 뿐만 아니라 학교에서 관리하기 때문에 어느 정도 시설의 쾌적함이 보장되고, 식사를 해결할 수 있는 시스템을 갖추고 있기 때문에 부모는 자녀가 생활을 유지하는 데 어려움이 없을 것이라 예상한다. 대학 생활에 대한 막연한 동경을 가지고 있던 M4는 "새로운 것들을 경험"하고 "독립심을 쌓고 싶은 마음"도 있었지만 무엇보다 "부모님의 잔소리에서 벗어나 혼자 살면 좋겠다"는 생각이었다. 그에게 기숙사는 일종의 타협점이었다. 학교 안에 있는 시설이라는 점은 그가 관리 하에 놓일 것이라는 예상으로 이어져 하숙이나 자취보다는 "보수적인" 부모님을 설득하는 데 유리했기 때문이다. 한편 기숙사는 자취나 하숙에 비해 저렴하기 때문에 부모의 경제적 부담을 줄여 준다. 이는 부모에게 경제적으로 의존하고 있는 청년들의 심리적 부채 역시 덜어 주는 작용을 하고 있었다.

그러나 기숙사 수용률은 턱없이 낮은 실정이다. 2016년 기준 수도권 대학의 기숙사 수용률은 15.1퍼센트이다(권혁삼 외, 2018). 향토학사는 해당 지자체 출신 대학생을 대상으로 공급하는 기숙사로 2016년 기준 서울에서 약 12개가 운영되고 있다(권혁삼 외, 2018). 학교 기숙사라는 선택지는 '운이 좋은' 학생들에게만 허락되었기 때문에 청년들은 대체재로 향토학사를 선택하는 전략을 취하기도 했다. 향토학사는 보통 학교에서는 지리적으로 거리가 멀지만 주거비가 굉장히 저렴하고 식사를 제공하기 때문에 경제적, 생활적 이점이 있다. 충북학사에 거주했던 F5는 "아침, 저녁 식사 제공에 방도 되게 좋은 방이었는데 월 20만 원밖에 안 했기" 때문에 "나쁜 선택이 아니었"다고 한다. 실제로 향토학사의 거주비는 월 12~20만 원으로 형성되어 있어 대학 기숙사보다 금전적인 측면에서 매력적인 선택지이다. 그러나 향토학사 역시 경쟁률이 치열하기 때문에 안정적으로 거주할 수 있는 곳은 아니었다. F12는 향토학사에서 거주를 이어 나가고자 했지만 중간에 "예비번호"를 받은 경험이 있다. 그는 자리가 나길 기다리면서 두 달 동안 하숙에 거주해야 했다. 청년들의 또 다른 선택지는 하숙이다. 하숙은 비록 물리적 시설이 기숙사에 비해 열악하지만 가족을 대체할 수 있는 '어른'의 존재로 "믿고 맡길 수 있는" 거주지이며, 식사를 제공해 주는 것을 고려하면 상대적으로 주거비가 저렴하기 때문에 부모가 2순위로 선호하는 경향을 보였다. 이러한 이유로 부모가 여전히 자취를 허락하지 않는 청년들 중 기숙사에서 나와야만 하는 경우 하숙은 유일한 선택지가 되었다.

한편, 독립하기 위해 부모와 타협하여 기숙사나 하숙에서 살게 된 청년들도 있지만, 전략적으로 공동거주지를 선택한 청년들도 있다. 가장 큰 이유는 공통적으로 주거비 절감이었다. 그러나 주거비 이외에도 청년들은 사회적 교류, 쾌적한 주거 환경 등 다양한 이유로 공동주거를 선택했다. M5에게 서울은 낯선 환경이지만 첫 홀로서기를 시작해야 하는 곳이었다. 그는 다양한 안전장치들이 있는 기숙사를 독립을 위한 발판으로 선택했다. 울산이 고향인 M10은 부산에서 대학을 다니던 시절 기숙사와 자취를 경험했다. 첫 기숙사 경험은 자발적인 경험이 아니었지만, 서울로 대학을 진학하게 되면서 다시 한번 기숙사를 경험하게 되었을 때에는 다른 사람들과 교류할 수 있다는 점 때문에 전략적으로 선택했다.

그러나 참여자들은 공통적으로 공동거주지의 장점이 시간이 지남에 따라 다양한 요소들과 결합하여 부정적인 요인으로 변모하는 경험을 하게 된다. 공유공간은 위생과 소음 문제를 야기하며, 타인의 존재는 갈등을 일으켜 결국 사적 공간의 경계는 위협받는다. 이로 인해 안정감, 소속감 등 집이라 느끼게 하는 감정들은 사라지고, 여러 사회공간적 관계들 역시 결여되어 청년들은 마침내 '집이 없다'고 느끼게 된다(Dayaratne and Kellett, 2008).

"근데 사실 **기숙사는 집이 아니잖아.** 나는 요리해 먹는 거 되게 좋아하는데 **요리를 할 수도 없고, 같은 방을 남이랑 나눠 쓰는 거고.** 그리고 집이라기보다는 잠깐 잠자는 공간? 책상이 있는 잠자는 공간. 왜냐면 **사생활이 지켜지지가 않아서.** 내가 꾸밀 수 있는 것도 없고, 내가 거기 있는 부품을 건들 수 있는 것도 없고. 나중에 빨리 짐을 빼야 하는데 소품을 새로 사 놓을 수도 없는 거고. **내가 마음에 들게, 쉬기 편하게 만들 수 있는 게 하나도 없는 거야.**"(F8, 강조는 인용자)

F9는 하숙집에 애착을 갖기 위해 "어떻게든 예쁘게 꾸미"는 실천을 하며, 편안하게 쉴 수 있는 분위기를 조성했다. 그러나 사적 공간과 공적 공간이 문 하나로 나뉘어 있는 공간에서 온전히 편안함

을 느끼는 것은 어려운 일이었다. 방문 하나로 분리되어 있는 공간은 시각적 사생활을 제공하기는 하지만 청각적 사생활을 유지하는 것은 어려운 경우가 많기 때문이다(박경환 역, 2009, 115쪽). 그는 "나는 아파서 방에서 쉬고 있는데 거실에서 자기들끼리 친구 불러서 놀더라고, 하숙인데. 그것도 너무한 거 아닌가"라며 공동생활에서 겪은 불편함을 토로했다. 이처럼 절대적 휴식 시간은 일상을 안정적으로 영위하기 위해 매우 중요한데, 공동생활을 하면서 이를 충분히 확보하는 것은 쉬운 일이 아니다(박은진, 2012). 특히 룸메이트와 함께 방을 사용하는 경우 온전한 사생활을 가질 수 없으며, 공간을 자신의 계획대로 통제하는 데 어려움을 겪게 된다.

부모에게서 벗어나 다양한 경험을 하며 자유를 느낀 청년들은 기숙사와 하숙의 느슨한 규칙마저 불편해지기 시작한다. 하숙집 주인의 존재조차도 간섭으로 여겨질 만큼 이들은 '독립'을 갈망하게 된다. 자유로운 생활을 갈망하는 것은 또한 자신만의 공간을 꾸미고 싶은 욕구와도 연결된다. 청년들은 집으로 친구들을 초대하거나(F5, F8, F12) 자신의 취향대로 꾸미고 싶은 욕구(M2, F2, F3, F6, F8, F9)를 억누르면서 개인 공간을 갈망해 온 것이다. 한편, 참여자들은 중고등학교 기숙사 생활, 군대 생활, 형제와의 방 공유와 같은 공동생활을 통해 경험한 부정적 감정을 축적하고 있었다. F2는 중고등학교 시절 내내 기숙사 생활을 한 경험이 있다. 같은 방을 쓰는 친구들과의 관계에서 어려움을 겪기도 했으며, 사이가 좋다고 하더라도 생활 패턴과 습관이 달라 꽤나 고생을 했다. 따라서 좋지 못한 기억으로 남아 있는데, 개인 공간을 갖고 싶다는 마음은 이 경험에서 비롯되었다.

'원룸'으로의 편입 과정

청년들은 높은 주거 비용을 해결하기 위해 취직을 할 때까지, 심지어 취직을 해서도 일부 부모에게 의존할 수밖에 없다. 대학생과 취업준비생은 보증금과 월세의 약 84퍼센트, 83~87퍼센트를 부모에게 의존하며, 사회초년생은 보증금의 50퍼센트, 월세의 7퍼센트를 의존하고 있다(박미선 외, 2017). 인터뷰 결과에서도 부모에게 경제적 지원을 받고 있지 않은 참여자는 2명뿐이었다. 따라서 거주지 선택에는 부모의 개입이 수반되며, 부모들은 안전 및 생활 관리의 이유로 독립 초반 자녀의 자취를 허락하지 않지만, 부모와 떨어져 산 경험의 축적, 해외 경험, 특별한 사건을 계기로 자취를 허락하는 모습을 보였다.

"엄마한테 나가고 싶다고 하면, 너 정말 독립할 준비가 됐니? 이러시니까. 아니 **나는 이미 독립을 했어요.** 벌써 4년인데… 그리고 엄마는 한번도 나 사는 하숙집에 안 와 보셨으면서 어떻게 **내 삶에, 이 집에 사는 건 나고, 아는 것도 난데 왜 엄마가 나에게 중요한 일을 결정하지? 불만**이 많았지."(F10, 강조는 인용자)

F10에게 하숙집은 집이 되어 주지 못했기 때문에 "정말 이사하고 싶었던" 공간이다. 부모는 자식을 하숙에 "맡겨 두고" 독립시킬 준비를 했지만, 그는 "엄마가 준비가 안 돼서" 하숙집에서 오래 살았다고 이야기한다. 부모와 떨어져 산 경험의 축적은 부모가 생각할 때 자식이 일상생활을 스스로 관리하고 꾸려 나갈 수 있을 것이라는 신뢰의 축적이기도 하다. 유사한 맥락에서 자식의 해외 거주 경험은 점진적으로 부모의 마음을 열게 하는 계기가 되기도 한다.

대체적으로 부모의 허락은 젠더에 따라 차이를 보인다. 여성 참여자는 남성 참여자에 비해 상대적으로 여러 번의 거주 이동을 거쳐야 하는 경우가 많았다. '부모님 집, 기숙사, 향토학사, (학교 운영)셰어하우스, 학사, 하숙'의 선택지에서 여성 참여자는 최대 9번의 이동을 경험했지만, 남성 참여자는 최대 6번의 이동을 경험했다. 특히 기숙사 및 향토학사는 '운 좋게' 들어가더라도 언제든 다시 나와야 하는 불안정한 거주지이기 때문에 6개월~1년마다 거주지 이동이 불가피하다. 따라서 잦은 거주지 이동에 따르는 불안감은 주로 여성 참여자를 중심으로 포착되었다. 학교 기숙사와 향토학사, 장학관을 포함해 9번의 이사를 경험한 F6은 "기숙사에 들어가더라도 6개월밖에 못 살 걸 알고 시작하잖아요. 그런 것들이 주는 심리적인 스트레스가 좀 있는 것 같아요. 6개월, 1년에 한 번씩 이사를 해야 했고 모든 짐을 챙기고 풀고 해야 하니까 항상 떠돌아 다닌다는 생각이. 그게 주는 가끔의 외로움이 있는 것 같아요"라고 진술했다.

"공사 완료가 안 되고 방만 지어졌는데 (기숙사에) 우리가 들어간 거야. 그래서 **출입문도 없었어. 공사 아저씨가 맨날 돌아다니고…** 난 평생 알러지가 없던 사람인데, 거기 가서 한 10분도 못 있겠는 거야. 너무 간지러워서. 소독약 뿌려 두고 나와서 한동안은 내가 집에서 **KTX 타고 통학했어…** 그리고 **대학원** 가면 밥 먹을 일도 집에선 잘 안 먹는데, 그리고 새벽에 들어가고 그러니까. 이런 걸 통해서 되게 **자취를 해야 될 때다. 내 이 생활 패턴에는.**"(F10, 강조는 인용자)

한편, 청년들은 특별한 사건 혹은 불가피한 상황을 계기로 자취를 허락받기도 한다. M9는 아버지를 "몸으로 설득"했다. 그는 하숙집이 열악해서 수면을 취하기도, 식사를 하기도 어려웠고, 그 때문에 얼굴이 많이 상했다고 말한다. M3, F10, F8은 직업의 특성상 자취가 불가피하다고 판단되었기 때문에 독립을 한 경우이다. 학교 진학이 아닌 취직이나 고시 준비와 같은 이유로 부모로부터 떨어지게 된 이들에게는 기숙사라는 선택지가 없기 때문에 독립은 '혼자만의 공간'에서 시작된다. 타인과 함께 사는 것을 상상해 본 적이 없기에 셰어하우스와 같은 공동거주지는 '그냥' 선택지에 없기도 했지만(F7), 상상은 했으나 타인에 대한 경계심 때문에 선택하지 않은 경우도 있다(M3). 이는 어려서부터 자신의 방에서 혼자만의 시간을 가지면서 자란 청년들이 많아지면서 부모의 집을 떠나 생활을 할 때에도 자연스럽게 비슷한 환경을 제공해 주는 거주 형태를 상상하고 선택한 것이라 볼 수 있다(안진이 역, 2013. 77쪽).

〈표 2〉는 지속적으로 주거지를 이동하며 생활해 온 청년들의 이주 경로를 기록한 것이다. 이에 따르면 청년들은 부모의 집에서 벗어나 원룸으로 편입되기까지 다양한 거주지 이동을 경험한다. 청년들은 기숙사, 하숙, 셰어하우스와 같은 공동거주지뿐만 아니라 고시텔, 고시원과 같은 '주택 이외 거처'[2]로 분류되는 열악한 주거지를 거치기도 한다. 고시원은 독서실에서 제공하는 1인용 취침 공간에서 시작하였으나 현재는 보증금이 없고 단기 계약이 가능하다는 특징으로 인해 청년들에게 대안적 주거 형태로 자리매김하고 있다(권정현, 2013).

"일단 계약을 1년 동안 안 해도 되고 그 다음에 보증금도 거의 없었고. 그때 당시에 보증금 댈 돈이 그렇게 많지 않았던 거 같고. 그렇다고

---

2 주택 이외 거처로는 지하 및 옥상, 비닐하우스, 고시원 등이 있다.

<표 2> 주요 참여자의 이주 경로

혼자 거주 경험	이동 횟수	거주지 변화	참여자
1년	0	원룸	F7
1.5년	1	기숙사─원룸	F1
2.5년	2	기숙사─하숙─원룸	F3
1.5년	1	하숙─원룸	F2
3.5년	2	하숙─셰어하우스(어학연수)─원룸	F4
4년	8	기숙사─본가─기숙사(어학연수)─기숙사(어학연수)─기숙사(어학연수)─본가─셰어하우스(대학)─원룸─원룸	F8
5.5년	4	향토학사─하숙─기숙사(교환학생)─셰어하우스(교환학생)─원룸	F5
6.5년	9	농협장학관─원룸(친구집)─하숙─향토학사─원룸(교환학생)─원룸─향토학사─기숙사─아파트(해외 인턴)─본가─원룸	F6
6.5년	8	기숙사─학사─오피스텔(친구 집)─학사─하숙─본가─기숙사(대학원)─원룸─원룸	F9
7년	6	기숙사─본가─원룸(어학연수)─본가─원룸(해외 취업)─본가─원룸	F11
9년	4	기숙사─기숙사─원룸─원룸─원룸	F10
12.5년	9	향토학사─하숙─향토학사─본가─고시원─본가─고시원─직원사택─향토학사─원룸	F12
13.5년	4	원룸─고시원─기숙사(교환학생)─원룸─원룸	F13
1.5년	1	기숙사─원룸	M1
4년	3	기숙사─기숙사─기숙사─원룸	M2
4년	5	고시원─본가─고시원─본가─오피스텔─원룸	M3
5년	3	기숙사─하숙─원룸─원룸	M7
5.5년	3	기숙사─원룸─본가─원룸	M4
5.5년	5	주택(삼촌 집)─원룸(3인 거주)─고시원─고시원─원룸─원룸	M8
5.5년	6	고시텔─기숙사─원룸(6인 거주)─원룸─고시원─본가─원룸	M6
6년	1	기숙사─원룸	M5
8.5년	4	기숙사─원룸─원룸─원룸─원룸	M9
11년	3	기숙사─원룸─기숙사─원룸	M10

※ 고등학교 기숙사와 군대 경험(1.5년)은 혼자 거주 경험에서 제외.
※ 6개월 미만은 버림, 그 이상은 0.5년으로 계산.
※ 기숙사는 대학 기숙사를 의미하며, 그 외에 추가 정보가 있을 시 괄호에 기입.

계약을 1년 잡기도 부담스러워서. 고시원을 들어갔고, 신림동 때는 그냥 굳이 공부하는 사람인데 그냥 자고 일어나고 자고 일어나기만 하면 되니까 그냥 고시원."(M3, 강조는 인용자)

실제로 참여자들은 목돈 마련이 어렵거나, 임시 거주지가 필요한 경우 고시원을 선택하는 경향을 보였다. 특히 수험생들의 일상생활은 '거주지'에서 이루어지기보다는 '학습 공간'에서 이루어지기 때문에 단순히 "잠자는 공간"이 필요한 이들에게 합리적인 선택지가 되었다. 그러나 고시원은 일반적으로 '최저주거기준'[3]에 미달되는 주거 환경이기 때문에 최소한의 삶의 질이 보장되는 거주지가 아니다. 고시원은 '좁고, 외롭고, 웅크린 침묵의 공간이며 답답함, 고립, 우울, 무기력을 느끼는 부정적 정서의 공간'으로 소음, 채광, 범죄, 화재 등에도 취약한 구조이다(진미윤 외, 2018). 따라서 경제적 요인으로 고시원에 유입되었던 청년들은 보증금을 저축하며 더 나은 거주지로의 이동을 계획하고, 수험생의 신분에서 벗어난 청년들 역시 더 나은 주거지로 이동하는 모습을 보인다.

한편, 비자발적으로 고시원을 떠나는 경우도 있다. 고시원의 월 임대료 역시 계속해서 증가하기 때문이다(박미선 외, 2017). M8은 고시원에서 월세 인상과 보증금을 요구하는 바람에 나오게 되었다. 그는 월세를 인상하면 더 이상 고시원에 머물 이유가 없었기 때문에 원룸을 알아봤으며, 다행히도 고시원에 살면서 틈틈이 목돈을 모아 두었기 때문에 옮길 수 있었다. 이처럼 청년들은 한국 사회의 높은 주택

---

3 2011년 5월 개정된 최저주거기준에 따르면 1인가구 최소 주거면적은 $14m^2$(약 4평)이며, 부엌과 화장실을 갖춰야 한다(국토교통부).

가격을 감당할 수 없기 때문에 상대적으로 주거 진입이 용이한 임대 주거지로 유입된다. 그중에서도 원룸은 고시원과 기숙사에 비해 쾌적하며, 개인적 삶을 보장받을 수 있는 공간으로 여겨지기 때문에 사실상 청년들의 '종착지'로 자리매김하고 있다(구승우, 2016).

관계적 장소로서 집

청년들은 부모의 집을 떠나 자발적이든 비자발적이든 거주지를 이동하며 생활한다. 그들은 낯선 공간에서 다양한 물질들과 관계를 맺으며 소속감, 친밀감, 행복감 등 '집'에서 기대하는 감각을 획득하기도 하지만, 관계들의 결여로 무력감, 소외감 등의 감각을 느끼기도 한다. 즉, 청년들의 집은 '집'과 '집 없음homelessness'의 경계를 끊임없이 넘나들며 생성된다.

'집 있음Homeness'의 네트워크

독립 초반 청년들은 부모의 집과 교류하면서 낯선 공간에서의 결핍을 채워 가는 모습을 보인다. 참여자들은 많게는 일주일에 한 번, 적게는 한두 달에 한 번씩 부모의 집을 방문했다. 이러한 교류는 물질의 이동을 동반한다. 청년들은 특히 거주지의 공간적 제약으로 부모의 집과 정기적으로 물건을 주고받았다. 수납장을 구비하거나 소유물을 줄이는 것처럼 거주하고 있는 공간 내에서 대안을 찾기 보다는 심리적으로 가장 가까운 부모를 통해 해결하는 것이다. 참여자 중 혼자 거주한 지 얼마 되지 않은 F1, F7은 부모의 집과 자주 교류하며 계절별로 옷을 옮기고 반찬, 생필품 등을 가지고 오는 모습을 보인다.

"기숙사 살 때는 집 안에 보관할 수 있는 공간이 많지 않으니까 여름, 겨울 철 바뀔 때마다 옷 같은 걸 계속 왔다갔다 바꿔서 했었는데, (이 집에서도) 초반 1~2년은 그렇게 했었는데 지금은 **집 안 공간이 눈에 익다 보니까** 여기에 보관하는 데도 따로 마련해 놓고."(F5, 강조는 인용자)

F3 역시 1학년 때에는 부산에 있는 집에 매달 내려갔다. 뿐만 아니라 방학에는 기숙사를 비워야 해서 여름, 겨울방학은 모두 부산에서 지냈다. 옷이나 물건들도 공간이 부족했기 때문에 정기적으로 옮겨야만 했다. 그러나 이러한 이동성은 정주의 감각을 불안하게 만드는 요소가 될 수 있으며, 물건의 이동으로 집과 일상을 재협상하는 적응의 과정이 필요하기 때문에 불안감의 원천이 되기도 한다(Hand et al, 2007). 시간이 흐를수록 청년들은 부모의 집과 교류를 줄이고, 일상적 삶을 유지하기 위하여 거주의 중심점을 현재 살고 있는 집으로 옮기는 모습을 보인다. 참여자들은 자신의 소유물을 집에 축적하며, 집을 중심으로 안정적인 일상을 꾸려 나간다. 많은 참여자들이 부모의 집에 내려가는 행위가 마치 '여행'가는 것과 같은 느낌이라고 말한다. 부모님 집에는 그들의 물건이 없기 때문에 '캐리어'를 들고 가야 하기 때문이다.

"어디 해외여행 가는 것처럼 짐을 싸서 내려가는 거 자체가 … 내려가서 생활할 동안 입을 **옷**이라든지 뭐 사실 **속옷** 같은 것도 이제 (부모님) 집에 아예 없어서. 이제 우리 집이라고 하면 생각나는 건 **원룸**이 더 강하고 **캐리어** 끌고 가고 뭐 이런 게 다 엄마, 아빠 집에 놀러 가는 느낌."(F3, 강조와 괄호는 인용자)

F8은 부모님 집에 "옛날에 쓰던, 나랑 먼 물건들"만 남아 있기 때문에 방문할 때마다 노트북, 화장품, 옷 등과 같이 일상적으로 필요한 물건 중 무엇을 들고 갈지 고민하는 것에 불편함을 느낀다. F9 역시 부모님 집에는 "어렸을 때부터 봤던 책, 고등학교 때 공부하던 문제집"들이 있기 때문에 향수에 젖기도 하지만 "쉬는 것 말고는" 할 수 있는 일이 없어 불편함을 느낀다. 이처럼 집에 어떤 물건이 있는가는 무엇을 할 수 있고 무엇을 할 수 없는가를 결정한다. 부모님 집에는 노트북과 데스크톱이 없기 때문에 해야 할 일을 할 수 없고, 매일 사용하는 화장품이 없기 때문에 자신에게 맞지 않는 엄마 화장품을 써야만 한다. 평소에 입고 자는 잠옷도 없기 때문에 "이상한 옷을 주워 입고"(F8) 자야 한다. 반면 지금 살고 있는 집에는 "가장 가까운 물건들"(F9)이 있어서 일상생활을 하는 데 문제가 없다.

한편, 부모의 집은 청년들의 소유물이 부재하는 것과 더불어 물리적, 공간적 변화를 겪는다. 대부분의 참여자들은 부모의 집에서 자신의 방이 사라지거나 창고처럼 사용되는 변화를 겪었다. 혹은 부모가 이사를 했기 때문에 그들에게는 더 이상 부모의 집이 익숙한 공간이 아니었다. 이처럼 자녀들이 독립하여 점차 '부모의 집'으로 재구성되는 과정은 공간적, 물질적, 정서적 변화를 가져온다. 참여자들이 집에서 머무는 곳은 주로 거실, 소파, 식탁과 같은 가정 내 공적 공간이었다. 부모와 정서적 교류를 위해 의도적으로 머물기도 하지만, 방이 사라진 청년들에게 더 이상 가정 내에 사적 공간이 존재하지 않았다. 부모의 집에서 자신만의 공간이 사라진 청년들은 더 이상 소속감과 안정감을 느끼지 못하기 때문에, 그들은 현재 살고 있는 집을 자신들이 속한 집으로 인식하는 모습을 보였다.

"(본가는) 그냥 **부모님이 계신 곳**. 자라던 집이 아니어가지고. 대학교 1, 2학년 때 부모님이 이사를 했기 때문에. 단점은 **형제가 그 집에 안 사니까** 여분의 방이 없어. 그래서 무조건 거실에만 있거든. **딴 데 있을 곳이 없어서**. 잠도 거실 **소파**에서 자." (F5, 강조와 괄호는 인용자)

정서적 유대관계를 맺고 있던 가족 구성원들의 변화 역시 부모의 집이 갖는 의미를 새롭게 구성하는 요인이다. F9는 여동생과 남동생이 모두 부모의 집에서 살지 않기 때문에 고향에 내려가도 부모의 집에는 방문하지 않고, 주로 밖에서 가족 구성원들을 만나 교류한다. M2는 부모의 집에 있는 강아지가 자신을 "손님"으로 인식하는 것을 보고 자신이 부모의 집에 속해 있지 않음을 크게 느꼈다고 말한다. 이처럼 사적 공간이 사라지고 사적 네트워크를 맺기 어려워진 부모의 집은 청년들이 상대적으로 현재 살고 있는 집에 소속감을 느끼고 애착을 갖도록 만들어 주었다.

부모의 집은 청년들의 소유물이 부재하고, 사적 공간과 사적 네트워크가 결여되면서 안정감과 소속감이 줄어들게 된다. 따라서 청년들은 현재의 집으로 일상의 중심을 옮기고 그곳에서 구축한 다양한 네트워크를 통해 정서적 유대감을 형성하게 된다. 한편 청년들은 거주지를 자주 옮기기 때문에 장소에 대한 애착을 형성하는 데 불리한 조건일 수 있다. 그러나 단기 거주자에게 거주 기간과 장소 애착은 비례하지 않는 것으로 나타나기도 한다(김동근, 2011). 실제로 참여자들은 거주 기간과 상관없이 작게는 집이 위치한 지역사회에, 크게는 서울이라는 장소에 친근감과 소속감을 느끼고 있었다.

사람들은 특정 활동 수행하고 욕구를 충족하기에 적합한 곳을 반복적으로 이용하는 경향이 있다(Williams at al, 1989). 대학가에 거주하고 있는 M2와 F4는 동네에서 모든 걸 다 해결할 수 있다는 점을 강조했다. 다니는 학원과 미용실이 근처에 있고, 익숙한 가게들과 사람들이 머무는 곳이다. 그들은 불편함이 없기 때문에 일상생활을 주로 거주지역 안에서 영위하고 있었다. 동네에서 이루어지는 반복적인 교류는 애착이라는 감정을 불러일으킨다. M2가 자신의 "네트워크"라 말하는 음악학원, 미용실, 밥집, 치킨 집들은 기숙사에 살 때부터 맺어진 관계들이다. 그는 비록 거주지를 이동했지만 같은 동네 안에서 이루어졌기 때문에 이전에 구축한 사회적 네트워크를 그대로 유지할 수 있었다. 그는 "밥집 아저씨가 알아봐 주고, 치킨 집에 전화하면 알아서 주문을 받아" 준다며 하나씩 없어질 때마다 "마음이 아프다"고 말한다. 뿐만 아니라 친구들과 공간적으로 가까이에 있다는 점은 그가 집에서 행복감을 느끼는 중요한 요소로 나타난다(Wilkinson, 2014).

F4는 동네의 기능적 측면을 강조하면서도 자신의 동네가 "외부인"이 없으며 "오염"되지 않아 "이문동만의 감성"이 있는 곳이라 말한다. 다른 지역과 경계를 그으며 동네의 정체성을 정의하는 모습을 보였는데, 이러한 동네의 독특성은 그가 애착을 갖게 된 중요한 요소이다. 그가 말하는 오염은 추억이 사라지고 관계가 단절되는 것이었다. 즉, 외부인의 유입이 많지 않아 비교적 오래 머무르는 시설들과 대학 사람들이 그와 지속적으로 관계를 맺으며 동네에서만의 독특한 감성을 불러일으킨 것이다.

학업을 위해 거주지를 이동한 청년들은 주로 학교 근처에서 거주하게 된다. 이러한 경우 집에 대한 애착을 학교에 대한 애착과 연관 짓는 모습을 보이기도 했다. F5는 학교 자체를 좋아하고, 이 때문에 학교 주변 환경도 좋아한다고 말한다. 학교 구성원이 이웃이라는 점은 그에게 안정감을 주기도 한다. F9 역시 집은 언제든 바뀔 수 있는 곳이라는 생각에 물리적인 거주지 자체보다 동네와 학교에 대한 애착이 크다. 부모에게서 떠나 처음 지낸 동네이기도 하며, 일상생활이 학교를 중심으로 이루어지기 때문이다. 그는 학교에서 산책하고, 도서관을 가고, 친구들을 만난다. 그의 학교 생활과 주거 생활은 "하나처럼" 연결되어 있었다.

한편, 청년들은 재정적 능력이 낮음에도 불구하고 서울의 발달된 교통 시스템 덕분에 비교적 높은 이동성을 보인다. 이에 따라 청년들의 생활 반경은 동네를 벗어나 서울의 다양한 장소들로 뻗어 있으며, 그들이 소속감을 느끼는 지리적 범위 또한 확장된다. 특히 대학을 중심으로 일상을 영위하는 대학생들보다는 취업준비생과 직장인들이 '서울시' 혹은 '용산구'와 같은 넓은 범위의 소속감을 드러냈다. 이처럼 청년들은 동네의 가게, 학교, 자주 가는 장소 그리고 그 안의 다양한 사람들과 교류하며 집의 감각을 생성한다. 즉, 집은 물리적인 경계를 넘어 다양한 장소와 관계를 맺으며 다중으로 존재 혹은 전유되고 있었다.

한편, 집 내부에 축적되는 물질들은 그 자체만으로는 특별한 의미를 지니지 못하지만 청년들의 경험과 행위에 참여할 때 비로소 의미를 지니고, 집의 감각을 만드는 데 중요한 역할을 하게 된다. 구체적으로 집에 있는 사물이 무엇이며 어떻게 배치되는가, 그리고 물건이 언제, 어떻게 이용되는가는 거주자의 정체성을 표출하고 일상과 이상 간의 관계를 보여 주기도 하며, 상호작용을 통한 소속감의 원천이 되기도 한다. 즉, 집의 물질문화는 거주자의 사회적 관계 변화를 표출하며, 집 만들기에 수반되는 복잡성, 갈등과 타협을 드러낸다 (Daniels, 2001, 205쪽).

F2의 집은 풀옵션이지만 빌트인 가구가 아니기 때문에 배치가 비

교적 자유롭다. 그는 쉽게 질리는 경향이 있지만 이사를 자주 갈 수는 없기 때문에 가구의 배치를 자주 바꿔서 새로운 느낌을 불어넣어 주었다. 그는 침대 주변에 수면 램프와 콘센트 등 잠을 자기에 최적의 조건을 형성할 수 있는 물건들을 배치했다. 잠을 잘 때 외에는 의자에 앉아서 생활하기 때문에 화장대 의자, 식탁 의자 2개, 안락의자, 접이식 의자 등 총 5개의 의자를 두었다. 그는 행위의 기능별, 시간대별로 이용하는 가구를 분리했다. 이러한 공간적 패턴은 식사를 하고 휴식을 취하는 등의 기본적인 욕구들은 본질적으로 변하지 않으나, 기능성과 유연성이 줄어든 압축적 거주지에 적응하기 위한 하나의 전략인 것이다(Hand et al, 2007). 그는 옵션과 자신의 물건들을 전략적으로 이용하여 휴식을 취하고 편안함을 느끼도록 집을 재구성할 수 있었다.

F4는 풀옵션이 아니었기 때문에 식탁, 선반, 좌식 소파, 행거, 거울을 사서 들어왔다. 그는 처음에 집이 최대한 넓어 보이고, 먼지가 쌓이는 사각지대가 생기지 않도록 배치했다. "휑해 보이는" 느낌을 좋아해서 초반에는 깨끗하게 관리하는 데 힘을 쏟았다. 한편, 그가 가족과 살던 집에서는 공부방과 침대 방이 분리되어 있었다. 그러나 현재 집에서는 공간을 분리할 수 없기 때문에 대신 책상에서 바로 침대로 갈 수 없도록 동선을 고려해 배치했다. 이러한 공간 배치는 외출복을 입고 침대에 올라가지 못하도록 제약을 주는 역할을 하기도 한다. F4는 처음에 "잘 잡아 놓아, 취향대로 꾸며져 있는" 집이기 때문에 안정감과 친밀감을 가지며 현재의 공간이 유지되도록 잘 돌봐야 할 공간이기 때문에 소속감을 느끼고 있었다.

F8은 가족과 살 때부터 홈인테리어와 홈카페에 관심이 많아서 자신만의 공간을 꾸리길 원했다. 그는 가구 배치를 위해 몇 달 동안 노

트에 그려 보고, 어플리케이션으로 시뮬레이션을 돌리는 등 애착을 가지고 심사숙고했다. 오피스텔이 정사각형 모양이 아니어서 가구를 공간에 딱 맞추기 위해 면적과 너비를 계산했고, 큰 창문을 고려해서 가구를 놓아야 했다. 그가 가구를 살 때에는 벽지와 바닥 색깔을 고려했다. 예전에는 가구의 편리함을 주로 고려했다면, 이제는 "원하는 콘셉트를 짜서" 색깔을 맞춰 사게 되었다고 말한다. 뿐만 아니라 이전에는 풀옵션인 곳에 살아서 구비해야 할 가구가 없었지만, 앞으로 계속 독립된 가구를 유지할 생각에 전자제품 및 물건들을 "제대로" 갖추게 되었다. 밥솥, 전자레인지, 커피포트, 믹서, 도마, 칼, 그릇, 테이블, 책상, 의자, 선반을 새로 샀고, 침대는 부모님 집에서 가지고 왔다. 그는 특히 부모님의 간섭 없이 취향대로 "내 주방"을 꾸밀 수 있고, 그로 인해 원했던 실천들을 할 수 있게 되어서 집에 대한 애착을 보였다.

M4는 부모님 집에서 사용하던 물건과 피규어를 가지고 와서 과거에 생활했던 방과 비슷하게 배치했다. 책장은 책이 아닌 피규어를 "전시"해 두는 공간이 되었다. 그가 생각하기에 피규어를 구경하는 행위는 집에서만 할 수 있으므로 특별한 의미가 있으며, 자기만족을 할 수 있는 물건이었다. 집에서는 더 이상 사용하지 않아 가지고 올라온 키보드 역시 그가 집에 대해 애착을 가지게 만드는 물건이다.

"내가 썼던 **침대**라든지 **책상**, 갖고 있었던 **장식품**들이라든지 그런 거를 같이 갖고 와서 내가 있던 방이랑 좀 **비슷하게 배치**를 하려고 했던 거 같아. 지금 사는 집에서. 그랬더니 조금 **더 빨리 아늑해지는 느낌**이 들긴 하더라고 … 집에서 **키보드**를 갖고 왔어. 신시사이저 비슷한 그런 거 있잖아 … 전자로 하니까 볼륨 조절이 가능하잖아. 그래서 어제 갖

고 와서 열심히 쳤어. 근데 되게 좋더라고. **오늘 집에 가서 치려고.**"(M4, 강조는 인용자)

"**자기만족**인데, 저는 옛날에 연극도 몇 번 한 적도 있고, 상 받은 것도 있고 그래서 집에 나름 조금 **전시**를 해 놨어요. 팸플릿이라던가 이런 것도 보이게 해 놨고. 그래서 그런 거 보고 있으면, 내가 **나를 항상 리마인드하는 공간**이다 보니까, 조금 더 집에 대한 **정감**이 생기는 것도 있는 것 같아요."(M5, 강조는 인용자)

M5 역시 특정 물건을 통해 정서적 유대감을 형성하고 있었다. 그는 종종 집에 있는 시간이 "젊은 순간에 잉여롭게 낭비하는 순간"처럼 느껴지기도 하지만 스스로 만족하는 과거의 경험과 기억을 매개해 주는 물건들을 통해 집에 있는 시간의 의미를 바꾸어 나갔다. 그에게 상과 팸플릿은 집에서 자신의 정체성을 표출해 주는 대상화된 물건이다. 많은 참여자들이 사진, 포스터, 필름 등을 벽에 붙이는 방식을 통해 집에 대한 애착을 형성하고 있었다.

'집 없음Homelessness'의 네트워크

청년들은 주거지를 선택할 때 위치나 임대료의 영향을 많이 받지만(박미선 외, 2017), 집의 넓이 및 구조, 치안, 소음, 채광 등 주거 환경 또한 집을 결정할 때 고려하는 것 중 하나이다. 참여자들은 과거의 거주 경험을 통해 축적된 주거 환경에 대한 선호를 바탕으로 집을 선택했다. 여성 참여자들은 주로 안전 및 치안을 중요하게 고려했으며, 좁은 집에 거주했던 경험이 있는 참여자들은 집의 넓이를 중요시 여겼다.

그러나 집과 집을 둘러싸고 있는 다양한 주거 환경적 요소는 여러 시공간 및 물질들과의 관계 속에서 경험하는 사람에 따라 끊임없이 변하기 마련이다. F12가 집을 결정했을 때, 집 앞에는 넓은 정원이 있는 주택이 있었다. 큰 창문이 있었지만 정원 덕분에 앞집에서는 그의 집 내부가 "절대 보이지 않는" 구조였다. 그는 탁 트인 느낌을 받아 좋았지만 이사 온 지 몇 달 만에 앞집이 헐리고 빌라가 세워졌다. 이후 그는 큰 창문의 일부를 책으로 가려 놓게 되었다. 이처럼 주거 환경은 공간의 변화뿐만 아니라 특정 계절, 특정 시간에 따라 변하기도 한다. 따라서 집을 선택할 당시에는 쉽게 인지할 수 없기 때문에 청년들은 집이 내포하고 있는 불안 요소를 온전히 겪으며 집 없음의 네트워크로 재구성되는 경험을 하게 된다.

청년들은 소음이 차단되지 않는 거주 환경으로 인해 불편함을 겪기도 한다. 외부 환경에서 기인한 소음부터 내부의 소음까지 청년들의 집은 소음 차단에 취약하다. 집 내부의 소음 문제는 아파트의 층간소음 사례를 통해 비단 원룸만의 문제가 아님을 알 수 있다. 그러나 '하나의 방'으로 이루어진 청년들의 집은 양 옆집과 복도, 앞집까지 방과 인접한 모든 공간의 소음에 노출되어 있으며, 소음 규제가 아파트에 비해 비교적 느슨하고, '방 쪼개기'와 같은 부실한 공사 역시 상당수 존재하기 때문에 방음에 취약하다고 볼 수 있다.[4] 대부분의 참여자들은 특히 복도 소음에 취약한 환경에 놓여 있었다.

일반적으로 이웃과의 소음 문제는 삶의 질을 떨어뜨린다. 그러나

---

4 2009년 국토부는 주거 안정을 목적으로 도시형 생활주택(원룸형 소형 주택)을 도입하였고, 신속한 공급을 위해 완화된 주택 건설 기준(소음 기준 완화, 건축물 간 거리 규제 완화 등)이 적용되었다.

원룸에서 경험하는 타인의 소리는 안도감을 제공하기도 한다. 특히 여성 참여자들은 원룸이 "아파트에 비해 어떤 사람도 쉽게" 거주할 수 있는 공간이기 때문에 이웃에 대한 불안감을 크게 표출했다. F3이 살고 있는 층에는 11가구가 살고 있지만 서로 교류가 없다. "분명 사람이 살고 있는" 공간인데도 아무 소리가 나지 않을 때 그는 불안감을 느낀다. 이웃이 무엇을 하고 있는지 알 수 없으며, 심지어 성별조차 모른다. 새벽에 종종 복도에서 들리는 남성의 소리만이 그가 듣는 소리의 전부이다. 반면 F5는 양 옆방에 "남자와 외국인"이 살고 있음을 안다. 외국인은 밤새 통화를 하기도 하고, 남자는 노래를 부르기도 한다. 옆방의 '소음'이 그에게는 오히려 그들의 존재를 확인할 수 있도록 하는 역할을 하고 있었다. 여성 참여자들은 가장 가까이에 살고 있는 이웃들을 확인할 수 없을 때 불안함을 느끼며, 이는 '청각'을 통한 이웃과의 접촉을 통해 조금이나마 해소되는 모습을 보였다.

앞서 청년들이 소음에 취약할 수밖에 없는 '하나의 방'에 거주하기 때문에 불편함을 경험한다고 밝혔다. 이러한 공간 구조는 사적 공간에 불안감을 유발하기도 한다. 기숙사나 하숙과 달리 원룸에서는 현관 너머에 바로 "밖"이 있기 때문이다. F9는 불안함 때문에 침대를 최대한 현관에서 멀리 배치하고, 평소 생활할 때에도 현관에서 가까이 있는 책상에 앉아 있기보다는 침대나 테이블에 앉는다. 그는 "가정용 주거 공간"처럼 거실과 방이 분리된다면 안정감을 느낄 수 있을 것이라 말한다.

한편, 참여자들이 현재 거주지를 '집'으로 느끼지 못하는 이유 중 가장 자주 언급한 것은 집의 넓이와 가구에 대한 제약이었다. 재닛 카스텐Janet Carsten과 스티븐 휴 존스Stephen Hugh-Jones는 집은 개인의 연장이며 '집, 몸, 정신은 연속적 상호작용 속에 있다'고 말한다(Carsten and Hugh-Jones, 1995: 여성과공간연구회 역, 2010, 166쪽, 재인용). 즉, 집의 물리적 구조, 가구, 그리고 이미지는 그 안에서 이루어지는 활동 및 생각을 가능하게 할 뿐만 아니라 제한하기도 한다는 것이다(정민우, 2011).

> "집을 싫어하는 이유는 **집이 좁아**. 그게 제일 싫어 … 뭔가 답답하고 공간적으로, 움직이지 못하잖아요. 그래서 집이 **편안한 곳이라기보단 뭔가 나가고 싶은 곳**이고. 사실 그 어디보다도 아늑한 공간이긴 하지만 이상하게 아늑하지 않은 나가고 싶은. 그게 공간이 좁아서 그런 게 아닐까?"(M10, 강조는 인용자)

> "그냥 책상도 커졌으면 좋겠고, 싱크대 부엌도 좀 커졌으면 좋겠고. 좀 그렇게 커져야 좀 뭔가를 할 수 있는 공간, 여력이 생긴다고 해야 되나요? 약간 **공간이 마음의 여유를 만드는 느낌**도 있는 거 같더라고요."(M7, 강조는 인용자)

참여자들은 좁은 집에서 다양한 신체활동을 하지 못해 답답함과 무기력함을 느끼며, 이러한 감각은 더 나아가 집에서 그러한 활동을 상상하지 못하도록 만드는 모습을 보인다. 좁은 집은 신체활동에 제약을 주기도 하지만 가구에 제약을 주기도 한다. M10은 "내가 뭘 선호했나?"라고 되물으며 집이 "재미가 없"기 때문에 애착이 없다고 말한다. 그의 집은 이미 가구가 구비되어 있었으며, 물리적으로 배치를 변경할 수 없는 "전형적이고, 틀에 박힌" 원룸이기 때문이다. 그는 오히려 "일반적인 깔끔한 원룸"이 아니라 "해방촌이나 창신동과 같이 특이하고 개성이 있는" 곳에서 자부심을 가질 수 있을 것이라고 말한다. 이처럼 청년들은 개인의 기호가 담길 수 있는 집을 갈망하며 자신의 정체성을 표출할 수 있는 집으로의 이동을 상상하고 있었다.

한편, 청년들은 자신의 상황에 따라 집에 애착을 갖기도 하며 그렇지 않기도 하는 등, 집에 대한 인식을 계속해서 조정하는 모습을 보인다. 참여자들은 주거 환경 및 집의 물질들과의 관계를 통해 안정감, 친밀감과 같은 정서적 유대감을 느끼다가도, 자신의 상황으로 인해 '떠나야 할 공간'으로 인식하며 집에 대한 부정적 감각을 형성하였다.

"(집에 대한 이미지는) 네버랜드 같아요. 피터팬 콤플렉스라는 게 있잖아요. 아침마다 생각하는 건데. 저는 대학교 때 다니던 공간에 있으면서 현재 몸은 직장인의 생활을 하고 있거든요. 그래서 항상 아침마다 저는 9시 수업을 들으러 오는 대학생들과 **반대로 방향이 향해지거든요…. 입장은 달라졌지만 공간은 같은 공간을 사용**하고 있는 거잖아요. 그러다 보니까 여기는 뭔가 저 스스로 벗어나야 될 것 같고 어느 순간은 '**여기에 계속 남아 있다면 제가 계속 어른이 못 되고 마음만은 대학생의 향수를 간직한 채 살아갈 것 같다**' 이런 생각을 하게 되는 공간입니다."(M5, 강조와 괄호는 인용자)

"8월까지만 해도 너무 좋았어…. 딱 8월이 지나가면서부터 일단 **내 상황의 변화** 때문에 그런데, 빨리 이제 나와야 될 공간으로 느껴졌던 게, 왜냐하면 이 집은 내가 취업을 하면 그 직장 근처로 이사를 가든가, 아니면 집으로 돌아갈 거기 때문에 내년 2월이 되면 어쨌든 나와야 된단 말이야…. 직장 근처로 이사 가는 게 제일 최고의 플랜이니까… 여기를 그냥 나오고 싶은 게 아니라, 이사 가고 싶어. **이사 갈 공간이 정해**

졌으면 좋겠어. 그래서 지금 이제 하반기 들어오고 나서는 조금 **불안해.
집의 존재가.**"(F8, 강조는 인용자)

    M5가 대학생 시절부터 거주하던 집은 그의 신분이 바뀌면서 부적절한 곳에 있다는 감각을 제공하고 있었다. 함께 대학 생활을 했던 친구들은 동네에서 하나둘씩 떠났지만 그는 여전히 친구들과의 추억들이 축적되어 있는 곳에 살고 있다. 그에게 집은 '대학생의 정체성'이 담긴 공간인 것이다. 주로 대학생들이 활동하는 장소이기 때문에 직장인의 생활 패턴은 이질감을 느끼게 만들기도 한다. 따라서 그에게 집은 직장인으로서 정체성을 획득하고, 소속감과 안정감을 얻기 위해서 빨리 떠나야만 하는 곳이 되었다.

    F8은 불안한 현재의 상황을 집에 투영하고 있었다. 그가 불안함을 느끼는 것은 이사를 해야 하는 것이 아니라 정해진 미래 없이 집을 나오는 것이다. 즉, 현재의 집은 그가 취직을 준비하는 곳이기 때문에 계약 만료 전에 거취가 정해져 이사한다는 것은 취직에 성공했다는 의미이다. 따라서 그에게 현재의 집은 미래에 대한 불안감을 지속하는 장소가 되어 빨리 떠나야 할 곳이 된다. F12 역시 집의 이동은 곧 상황의 변화를 의미한다. 그는 결혼 전까지 이사 계획이 없기 때문에 이사는 곧 결혼을 의미한다. 그는 "2년 내에 결혼을 해야 되지 않나"라고 생각하기 때문에 집은 곧 떠날 곳이며, 떠나야 할 곳이 되었다. 그러나 한편으로는 결혼 전 마지막으로 "온전히 혼자 있을 수 있는" 공간으로 특별한 의미를 부여하는 모습을 보이기도 한다. 그에게 집을 떠나는 것은 새로운 시작을 의미한다. 이처럼 개인의 상황 변화로 인해서 집의 의미가 변하고 개인과 집을 동일시하며 집에 더 이상 소속감과 애착을 느끼지 못하는 경우도 있지만, 애초에 자신의

불안정한 위치로 인해서 집에 애착을 형성하지 않기도 한다.

> "곧 군대도 가고. 굳이 꾸며서 계속 오래 살 것 같다는 생각이 안 들어서 덜 관심이 생겨요. 예전에 (집 꾸미기 관련) 페북이나 인스타 팔로우도 하고 있었는데. 뭐지 이런 생각만 들어서 둘 다 안 보고 있긴 하거든요.(M1, 괄호는 인용자)"

이처럼 청년들은 집이 곧 떠나야 할 곳이기 때문에 집답게 만드는 행위를 포기하기도 한다. M10은 전에 살던 집에서는 칙칙함을 없애기 위해 LP, 빈 와인 병, 방음용 스펀지, 조명 등으로 집을 재미있게 꾸몄지만, 현재는 취업을 하면 금방 이사를 할 계획이라 집 만들기 행위가 부질없다고 생각한다. 불안정한 위치로 인해 집은 처음부터 다양한 관계들을 차단한 장소가 된 것이다. 청년들은 다양한 관계들로부터 얻을 수 있는 정서적 유대감을 잠시 유예하고 있었다.

결론

청년들은 자발적이든 비자발적이든 부모의 집을 떠나고, 일련의 거주지 이동을 경험한다. 특히 학업과 취업을 이유로 홀로 서울에서 집을 꾸리게 된 청년들은 경제적으로 불안정하기 때문에 주거 지원이 필요하지만 이는 대부분 가족의 몫으로 여겨진다. 우리나라 주거 정책은 국가에서 자격을 인정한 기초생활수급자, 장애인 등에 초점이 맞춰져 있어 상대적으로 근로 능력이 있다고 가정되는 청년들은 정책의 사각지대에 놓여 있다. 우리나라와 달리 스웨덴은 사회적으로 혼자 살 여건이 잘 마련되어 있기 때문에 1인가구가 많을 수 있는 환경이 조성되어 있다(안진이 역, 2014, 287). 혼자 사는 것과 가족 및 타인과 함께 사는 것의 가치를 동등하게 두고, 주거에 대한 다양한 수요에 맞춰 사회가 그들의 주거권을 보장하고 있는 것이다. 본 글에서 살펴본 것처럼 청년들의 독립 욕구와 집에 대한 인식은, 이들의 독립을 일시적이며 과도기적인 일탈로 여기는 기성세대와는 차이가 있다. 이는 독립을 위해서 부모의 경제적 지원에 의존할 수밖에 없는 청년들에게 타협과 좌절을 경험하게 하고 이들을 불안정한 주거지로 내몰기도 한다. 그럼에도 불구하고 청년들은 다양한 행위자들과의 관계 맺기를 통해 집을 끊임없이 만들어 가고 있었다.

타인의 존재, 부엌 시설의 부재, 공동 규칙, 개인 공간의 부족 등으로 인해 공동거주지에서 '집 없음'의 감각을 경험한 청년들은 일련의 거주지 이동 끝에 사적 공간이 보장되는 '원룸'으로 편입된다. 그러나 집은 그저 물리적인 구조만으로 획득되는 것이 아니기 때문에, 청년들은 집의 물리적 경계를 넘어 다양한 시공간 및 물질들과 관계를 맺으며 집을 만들어 나간다. 구체적으로 집 만들기에 관여하는 행위자로는 부모, 친구, 이웃, 경비원, 단골 가게 주인 등의 인간 행위자뿐만 아니라 소유물, 가전제품, 식물, 사진, 포스터, 창문, 채광 등 비인간 행위자들이 포착된다. 이들은 청년들이 물리적인 집의 경계를 가로지르며 수행하는 다양한 실천에 관여하며 안정감과 행복감 등 '집'의 감각을 획득하는 데 기여하기도 하지만, 이들의 결여로 인해 재구성된 네트워크는 무력감, 소외감 등 '집 없음'의 감각을 제공하기도 한다. 즉, 청년들의 집은 흐릿한 경계를 지닌 관계적 장소로, 하나의 의미로 포착될 수 없는 끊임없이 생성 중인 것이다. 톰린슨이 '통로와 뿌리'는 항상 공존한다는 사고가 필요하다고 주장한 것처럼, 청년들의 집은 이동과 정주가 공존하며 다양한 관계 맺기를 통해 '집'과 '집 없음'의 경계를 넘나드는 장소로 나타난다.

본 글에서는 청년 1인가구에 대한 구체적인 경험 연구로서 특히 집을 둘러싼 물질 및 관계적 측면에 주목하였다. 독립에 대한 인식, 사회공간적 제약과 욕구, 물질의 소비와 향유, 일상적 실천들은 서로 얽혀 다양한 집을 만들어 가고 있었으며, 이는 한국 사회에서 집의 의미가 변화하고 있음을 보여 주는 사건들일 것이다. 그러나 여전히 1인가구의 집은 과도기적이거나 무언가 결핍된 고정된 장소로 인식되고 있다. 따라서 더욱 많은 연구들이 집과 이에 얽혀 있는 사회적 관계를 이해하고, 특정 장소의 물질적 세계를 적극적으로 고찰하며 관계들을 바탕으로 한 개방성과 역동성에 주목할 필요가 있다. 1인가구로의 가구 유형 재편이라는 급격한 사회 변화 속에서 다양한 관점의 논의들이 적극적으로 필요한 시점이다.

참고문헌

린다 맥도웰,《젠더 정체성 장소》, 여성과 공간 연구회 옮김, 한울, 2010.

말렌 프로이덴달 페데르센 · 스벤 케셀링 편저,《도시 모빌리티 네트워크》, 정상
　　철 옮김, 앨피, 2020.

에릭 클라이넨버그,《고잉 솔로 싱글턴이 온다》, 안진이 옮김, 더퀘스트, 2013.

이용균,《글로벌 이주: 이동, 관계, 주변화》, 전남대학교출판부, 2017.

이희상, 〈가상 공간: 하이퍼텍스트로서의 도시〉,《현대 문화지리의 이해》, 푸른길,
　　2013.

존 톰린슨,《세계화와 문화》, 김승현 · 정영희 옮김, 나남, 2004.

질 발렌타인,《사회지리학》, 박경환 옮김, 논형, 2009.

팀 크레스웰,《지리사상사》, 박경환 · 류연택 · 심승희 · 정현주 · 서태동 옮김, 시
　　그마프레스, 2015.

팀 크레스웰,《장소》, 심승희 옮김, 시그마프레스, 2012.

구승우, 〈도시 속의 청년 '난민': 청년들의 '방' 거주 경험에 대한 문화적 분석을
　　중심으로〉, 경희대학교 석사학위논문, 2016.

권정현, 〈고시원 이용실태 및 개선방안〉,《한국소비자원 조사보고서》, 2013.

권혁삼 · 최상희 · 박진경 · 박성준 · 유인식, 〈대학협력형 공공임대주택 공급방안
　　연구〉, 한국토지주택공사 토지주택연구원, 2018.

권현정, 〈청년 1인가구의 주거복지 실태와 개선방안에 관한 연구〉, 건국대학교
　　석사학위논문, 2016.

김동근, 〈단기 주거에서의 장소애착에 대한 연구-대학교 기숙사생 및 자취생을
　　대상으로〉,《한국도시설계학회지 도시설계》12(5), 2011, 79~90쪽.

김서연, 〈청년층 주거문제의 현황과 과제〉,《도시와 빈곤》102, 2013, 9~19쪽.

김선기 · 구승우 · 김지수 · 정보영 · 박경국 · 채태준, 〈청년 연구과제 개발을 위
　　한 기초연구: 연구동향의 메타분석을 바탕으로〉, 서울시청년허브 기획연구
　　보고서, 2016.

김지혜, 〈한국의 양식 산업 속 적조와 인간의 관계: 작은 것들의 카리스마, 적조〉,

《공간과 사회》28(1), 2018, 101~149쪽.

김환석, 〈사회과학의 '물질적 전환(material turn)'을 위하여〉, 《경제와사회》 112, 2016, 208~231쪽.

박경환, 〈글로벌 시대 인문지리학에 있어서 행위자-네트워크이론의 적용가능성〉, 《한국도시지리학회지》17(1), 2014, 57~78쪽.

박미선, 〈1인 청년가구 주거여건 개선을 위한 정책 지원 방안〉, 《국토정책Brief》 627, 2017, 1~8쪽.

박미선, 〈한국 주거불안계급의 특징과 양상: 1인 청년가구를 중심으로〉, 《공간과 사회》27(4), 2017, 110~140쪽.

박미선 · 강미나 · 임상연, 〈1인 청년가구를 위한 주거복지 정책 방향〉, 국토연구원, 2017.

박은진, 〈청년세대의 불안정한 노동과 주거실험; 해방촌 '빈집' 게스트하우스 (guest's house) 사례를 중심으로〉, 연세대학교 석사학위논문, 2017.

음성원, 〈주거에 대한 상상력, 전환이 시작된다〉, 《서울의 미래2: 도전받는 공간》, 서울연구원, 2017.

이영민, 〈글로벌 시대의 트랜스이주와 장소의 재구성: 문화지리적 연구관점과 방법의 재정립〉, 《문화 역사 지리》25(1), 2013, 47~62쪽.

이용균, 〈이주의 관계적 사고와 이주자 공간의 위상 읽기: 관계, 위상 및 아상블라주의 관점을 중심으로〉, 《한국도시지리학회지》20(2), 2017, 113~128쪽.

이태진, 김태완, 정의철, 최은영, 임덕영, 윤여선, 최준영, 우선희, 〈청년 빈곤 해소를 위한 맞춤형 주거지원 정책방안〉, 한국보건사회연구원 연구보고서, 2016.

이한솔, 〈대학생의 주거권을 말한다. "민달팽이 유니온"〉, 《도시와 빈곤》 102, 2013, 49~61쪽.

장민지, 〈유동하는 세계에서 거주하는 삶: 20, 30대 여성청년 이주민들의 '집'의 의미와 장소화 과정〉, 연세대학교 박사학위논문, 2015.

정민우, 〈청년 세대의 주거와 이동, 정체화의 불/연속성—고시원 사례를 중심으로〉, 중앙대학교 석사학위논문. 2011.

진미윤 · 최상희, 〈고시원의 공급 · 운영관리 실태와 향후 정책 방향〉, 《주택연구》 26(3), 2018, 5~35쪽.

최명애, 〈More-than-human Geographies of Nature: Toward a Careful Political Ecology〉, 《대한지리학회지》51(5), 2016, 613~632쪽.

최은영 · 권지웅 · 김기태 · 정남진 · 정원준 · 황서연, 〈서울시 청년가구의 주거실
태와 정책 연구〉, 민주정책연구원 연구보고서, 2014.

최은영 · 김기태 · 문규성 · 김두겸 · 최영은, 〈최저주거기준 미달 가구 및 주거빈
곤 가구 실태 분석〉, 한국도시연구소보고서, 2017.

통계청, 〈2016년 인구주택총조사〉, 통계청, 2016.

A. Blunt, R. Dowling, *Home*, Routledge, 2006.

A. Brah, *Cartographies of Diaspora: Contesting Identities*, London: Routledge,
1996.

D. Miller, *Material Culture and Mass Consumption*. Oxford: Blackwell, 1987.

G. Rose, *Feminism and Geography: The Limits of Geographical Knowledge*, Polity
Press, Cambridge, 1993.

J. Urry, *Mobilities*, Cambridge: Polity, 2007.

L. Jamieson, R. Simpson, *Living Alone: Globalization, Identity and Belonging*,
Basingstoke: Palgrave Macmillan, 2013.

P. Gilroy, *The Black Atlantic*, London: Verso, 1993.

R. Silverstone, E. Hirsch, *Consuming technologies: media and information in
domestic spaces*. London and New York: Routledge, 1992.

A-M. Fortier, "Diaspora, in Atkinson", *Cultural Geography: A Critical Dictionary
of Key Conepts*, I.B. Tauris, 2005, pp. 333-342.

D. Massey, "A place called home", *NEW Formations* 17, 1992, pp. 3-15.

E. Wilkinson, "Single people's geographies of home: intimacy and friendship
beyond 'the family'", *Environment and Planning A* 46, 2014, pp. 2452-2468.

G. Jones, "Experimenting with households and inventing 'home'", *International
Social Science Journal* 52(164), 2000, pp. 183-194.

H. Armbruster, "Homes in crisis: Syrian Crisrians in Turkey and Germany",
*New Approaches to Migration? Transnational Communities and the Transformation
of Home*. London: Routledge. 2002, pp. 17-33.

I. Levin, "Living apart together: A new family form", *Current sociology* 52(2),

2004, pp. 223-240.

I. M. Daniels, "The 'untidy' Japanese house" *Home Possessions: Material Culture behind Closed Doors*, Oxford: Berg. 2001, pp. 201-229.

M. Hand, E. Shove, D. Southerton, "Home extensions in the United Kingdom: space, time, and practice", *Environment and Planning D: Society and Space*, 25 2007, pp. 668-681.

P. Saunders, "The Meaning of 'Home' in Contemporary English Culture", *Housing Studies* 4(3), 1989, pp. 177-192.

R. Dayaratne, P. Kellett, "Housing and home-making in low-income urban settlements: Sri Lanka and Colombia", *Journal of Housing and the Built Environment* 23(1), 2008, pp. 53-70.

S. Ahmed, "Home and Away: Narratives of Migration and Estrangement", *International Journal of Cultural Studies* 2(3), 1999, pp. 329-347.

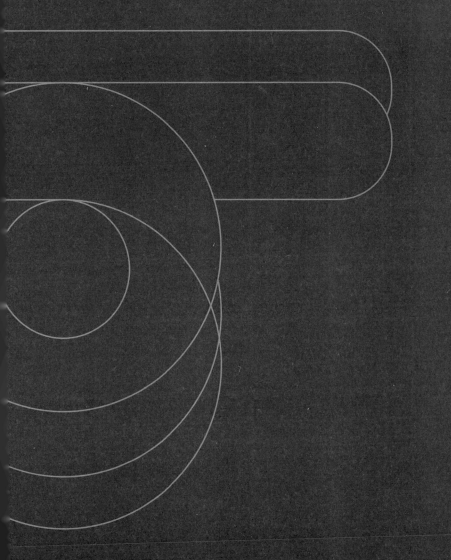

3부

고-모빌리티 시대 공동체와
정체성 생산

다인종 재미 한인들의 온라인 커뮤니티 활동

: '하프코리안닷컴HalfKorean.com' 페이스북 그룹을 중심으로

배진숙 · 김재기

이 글은 《디아스포라연구》 14(2)(2020)에 게재된 원고를 수정 및 보완하여 재수록한 것임.

디아스포라와 사이버 공간

1903년에서 1905년까지 65회에 걸쳐 이민선을 타고 약 7,266명의 한인들이 하와이에 도착하여 여러 농장에 배치되었다. 이들은 극심한 인종차별, 혹독한 노동, 저임금, 언어장벽, 문화의 차이 등 어려움 속에서도 언젠가 다시 고국으로 돌아갈 것을 기대하였으나 1910년 대한제국이 국권을 상실하면서 돌아갈 조국이 없어지는 상황이 되었다. 1919년 3·1운동이 일어나자 하와이, 샌프란시스코, 로스앤젤레스 등 한인들이 거주하는 곳에서는 지지대회를 열고 후원금을 모금하여 미국 전역에 알리는 일을 하였다(김재기, 2019a).

그 이래로 미주 한인들의 이민의 역사가 길어지면서 경제력 못지않게 정치력도 신장되고 있다. 2020년 11월 선거에서는 4명의 연방 하원의원이 탄생했다. 뉴저지주에서 앤디 김Andy Kim이 재선에 성공했고, 캘리포니아주에서 영 김Young Kim과 미셸 스틸 박Michelle Steel Park이 초선의원으로 당선되었다. 특히 워싱턴주에서는 한국계 어머니와 흑인계 아버지 사이에서 태어난 매릴린 스트릭랜드Marilyn Strickland가 초선으로 당선되었다. 2020년은 미국 한인 이민사에 있어서 대전환의 시기였다고 할 수 있다.

미주 한인의 규모가 커지고 거주 지역이 확대되면서 한인 2~3세 사이에 족외혼이 증가함에 따라 미국 내 한국계 다인종 인구가 급격히 증가하고 있다.[1] 미국 센서스에 따르면 2000년 인구조사에서 전

---

[1] 본 글에서 '다인종 재미 한인'은 부모 중 어느 한쪽만이 한국계로서, 한국인 혈통이 절반(1/2), 쿼터(1/4), 1/8이건 상관없이 한국계이며 미국에서 출생(혹은 주로 성장)하였거나 현재 미국에 거주하고 있는 한인들을 지칭한다. 과거 순혈주의를 강조하는 한국 사회에서 '피가 섞였다'라는 차별적이고 부정적인 의미를 내포하고 있는

체 한인 122만 8,427명 중에 다인종 한인이 15만 1,555명으로 12.34 퍼센트였는데, 2010년에는 전체 한인 170만 6,822명 중에 다인종 한인이 28만 3,038명으로 16.57퍼센트를 차지했다. 2010년 통계 기준으로 재미 다인종 한인의 비율은 25세 이상에서는 약 9퍼센트, 9~24세에서는 약 23퍼센트를 차지했고, 특히 8세 이하에서는 다인종 한인 비율이 약 43퍼센트에 달했다(김경준·정은주, 2016). 또한 2019년 '미국 지역사회 조사ACS: American Community Survey' 인구 현황 자료에 따르면[2] 미 전국의 한인 인구수는 총 190만 8,053명이고 그중에 다인종 한인은 전체 한인의 23.4퍼센트에 달하는 44만 6,210명이었다. 이는 한인 5명 중에 적어도 1명 이상이 다인종이라는 의미이다.[3] 하지만 이처럼 재미 한인사회 구성원이 다원화되고 다인종 한인이 급격히 증가하고 있음에도 불구하고 다인종 배경 한인에 관한 기존 연구는 주로 국내 사례에만 초점을 두어서 진행되었고, 해외 출신 다인종 한인에 대한 연구는 비교적 미진하였다.

또한 본 연구에서는 최근에 온라인 커뮤니티 및 네트워크가 중요한 사회적 공간과 자기표현의 장이 되고 있다는 점에 주목한다. 이

'혼혈(인)'은 '혼혈'의 특수한 역사적 배경과 사회문화적 맥락을 정확히 표현하고자 할 때, 그리고 기존 문헌에서 사용된 사례를 인용할 때만 사용한다. 또한 다인종 재미 한인 중에는 한국에서 출생한 후 미국으로 입양되었거나 자발적으로 이민을 떠난 다인종 한국계, 그리고 주한미군과 미국으로 건너간 한인 국제결혼 여성의 자녀들도 포함된다는 사실을 고려할 필요가 있다.

2 ACS는 미국 통계국에서 매년 실시하는 지역사회 조사로 미국 국민들의 생활상을 다양한 방면에서 정확히 보여 주는 통계자료로서, 이 조사는 전체 인구의 1퍼센트 표본을 추출해서 설문조사를 실시하며 인종 및 민족 구분이 매우 세분화되어 있어 다양한 소수민족의 인구 변화 및 사회경제문화적 성격을 분석하는 데 널리 활용되고 있다(김경준 · 정은주. 2016).

3 〈미국 내 공식 한인 184만 2천 명〉, 《미주한국일보》2019년 12월 19일자.

러한 맥락에서 본 글에서는 다인종 재미 한인 사례를 통해 모바일 미디어 환경과 인간 경험의 관계를 탐구하고자 한다. 지구화 시대에 사회적 관계는 기계, 기술, 물체, 텍스트, 이미지, 물리적 환경을 통해 재구성되고 있고, 오늘날 이동은 사람만이 아니라 사람의 이동을 돕거나 함께하는 사물의 이동이 폭증하는 가운데 사람-사물의 혼종적인 이동이 지배적이다(조명래, 2011 & 2015). 즉, 다양한 모빌리티와 정보통신 기기의 결합에 의해 사회공간과 사회관계가 재구성되어 왔다.

존 어리John Urry는 현대사회의 사회적 삶에 영향을 미치는 다양한 모빌리티에 일, 여가, 정주, 이주, 도주 등 사람들의 '물리적 이동', 텔레비전 등 전자 이미지를 통해 어딘가로 가는 '상상 이동', 인터넷을 통해 지리적 · 사회적 거리를 뛰어넘어 종종 실시간으로 이루어지는 '가상 이동', 편지 · 전화 · 팩스 · 휴대전화 등을 매개로 개인 간 메시지 교환이 이루어지는 '통신 이동' 등이 포함된다고 하였다. 커뮤니케이션 미디어의 발달은 상상적, 가상적, 소통적 이동을 가능하게 했고, 현대적 삶의 방식의 토대를 이룬다. 특히 모바일 미디어는 공간적, 시간적, 물리적, 구조적 경계를 뛰어넘는 사회적, 기술적 수단을 제공해 특유의 테크노모빌리티를 경험하게 해 준다(이희상, 2014; 이동후, 2018).

스마트폰과 같은 모바일 커뮤니케이션 미디어가 우리 일상에서 일종의 배경 혹은 환경으로 자리 잡으면서 개인 혹은 다수와 동시적 혹은 비동시적 연결이 가능하고 사물과의 비인간적 정보 교류를 할 수 있게 되면서 다차원적 커뮤니케이션이 이루어진다. 이용자가 자신의 지리적 위치와 상관없이 원하는 순간에 정보 교류의 공간이나 대화 및 관계의 사회적 공간에 접속할 수 있게 되면서 물리적 공간과 디지털 공간의 경계가 약화된 혼종적인 사회적 공간이나 혼합된 실재를 경험할 수 있다(이동후, 2018). 디지털 시대에 다인종 한인들의 온라인 활동이 어떤 의미를 가지며 사이버 공간은 어떠한 새로운 공간을 제공하는지, 이들이 온라인 활동을 하는 이유는 무엇인지에 대해 탐구할 필요가 있다.

이러한 배경 하에 본 연구에서는 '하프코리안닷컴HalfKorean.com'을 비롯하여 북미 기반 다인종 한인들의 온라인 커뮤니티의 형성과 유지 요인을 파악한다. 또한 다인종 재미 한인에 대한 전반적인 이해 제고를 도모하고, 이들과 재미 한인사회뿐 아니라 모국과의 교류와 네트워크 활성화 방안에 대해서도 제언하고자 한다.

혼혈인, 다인종(다문화) 한인

한쪽 부모가 한국인이 아닌 경우 혼혈인, 다문화가정 자녀로 혼용되어 통칭되어 왔는데, 이들 혼혈인 혹은 다인종(다문화) 한인에 관한 선행 연구는 국내 사례와 미국 사례로 구분된다. 전경수 외 (2008)는 국내 혼혈인을 크게 한국전 수행과 미군 주둔으로 미군 남성과 한국 여성 사이에서 출생한 '주둔지 혼혈인'과, 1990년대 이후 노동과 결혼을 목적으로 이주한 다양한 외국인과 한국인 사이에서 출생한 '국제결혼가족(다문화가정)의 자녀'로 구분하고 있다. 이 밖에도 혼혈인은 한국인이 아닌 한쪽 부모 인종에 따라 '아메라시안Amerasian' 혹은 '코시안Kosian'으로 명명되기도 한다. 아메라시안은 미국인을 뜻하는 'American'과 아시아인을 뜻하는 'Asian'을 합친 용어이다. 소설《대지》로 노벨문학상을 받은 펄벅Pearl S. Buck이 처음 만든 용어로, 미국 정부가 '미군 아버지와 아시아인 어머니 사이에서 태어난 사람'을 지칭하고자 공식적으로 사용했다. 코시안이란 용어는

1997년경 다문화가정이 그들 스스로를 가리키는 말로 처음 사용되기 시작했는데, 2000년대 들어 동남아시아 국가 출신 여성과 한국 남성 간의 국제결혼이 증가하면서 당시 학계에서 보편적으로 사용되었다(김경준·정은주, 2016).

2003년 국가인권위원회 보고서에서는 혼혈인을 3세대로 구분하고 있고, 2006년 한국청소년상담원 보고서에서는 기존 연구에서 혼혈인의 다양한 배경과 경험에 대한 조사가 미흡했음을 지적하며 특히 3세대 혼혈인에 대한 이해를 도모했다.

국가인권위원회 보고서(2003)는 혼혈인을 시기별로 구분하고 있다. 1세대 혼혈인은 미군정기와 한국전쟁 전후 미군과 한국 여성 사이에서 출생한 자녀들이다. 2세대 혼혈인은 기지촌 성매매가 국가의 개입에 의해 산업화 및 체계화되는 시기인 1960년대 이후 출생한 혼혈인들을 지칭한다. 이들은 일반 거주지와 분리되어 미군들을 대상으로 서비스를 제공하는 지역인 기지촌에서 성장하지만 1세대 혼혈인과 유사하게 사회적 차별과 소외를 경험한다. 마지막으로 3세대 혼혈인은 기지촌이 급격히 쇠퇴하게 된 1980년대 이후 출생한 이들을 말한다. 혼혈 3세대는 사회·경제적 수준에 있어서 다양한 양상을 보이는데, 부모가 전문직 종사자이거나 미군 가정이나 다문화가정 자녀들도 해당된다.

한국청소년상담원 보고서(2006)는 기존 혼혈인 관련 실태 조사에서 혼혈인 1세대, 2세대만을 중심으로 이들이 경험한 차별과 소외를 다룬 경향이 있으며, 혼혈인의 다양한 배경과 경험에 대한 조사는 미흡하다고 지적한다. 세대 변화 속에서 혼혈인들의 삶의 환경, 생활양식, 사고방식이 다양화되고 세대 간 차이가 존재함을 통해 3세대 혼혈인에 대한 차별적 이해를 도모하였다. 만10세~만18세(초6~

고3)에 해당하는 다문화가정 청소년을 대상으로 조사한 결과에 따르면, 일반 청소년들에 의해서 외국인으로 인식되거나 따돌림을 당하기도 했지만 다문화가정 청소년 대부분이 부모와 동거하며 경제적으로 크게 어려움을 겪지 않는 보편적인 가정환경을 가지고 있었으며, 교우나 이웃과의 관계에 있어서도 큰 갈등이 있기보다는 비교적 관계가 양호했다.

국내 혼혈인 관련 연구는 주로 학위논문이나 기관 보고서 중심이었다가 2006년 이후 다문화가정 관련 정책 추진과 함께 교육 분야에서 다문화가정 자녀들에 관한 연구가 급격히 증가하였다.

다음으로 국내가 아닌 주로 미국에서 성장한 다인종 재미 한인에 관한 연구로는 이들과 관련된 문학작품을 비롯한 혼혈 담론 구성과 혼혈인 재현에 관한 연구들이 일부 진행되었고, 다인종 재미 한인 출신으로 한국 사회나 한국 미디어에서 주목한 하인스 워드Hines Ward 나 다니엘 헤니Daniel Henney와 같은 유명인에 관한 연구가 있다(정의철·이창호, 2007; Lo & Kim, 2011; 변화영, 2013; Ahn, 2014).

사회과학 분야에서 본격적으로 다인종 재미 한인을 대상으로 광범위하게 수행된 연구로는 박경태(2007)의 재외동포재단 연구보고서가 있다. 미국 현지 조사를 바탕으로 한국에서 태어나 청소년, 혹은 성인이 되어 미국에 이주한 한국계(소위 아메라시안이라고도 명명되는)를 대상으로 그들의 한국에서의 삶과 당시 미국에서의 생활에 대해 고찰한 연구이다. 이들 중 상당수는 미국 정부가 1982년 '특별이민법Amerasian Immigrant Act'을 통과시키면서 미국으로 이주한 부류였다.[4] 미국으로 이주해 간 한인 혼혈인들이 조직한 '미주 한미혼혈인

---

4 미국 정부는 1982년 한국을 포함한 아시아 5개국의 미군 혼혈인 자녀에게 영주권을

총연합회Hanmi Amerasian Association of the U.S.A(이하 혼혈인연합회)'도 소개하고 있는데, 이 단체는 1971년 혼혈인들이 한국에 있을 때부터 '하파HAPA 클럽'이라는 단체를 만들어서 봉사활동과 상호부조 등의 활동을 해 오다가 미국으로 이주해 간 사람들이 많아지면서 그곳에서도 모임을 만든 것이다. 2005년 필라델피아에서 처음 결성된 혼혈인연합회는 미국의 각 주에 있는 혼혈인들 모임의 연합조직 성격을 갖는 단체로, 조사 당시 미국 전역에 350명이 넘는 회원을 갖고 있었으며 미국 및 한국에 있는 혼혈인 공동체 형성, 혼혈인에 대한 정체성 찾기 및 의식 전환, 어려운 상황에 처해 있는 혼혈인 상담 및 후원 등의 활동을 펼쳤다.

또한 박경태(2007)는 한국 내와 미국에 있는 혼혈인을 비교하였다. 직업 면에서 미국에 있는 혼혈인들은 고용이 되어서 일을 하는 경우도 있지만, 미국에 간 후 일정 정도의 시간이 지나면서 자영업을 시작한 경우가 많았고 직종도 건축, 식당, 정비 등의 다양한 분야에서 일하는 사람이 많다고 밝히고 있다. 한 가지 주목할 점은, 미국 내 한인 혼혈인들이 미국 주류사회보다 오히려 재미 한인사회로부터 차별을 받았다는 진술이 많았다는 점이다.

박경태(2007)는 다인종 재미 한인의 경험과 현황에 대해 체계적인 연구를 수행하였지만, 그 대상을 다인종 재미 한인 중에서 한국 출생자들로만 국한하였다. 한국뿐 아니라 미국 내에서 출생한 다인종 재미 한인에 대한 연구도 필요하다. 또한 연구가 수행된 지 시간이 많이 경과하였고 그 사이에 모바일 디지털 테크놀로지가 더욱 발달

취득할 수 있도록 하는 법률을 제정했다. 1950년부터 1982년까지 출생한 혼혈인들로 일정한 조건 하에 미국으로 이민할 수 있게 했다(박경태, 2007).

〈표 1〉 한국과 미국에 거주하는 혼혈인들의 특성별 비교

	한국 내 혼혈인	미국 내 혼혈인
직업 관련 상황	대개 비정규직에 종사하거나 실업자	대부분 자영업자
본인의 생활수준	하류층	안정된 중산층
삶에 대한 만족도	낮은 편	높은 편
자기가 속한 사회에서 느끼는 차별	차별이 있다. / 심하다.	미국 한인사회 차별을 느낌
자신이 느끼는 정체성	거의 한국인으로 느낌	대개 한국이 또는 한미 양쪽으로 느낌
한국 혼혈인에게 가장 필요한 지원	취업을 포함하는 경제적 지원	미국으로 이민 갈 수 있도록 지원
한국이 다문화사회로 나아갈 것인가	그럴 것으로 예상함	그럴 것으로 예상함
한국 혼혈인들의 삶이 나아질 것인가	별로 그렇지 않다.	별로 그렇지 않다.

출처: 박경태(2007)

하여 이에 따른 사회공간과 사회관계의 재구성이 더욱 촉진되었다. 디아스포라 연구에 있어서도 디아스포라의 사이버 공간에서의 활동에 주목할 필요가 있다. 이런 배경 하에 본 연구에서는 기존 연구에서 미진했던 다인종 재미 한인의 온라인 커뮤니티 활동에 주목한다.

디지털 디아스포라Digital Diaspora

기존의 재외 한인 네트워크에 관한 연구에서는 재외 한인들의 오프라인 단체와 네트워크를 파악한 후 시대 흐름에 맞춰서 온라인 네트워킹을 통해서 보완하자는 제안이 많았다. 디지털 미디어 기술의 도입은 물리적 제약 안에서만 가능했던 일대일, 일대다의 커뮤니케이션 방식에 시공간적 편의성을 제공했다. 디지털 미디어의 발전은

공동체 성원으로서의 정체성을 확립하는 데에 큰 영향을 주었다. 코리안 디아스포라 집단 성원들 사이에서도 적극적으로 미디어를 활용하여 새로운 범주의 온라인 공동체를 형성하기도 하였다(백현희·이찬, 2011).

　본 연구의 핵심 개념 중 하나인 디지털 디아스포라에 관한 선행연구를 살펴보면, '디아스포라diaspora'는 유대인의 민족이산 경험뿐만 아니라 다른 민족들의 국제이주, 망명, 난민, 이주노동자, 망명자 공동체, 소수민족 공동체, 초국가 민족공동체 등을 아우르는 포괄적인 개념으로 사용되고 있다(윤인진, 2003). 김재기(2019b)는 기존의 사회학, 인류학, 문학 등에서 다뤘던 디아스포라 연구를 디아스포라 정치diaspora politics의 관점에서 접근하여 학문적 영역을 확대하고 있다. 좀 더 구체적으로 가브리엘 셰퍼Gabrial Sheffer의 이론을 활용한 모국homeland과 거주국host country 디아스포라 공동체diaspora community 간의 삼각관계에 주목하여 정치경제적 관계를 분석하고 있다. 이경숙(2007)은 '디지털 디아스포라digital diaspora'를 그들이 현실 공간에서 어디에 머물고 있는지에 관계없이 특정 지역에서 그들의 기원을 찾으려 하며, 사이버 공간에서 형성한 사회문화적인 공동체로 정의하였다. 이경숙(2007)은 해외에 거주하는 사이버 대학생들의 게시판 이야기를 분석함으로써 디지털 디아스포라의 정체성과 문화적 실천을 탐색했다. 연구에 참여한 해외 거주 학생들은 경제적 이유 등 다양한 이유로 이주하여 온라인으로 학습뿐만 아니라 게시판 참여를 통해 자신을 드러내고 모국과 연계하며 이주자로서의 삶을 공유하고 있었고, 사이버 공간을 통해 지속적으로 모국과 연계하고 있었다. 모국을 떠나 소수자의 위치에 놓인 이산인들은 거주국에서 사회적 세력으로 인지되기 어렵고 정치적으로도 가시화되기가 쉽지 않다. 이산인들은 자신의 정체성과 관련된 정보를 찾기 위해 모국으로 눈을 돌리게 되는데, 인터넷은 이산인들이 직접 모국에 방문하지 않더라도 이러한 욕구를 쉽게 충족시킬 수 있는 기회를 주고 있다. 이런 측면에서 인터넷은 지구적 수준에서 모국과 이산인들 사이의 거리를 없애 줄 뿐만 아니라 민족정체성ethnic identity과 민족공동체 형성에 기여할 수 있다고 밝히고 있다(윤영민, 1999; Ignacio, 2005; 이경숙, 2007 재인용).

온라인 공간에서의 한인 디아스포라 교류와 활동에 대해서는 중국동포, 북유럽 한인, 그리고 한인 입양인을 대상으로 연구가 진행되었다. 선봉규(2020)는 중국동포의 대표적인 온라인 커뮤니티인 '모이자(moyiza.com)' 웹사이트 사례를 중심으로 중국동포의 온라인 커뮤니티 활동과 특성을 분석하여, 모이자가 전 세계 중국동포 간의 친목 도모 및 교류 활동을 돕고 각종 정보를 제공하고 공유하는 역할을 하고 있음을 밝혔다. 다음으로 장선화(2019)는 북유럽 한인 디아스포라 커뮤니티 및 네트워크의 지속과 변화를 설명한다. 설문을 통해 북유럽 거주 한인 커뮤니티 및 네트워크, 한국에 대한 현지인들의 이미지, 한인 정체성 유지 및 유대관계를 유지하기 위한 노력, 한국 정부에 대한 정책적 지원에 대한 요구 등에 관해서 조사하였다. 연구 결과에 따르면 북유럽은 주요 도시를 중심으로 한 IT 인프라가 발달해 있어 스웨덴, 노르웨이의 한인들은 점차 페이스북으로 네트워킹과 소통의 장을 옮겨 가는 추세이다. 북유럽 이주 한인 1세대와 달리 2세와 3세는 온라인 네트워크에 기초한 좀 더 개인적이고 자유로운 방식의 느슨한 커뮤니티를 지향하는 경향을 강하게 나타낸다고 한다.

해외 입양인을 대상으로 이들의 온라인 커뮤니티에 관해서 연구한 사례도 있다. 르로이 프랭크(2012)에 따르면, 기술적 발전에 따라 해외 입양인들이 오프라인 협회의 제한된 도움에서 벗어나 사이버 공간을 통해 좀 더 빠른 속도로 많은 정보를 얻을 수 있게 되었고, 이러한 연유로 컴퓨터 매개 커뮤니케이션CMC: Computer-mediated communication을 통한 입양인들의 사이버 커뮤니티가 더욱 확장되어 가고 있는 추세이다. 초기에는 온라인 커뮤니티가 입양인들이 친부모를 찾는 도구로서만 주로 사용되었는데, 이제는 한국 문화, 한식, 언어 등에 대한 다양한 정보도 교류하게 되었다. 사이버 공간은 입양인들에게 모국의 정보를 제공하는 중요한 원천이 되기 시작했고, 매스미디어를 통해 한국에 더욱 애정을 갖게 되었다고 한다.

다인종 한인 온라인 커뮤니티:
'하프코리안닷컴HalfKorean.com'

다인종 재미 한인들은 그동안 영화와 책을 통해서 정체감을 표현해 왔다. 가장 최근에 나온 다인종 한인 관련 영화로는 〈블랙코리아BlacKorea〉가 있고, 도서로는 《다인종 한인: 우리들의 이야기Mixed Korean: Our Stories》가 있다.[5] 다인종 한인으로서 다양한 배경과 문화적 경험을 가진 사람들에 관한 영화와 수기이다.

또한 이러한 전통적인 매체뿐 아니라 사이버 공간에서 블로그, 유튜브, 페이스북 등을 통한 다인종 재미 한인들의 활동이 활발하다. 우선 1세대 다인종 한인 입양인 출신 돈 고든 벨Don Gordon Bell의 블

---

[5] 다인종 한인 중에는 미국인 아버지가 부재하고 한국인 어머니와 한국에서 경제적인 어려움과 차별을 겪거나 혹은 양부모에게 버림받은 후에 미국으로 입양되어 온 다인종 한인들이 있는데, 《다인종 한인: 우리들의 이야기》는 이들의 이야기를 담고 있다.

로그가 있다.[6] 그는 블로그를 통해서 한국전쟁과 관련된 전쟁고아, 입양인의 이야기를 발굴하고 있다. 또한 미군 아버지와 한국인 어머니 사이에서 미국에서 태어나 성장했지만 최근 한국에서 라디오 디제이와 모델로 활동하고 있는 베키 화이트Becky White의 '하피 프로젝트The Halfie Project'가 있다. 화이트는 국내 다인종 한인들을 인터뷰하고 관련 이슈에 관한 영상을 제작하여 소개하는 유튜브 채널을 자체 운영 중이다. 2019년에 생성된 그의 유튜브 채널은 구독자가 1만 2천 명에 달한다.[7] 화이트는 하피 프로젝트를 통해 다인종 한인과 다인종 한인가족들의 정체성과 커뮤니티에 관한 관심을 불러일으키고 경험을 나누고자 한다고 밝히고 있다.[8]

소셜 네트워크 서비스SNS는 인터넷상에서 공통의 관심사를 지니고 있는 사용자들의 관계 형성을 지원하고, 이렇게 형성된 관계를 바탕으로 인맥 관리 정보 및 콘텐츠 공유 등 다양한 활동을 할 수 있도록 지원하는 서비스를 의미한다(Boyd, 2008; 서효붕·서창갑, 2011). SNS는 사람들 사이의 관계를 저렴하고 손쉽게 유지할 수 있는 기술적 기반을 제공하며, 기술적·사회적 친숙함과 SNS에서의 상호 호혜성으로 SNS 이용자들의 상호작용이 증대되는 특징을 갖는다(Steinfield et al., 2009). SNS에서 '약한 유대관계'로 형성된 광범위한 네트워크는 다양한 관점의 새로운 정보를 제공할 수 있다.

---

6 '코리안워베이비Korean War Baby': https://koreanwarbaby.blogspot.com/(최종열람일: 2020년 8월 20일)
7 '하피 프로젝트The Halfie Project' 유튜브 채널: https://www.youtube.com/channel/UCKtK890BFXJ9TVy80uUv48Q(최종열람일: 2020년 8월 20일)
8 하피 프로젝트: "소개": https://www.youtube.com/c/TheHalfieProject/about(최종열람일: 2020년 8월 20일)

〈표 2〉 소셜 네트워크 서비스(SNS) 유형

예	유형
페이스북	사람들이 서로 만날 수 있는 장소의 역할을 하는 관계지향형 서비스
유튜브	개인이 비디오 콘텐츠를 만들어 전달하는 공유 서비스와 콘텐츠 커뮤니티
트위터	SNS적 기능과 뉴스를 전달하는 기능을 보유한 마이크로블로그
위키피디아	참여를 통해 정보나 지식을 형성하는 집단 정보 공유 서비스
세컨드 라이프	현실 세계와 별개로 존재하는 가상 세계에서의 삶을 경험하게 하는 서비스
워크래프트	가상현실을 기반으로 한 소셜게임

출처: 한국방송학회(2002) 재구성

〈표 2〉에서와 같이 다양한 종류의 매체가 있지만 본 글에서는 온라인상에서 다인종 재미 한인들의 상호 교류와 활동을 파악하기 위해 여러 SNS 유형 중에서도 관계지향형 서비스를 제공하는 페이스북에 주목했다. 대표적으로 하프코리안닷컴(HalfKorean.com) 페이스북 그룹이 있다. 하프코리안닷컴은 미군 아버지와 한국인 어머니를 둔 데이비드 리 샌더스David Lee Sanders의 개인 블로그로 시작하여 1997년 웹사이트로 설립됐다. 다인종 한국계 미국인으로서 주류사회 각 분야에서 두드러지게 성공한 스포츠 스타와 유명 인사를 인터뷰하여 웹사이트를 통해 소개했고, 2009년부터는 매년 한 차례씩 로스앤젤레스에서 정기 모임을 여는 등 오프라인 모임도 가지고 있다. 그리고 2008년 샌더스가 개인적으로 페이스북 활동을 시작하면서 하프코리안닷컴 페이스북 그룹을 개설했다. 그에 따르면 당시 미국에서 기존의 웹사이트를 통해 소통하던 방식에서 페이스북이나 트위터와 같은 소셜미디어로 전환하는 흐름이 형성되었고, 특히 그

룹 활동을 하기에는 페이스북이 적합했다고 한다. 하프코리안닷컴 그룹은 급격히 회원 수가 증가하여 현재는 약 3만 6천 명이 가입되어 있다.[9]

연구 방법

본 연구는 문헌자료 조사에 재미 한인 관련 인구 통계자료와 미주 한인 신문기사를 활용하였고, 다인종(다문화) 한인과 디지털 디아스포라에 관한 선행 연구 조사를 진행하였다. 또한 핵심적인 연구 방법으로 2020년 9월에서 10월 사이에 다인종 재미 한인을 대상으로 온라인 설문조사를 실시했다. 본 연구는 모집단을 대표할 정도로 의미 있는 규모의 표본을 확보하여 결과를 분석하는 양적 연구가 아닌 질적 연구 방법에 충실한 연구이다. 코로나19 등의 사유로 현지 조사가 불가능한 상황에서 단답형이 아닌 개방형 질문으로 구성된 서면 인터뷰를 실시하였다. 연구 참여자의 응답 내용을 토대로 다양한 주제어를 도출하여 일련의 범주를 기준으로 구체화, 재조직, 개념화하여 자료를 분석하였다.

연구 대상은 20세 이상의 다인종 재미 한인으로서 현재 하프코리안닷컴을 비롯한 다인종 한인 관련 온라인 커뮤니티 회원이다. 본 연구에서는 다인종 재미 한인을 부모 중 어느 한쪽만이 한국계이며 한국인 혈통이 절반(1/2), 쿼터(1/4), 1/8이건 상관없이 한국계로 간주하며 미국에서 출생(혹은 주로 성장)하였거나 현재 미국에 거주하

9 하프코리안닷컴 페이스북 그룹: https://www.facebook.com/groups/halfkorean (최종 열람일: 2020년 8월 30일)

236 _ 모빌리티 생활세계학

고 있는 한인들로 규정한다.

연구 참여자 모집은 온라인 커뮤니티에 직접 게시물을 올려서 홍보했고, 또한 다인종 한인 관련 단체 운영자에게 본 연구 참여에 대한 회원 공지를 부탁했다. 자발적으로 참여 의사를 밝힌 대상자에게 이메일로 설문지를 전송하였고, 설문지 상단에는 연구 내용 및 목적에 대한 개관과 응답자의 개인정보 보호에 관한 안내 및 설명을 포함하였다. 그리고 주요 질문은 응답자가 자유롭게 응답할 수 있도록 개방형 질문으로 구성하였다. 설문조사는 영어로 진행되었고 설문 내용은 한국어로 번역하여 기술하였다.

설문의 주요 질문은 〈표 3〉에서와 같이 총 7개의 주제로 구성되었는데, 그중에서 네 번째 온라인 커뮤니티 참여 동기와, 다섯 번째 온라인 커뮤니티 활동 내용이 가장 핵심 질의 사항이었다.

설문 답변에서 불명확하거나 미흡한 부분은 추가 이메일 서신과 페이스북 메신저를 통해 보완하였다. 다인종 재미 한인에 대해 거의 알려진 바가 없고 선행 연구가 매우 미진한 상황에서 실증적으로 수

〈표 3〉 설문지 주요 내용

	내용	질문 항목 (단위: 개)
1	연구 참여자 인적사항	8
2	부모님 관련 정보	6
3	민족/인종적 정체성	4
4	온라인 커뮤니티 참여 동기	3
5	온라인 커뮤니티 활동 내용	6
6	한국어/한국 문화에 대한 관심도	3
7	재미 한인/다인종 한인 오프라인 교류	3

집한 자료 분석을 통해 학문적 논의를 진행하는 귀납적 방법을 활용하였다.

〈표 4〉 다인종 재미 한인 연구 참여자 정보

	이름(성별)	출생연도	출생지	현재 거주지	최종학력	직업
1	Emily(여)	1968	한국(평택)	Omaha, NE	대졸	대학 교무과장
2	Chris(남)	1995	New York, NY	Leonia, NJ	고졸	무직
3	Jenny(여)	1982	Fayetteville, NC	New Jersey	고졸	웨이트리스
4	John(남)	1988	Fort Riley, KS	Richmond Hill, GA	대학 중퇴	소매업
5	James(남)	1990	Savannah, GA	Palo Alto, CA	대졸	시스템 관리자
6	Claire(여)	1975	한국(서울)	Houston,TX	대학 중퇴	개인 트레이너
7	Daisy(여)	1985	Landstuhl, Germany	한국(서울)	석사	프리랜서/강사
8	Gail(여)	1973	한국(김해)	Burlington, NC	고졸	법률집행관
9	Michael(남)	1977	Las Vegas, NV	Lorton, VA	대졸	카지노 업무팀장
10	Laura(여)	1994	Austin, TX	Austin, TX	석사	사회복지사
11	Benjamin(남)	1956	한국(서울)	Middletown,DE	대졸	조사관
12	Sonia(여)	1977	Fort Belvoir, VA	Chandler, AZ	대졸	인적자원 전문가
13	Lisa(여)	1970	Rochester, MN	Stanford, CA	박사	교수
14	Nancy(여)	1993	Lakewood, WA	Tacoma, WA	대졸	사무실 매니저
15	Mandy(여)	1982	Fort Bliss, TX	El Paso, TX	대졸	대학원생
16	Luke(남)	1992	West Covina, CA	Michigan	석사	의대생
17	Colleen(여)	1987	Atlanta, GA	Lawrenceville, GA	대졸	간호사
18	Kelly(여)	1985	한국(서울)	Fresno, CA	대졸	의학실험 과학자
19	Sarah(여)	1977	Connecticut	한국(경기도)	석사	박사과정생, 편집
20	Lucy(여)	1987	Madrid, Spain	Fort Worth, TX	대졸	간호사
21	Jane(여)	1992	Leominster, MA	Woodbridge, VA	대졸	보안담당관
22	Victoria(여)	1988	한국(평택)	Great Falls, MT	석사	전업주부

23	Carolina(여)	1992	West Point, NY	Austin, TX	대졸	토목기사
24	Rebecca(여)	1990	Rome, NY	Santa Barbara, CA	석사	박사과정생
25	Rachel(여)	1986	Washington, DC	New Orleans, LA	대졸	엔지니어
26	Linda(여)	1989	Dayton, OH	El Paso, TX	박사	대학강사
27	Edward(남)	1982	Anchorage, AK	Grayslake, IL	석사	고등학교 입학 및 데이터관리 담당자
28	Pamela(여)	1987	Plattsburgh, NY	Mortons Gap, KY	대학 중퇴	공장직원
29	Jane(여)	1970	Washington, DC	Pasadena, MD	석사	고등학교 교사
30	Jack(남)	1995	New York, NY	New York, NY	대졸	간호사
31	Debbie(여)	1993	Fort Bragg, NC	Georgia	대졸	웨이트리스
32	Erin(여)	1987	한국(서울)	Gainesville, Fl	고졸	구매담당
33	Esther(여)	1985	Fort Riley, KS	Springfield, VA	대졸	행정비서
34	Grace(여)	1974	Torrance, CA	Los Angeles, CA	대졸	간호사
35	Jasmine(여)	1982	Hampton, VA	Newport News, VA	대졸	전업주부, 작가
36	Peter(남)	1977	한국(서울)	Clarksville, TN	대졸	소프트웨어 기술자
37	Julia(여)	1988	한국(동두천)	Killeen, TX	대졸	콜센터 상담원

  연구 참여자의 성별은 남성 9명, 여성 28명으로 여성이 많았다. 연령은 30대(18명), 20대(8명), 40대(7명) 등의 순으로 많았고 평균연령은 37.4세였다. 출생지는 대부분 미국이었으며 소수는 한국이었다. 그리고 부모가 한국에서 만났지만 독일과 스페인 등의 제3국에서 출생한 연구 참여자가 각 1명씩 있었다. 비록 본 연구 참여자 중에는 포함되어 있지 않지만, 다인종 한인 중에는 한인 입양인들도 상당수 포함되어 있다. 현재 거주국은 대부분 미국이었지만, 2명은 미국에서 태어나서 자랐으나 현재 한국에서 직장을 다니고 있었다. 최종 학력은 과반수가 대학 졸업 이상이었다. 연구 참여자들의 이름

<表 5> 연구 참여자 부모 정보 (단위: 명)

구분		
부의 인종	아시아계	한국인(3), 태국인(1)
	백인	20
	흑인	8
	남미계	2
	다인종	3
모의 인종	아시아계	한국인(34), 일본인(1)
	백인	2
부모가 처음 만난 국가	한국	29
	미국	8

은 개인정보 보호를 위해 모두 가명으로 처리하였다.

　연구 참여자의 한국계 부 또는 모는 전부 한국에서 출생하였으며 1세 혹은 1.5세에 해당한다. 대부분(34명) 어머니 쪽이 한국계였고 아버지가 한인인 경우는 3명에 불과했다. 구체적으로 부모의 민족·인종적 배경은 아버지의 경우 백인(20명), 흑인(8명), 아시아계(4명) 등의 순으로 많았고, 어머니 경우에는 과반수(34명) 이상이 한국인이다. 부모가 처음 만난 국가는 미국이 8명, 한국이 29명으로 한국에서 만난 경우가 대부분이었는데 아버지가 한국에서 주한미군이었거나 혹은 미군기지 관련 건축업, 통역 등에 종사하였다.

　배진숙(2020)은 국내 대학에 유학 중인 해외 출신 다인종 한인 학생들을 대상으로 유학 동기와 한국에서 이들의 교육·사회적 경험에 관한 연구를 진행하였는데, 그 부모들이 그들의 초국적 모빌리티(노동 이주, 해외 입양, 유학)로 인해서 국제결혼을 하게 되거나, 고려인들과 같이 한인 디아스포라의 이주 역사가 오래된 지역 출신들은 주로 2세, 3세인 부모를 뒀는데, 이때는 부모의 초국적 이주 과정 없이 거주 지역 내에서 족외혼을 통해서 다인종 한인 자녀가 출생하게 되었다. 본 연구에서도 주한미군 관련 직업적 기회, 미국에서의 유학, 가족 이민 등의 사유로 부모 세대에 국가 간 모빌리티가 발생하였고 이것이 국제결혼으로 이어졌음을 알 수 있었다. 또한 미국 내에서는 직장, 학교, 여가 시설에서 부모들의 첫 만남이 이루어졌다.

다인종 한인 관련 온라인 커뮤니티 가입 동기

온라인 커뮤니티에 대한 개념은 연구자들에 따라 다양하게 정의되어 왔는데, '정보 공유를 필요로 하는 사람들이 인터넷을 통해 모인 집단'이라는 초기 개념에서, 정보 공유는 물론 사람들 간의 다양한 형태의 사회적 상호작용이 존재하는 복합적 공간의 의미로 확장되어 사용되고 있는 추세이다. 온라인 커뮤니티와 관련된 기존 연구들은 1990년 후반부터 시작되어 커뮤니티의 특성, 의미, 이용 동기 등 다양한 관점에서 진행되어 왔다. 초기 연구들은 커뮤니티 형성 배경, 특징, 분류에 초점을 맞추었고, 이후 커뮤니티의 활성화 방안 및 효과, 구성원들의 태도 및 행동에 대한 연구로 확장되어 왔다. 온라인 커뮤니티가 가지는 주요 특징들을 살펴보면 물리적 제약의 극복, 사회적 상호작용 용이, 공동의 유대 형성이라는 세 가지로 요약된다(이환수·이나리, 2014). 기존 연구에서 밝힌 페이스북 이용 동기로는 정체성 표현, 사회적 상호작용, 유용성, 친구와의 교류, 친구 정보 검색, 여가 선용, 인맥 관리, 현실도피, 동참하기, 외로움 탈피 등이 포함되었다(김유정, 2011).

연구 참여자들이 하프코리안닷컴 등의 페이스북에 가입한 동기는 크게 두 가지였다. 첫째, 이미 기존에 알고 있던 다른 다인종 한인(가족이나 친척, 친구, 직장 동료)들에게 가입 권유를 받거나 '초대하기' 기능에 의해 가입된 경우였다. 그룹 회원이 페이스북 그룹 상단의 '초대하기' 기능을 선택해서 자신의 페이스북 친구 이름을 입력하여 추가하면 그룹 관리자의 승인에 의해서 자동적으로 가입이 된다. 다음으로는 스스로 페이스북에서 한국과 한국 문화 혹은 다인종으로서의 정체성 문제에 관심을 가지고 관련된 그룹을 검색하여 가입하고, 신문이나 트위터 같은 다른 매체를 통해 다인종 한인 페이스북 그룹에 대해 우연히 알게 되어 가입한 경우가 있었다. 제니는 페이스북 가입 동기에 대해서 "성장하면서 다인종을 거의 못 만났기 때문에 다른 다인종 한인을 만나고 싶었어요"라고 말한다.

　일부 다인종 한인들은 한국에서 아버지가 미군으로 복무하거나 미군 관련 직종에 종사하면서 장기 체류를 했고, 이들의 주요 생활 공간은 미군기지나 그 주변 지역에 집중되었다. 거의 대부분이 한국의 일반 공립학교보다는 미군 내 혹은 인근의 국제학교를 다녔다. 이로 인해서 학생 과반수가 한국계 다인종 한인으로 구성된 학교를 다니게 되었고, 오히려 안정적인 정체성을 형성하게 되었다고 한다. 일반 한국 내국인들과의 접촉이나 교류가 한정적이기 때문에 차별의 경험도 많지 않았다.

　아버지가 한국에서 미군부대의 건축업 관련 일에 종사했던 빅토리아는 한국에서 태어나서 고등학교 때까지 평택에서 살았다고 한다.

　"유치원 때부터 고등학교 때까지 한국에서 자랐는데, 고등학교는 평택에 있는 작은 국제학교에 다녔어요. 미국 남부 주 출신의 선교사들이 운영하는 학교였는데, 고등학교 때 같은 학년 동기가 13명이었고 그중 11명이 저와 같은 다인종 한인이었어요. 그리고 오산공군기지에 있는 학교를 다니는 친구들을 알게 되었는데 개네들도 다인종 한인이었어요."(빅토리아)

이에 반해서 한국에 주둔했던 미군이 한국인 배우자와 가족을 데리고 미국으로 건너가게 되면, 각자 미국 전역의 미군기지로 산재하게 되고 잦은 전근을 하게 된다. 미국의 미군기지 내에는 아시아계 혹은 한국계가 흔하지 않고 이로 인해서 미군 자녀들은 미국에서 성장하는 동안에 한인들 혹은 다인종 한인들을 접할 기회가 거의 없이 성장한 경우가 대다수였다.

본 연구에 참여한 미국 출생 응답자들은 성장하는 동안과 현재 실생활에서 다인종 한인들과 교제할 기회가 매우 제한적이었다고 한다. 또한 아버지의 복무지를 따라서 미국, 한국 외에 독일, 필리핀, 스페인 등으로 국가 간 혹은 미국 내에서 이주를 반복하기도 하였다. 이로 인해 실제로는 교제가 힘들었던 다인종 한인을 사이버 공간에서 만나고 서로의 경험 및 정체성 측면에서 동질감을 느끼게 된다.

"페이스북을 통해서 저만 다인종인 것이 아니라 저와 유사한 배경을 가진 다른 다인종 한인들이 많이 존재한다는 사실을 알게 되었어요. 그리고 얼마나 우리가 다양한지에 대해서도 알게 되었어요."(사라)

"성장하는 동안 한국계 다인종을 직접 접한 적이 거의 없기 때문에 이 그룹을 통해서 다양한 생김새의 다인종 한인들을 보고 서로의 경험을 공유하는 기회를 갖게 됨으로써 덜 외롭다는 생각이 들었어요."(리사)

페이스북은 회원 상호 간의 경험 교류 및 이해의 장 역할을 하고 있었고, 이용자들은 타인의 게시물에 댓글을 달거나 '좋아요' 추천 버튼을 클릭해서 의견 교환 및 공감을 표현하였다. 또한 뉴스피드 News Feed 등의 공간을 통해 그룹 게시물에 대한 정보를 지속적으로 제공받고 있었다. 하지만 가입한 이후에 페이스북 그룹을 통해 새롭게 알게 되어 면대면 교류를 하는 회원이 있는지에 대한 질문에는 소수만이 오프라인 전체 회원 연례모임에 참석한 적이 있거나, 같은 지역에 거주하고 있는 소수의 회원들과 비정기적인 식사 모임을 가졌다고 응답했다. 연구 참여자 대부분이 그룹 활동을 통해서 사적으로 깊은 친분을 쌓거나 대규모의 면대면 교류를 하는 경우는 드물었다.

"페이스북에서는 친구맺기를 하거나 같은 그룹 회원이 되면 다른 사람들의 새로운 게시물에 관한 공지를 받게 되고 또 뉴스피드를 통해서 알게 됩니다. 그래서 비교적 지속적으로 약하게나마 관계가 유지되는 것 같아요."(레베카)

"온라인을 통해서 친구를 사귀게 되었지만 어디까지나 온라인 친구이고 서로의 게시물과 사진을 좋아하는 사이에 불과해요. 그 그룹을 통해서 어떤 실제적인 친분을 쌓거나 깊은 관계를 형성하지는 않았어요."(빅토리아)

가족사진과 한국 음식 사진

사진 게시가 기술적으로 용이한 페이스북의 특성상 그룹 내 게시물 콘텐츠는 시각적인 이미지가 중심이 되는데 가장 빈번하게 공유되는 사진은 가족사진이다. 게시물 중에 일가족 4세대의 사진이 올라온 경우도 있었다. 본 연구 참여자인 제인은 1970년생으로 미국 나이로 50세이며, 현재 직업은 고등학교 교사이다. 제인의 어머니는 미군인 아버지와 결혼해서 1969년에 미국으로 이민을 왔고, 이후에 외할머니와 어머니의 6형제를 미국으로 초청하였다. 제인의 외할머니는 일본어도 하시고 일제강점기 경험을 제인에게 자주 말씀하셨다고 한다.

"할머니는 1977년에 미국으로 오셨는데 할머니가 가르쳐 준 한국 동요를 저는 지금도 부를 줄 알아요. 할머니는 일본어도 하실 수 있었어요. 어머니가 어릴 때 일본에 사신 적이 있어서 어머니도 일본어를 하실 수 있었어요. 엄마 쪽 가족 대부분이 미국으로 이민 오셨어요."(제인)

그리고 현재 제인의 딸은 20세인데, 제인과 제인의 딸 둘 다 같이 하프코리안닷컴에 가입해 있다.

하프코리안닷컴에는 부모님과 관련된 이미지들이 게시되기도 한다. 〈그림 1〉은 아시아인 어머니들만이 일회용 비닐팩을 씻어서 재활용한다는 내용이고, 〈그림 2〉는 아시아계 미국인 학생이 성적을 C를 받으면 저녁을 못 먹게 되고, D를 받으면 집에 못 들어가고, F를 받는다면 새로운 가족을 찾아야 한다는 내용이다. 한인을 포함한 아시아인 부모에 대한 고정된 이미지일 수도 있겠지만, 부모님의 절약하는 생활습관과 교육을 강조하는 내용을 담고 있다고 볼 수 있다.

"이 그룹을 통해서 한국 어머니들이 생각이나 행동 면에서 참 비슷하다는 것을 깨닫게 되었어요."(에밀리)

Asian grading scale…

- A - Average
- B - Below Average
- C - Can't eat dinner
- D - Don't come home
- F - Find a new family

〈그림 1〉 페이스북 그룹 사진 게시물[10]　　　　〈그림 2〉 페이스북 그룹 사진 게시물[11]

　"회원들이 자신들의 한국인 부모님에 관한 농담이나 코멘트를 가끔 올리는데 너무 재밌어요. 저를 포함해서 사실 저희 중에 일부는 한국 어머니와 관계가 불편했던 사람들도 있어요. 어머니와 겪었던 일들을 공유하면서 그 경험과 어머니에 대해서 더 잘 이해하게 되었어요. 어머니 개인적인 특성이라고 생각했는데 사실은 한국의 문화적 속성인 경우도 있었다는 것을 뒤늦게 깨달았어요."(리사)

　재미 한인들의 세대갈등은 부모와 자녀 간의 서로 타협할 수 없는 요인 때문에도 발생하지만, 상당수는 언어 및 문화장벽으로 인한 의사소통 장애로 생겨나는 것으로 알려져 있다. 따라서 부모와 자녀 간의 문화적 공감대, 즉 언어 및 가치관의 공유가 적을수록 갈등은

10　하프코리안닷컴 페이스북 그룹: https://www.facebook.com/groups/halfkorean (최종 열람일: 2020년 8월 30일)
11　하프코리안닷컴 페이스북 그룹: https://www.facebook.com/groups/halfkorean (최종 열람일: 2020년 8월 30일)

심하게 된다(윤인진, 2005). 성장기에 미처 이해하지 못했던 부모님에 대한 이해를 그룹 회원들과의 경험 공유를 통해서 이해하게 되고 부모님과 더욱 가깝게 느껴지게 되었다는 응답도 있었다.

"회원들끼리는 한국 부모를 가졌다는 공통점으로 묶여 있어요. 한국 관습이나 음식을 서로에게 설명할 필요가 없어요. 이 그룹 활동을 통해서 저는 회원들이 한국 부모에 대해서 다들 더 잘 이해하게 되었을 것이라고 생각해요. 게시물을 보면 우리가 다 비슷한 성장 환경을 겪었다는 것을 알게 되고 어린 시절 추억이 떠올라요. 제가 게시물에 어머니가 집에서 된장(메주)을 만들었던 얘기를 했더니 다른 회원들도 자기 어머니도 만들었다고 댓글을 달았어요."(에밀리)

또한 어린 시절의 기억, 그리고 한인으로서의 민족정체성과 생활 방식과 관련이 깊은 한국 음식 사진이 많이 게시되었다. 한국 음식 사진을 통해서 어린 시절 먹었던 한국 과자나 어머니가 해 주시던 음식을 떠올리며 과거의 기억을 현재의 시점에서 연결시키기도 했다. 스스로 조리한 한국 음식 사진을 게시하고 조리법을 공개하기도 하며, 특정 한국 음식이나 식기구 구입처에 대한 정보를 공유하였다. 설날과 추석과 같은 한국 명절과 명절 음식을 소개하고 자녀의 돌잔치를 위해서 직접 만든 음식 사진을 올리기도 한다. 일부는 페이스북 그룹에 가입한 후에 한국 음식을 더 많이 요리하고 먹게 되었다고 한다.

다인종으로서의 정체성에 대한 고민
: 차별과 편견 경험 공유

페이스북에는 사진뿐 아니라 동영상을 직접 올리거나 혹은 링크를 공유할 수 있는 기능이 있다. 인종정체성과 차별의 경험과 관련된 영상들이 게시되는데, 한 예로 '다인종 아시아계 미국인들이 결코 말하지 않는 것(What Mixed Race Asians Will Never Tell You)'과 같은 동영상이 있다.

이러한 동영상이 발단이 되어 회원들 간에 "어느 쪽에도 속하는 것 같지 않았다(I didn't fit into either side.)."는 성장기의 정체성 혼란과 차별의 경험에 대해 논의하기도 하였다.

> "한인에게도 백인에게도 온전히 받아들여지지 않는다고 생각했어요. 그런데 저만 그런 것이 아니라 다른 다인종 한인들도 유사한 경험을 했다는 사실을 알게 되어서 위안이 되었어요."(캐롤리나)

인종은 사회문화적 구성물이다. 생리적 차이에 부분적으로 뿌리를 두고는 있지만 인종의 차이를 규정하는 것은 사회적으로 어떻게 인식되는가의 문제이다(이현송, 2009). 나아가 로커모어와 라즐로파 (Rockquemore & Laszloffy, 2005)는 인종 범주와 다인종 정체성이 사회적 구성물이며 인종을 둘러싼 사회관계는 긴장 상태라는 점에 주목하면서, 모든 다인종 아동은 자신의 인종정체성에 대해 선택하고 그러한 선택에 대한 주변의 승인이나 거절 과정을 거쳐 자신의 중간적 위치에 대해 결론을 내리게 된다고 설명한다(김민정, 2010). 루시는 백인 위주의 주위 환경에 영향을 받아서 어린 시절에는 스스로를 백인

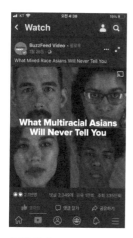

〈그림 3〉 "What Mixed Race Asians Will Never Tell You"[12]

이라 생각하고 한국계임을 부정하고 싶어했지만, 외부의 시선으로 인해서 본인의 한국적 배경을 의식하게 되었다고 한다.

"사람들이 내 외모에서 아시아계임을 단번에 알아보고 아시아인이라고 불러요. 점점 나이가 들면서 다인종 배경에 대해서 수용적으로 되고 있어요."(루시)

다인종 한인들의 정체성은 항상 한 국가나 민족에 일치하지 않고 경계를 넘나드는 다층적인 소속감을 가지기도 한다. 대부분의 연구 참여자들은 표현은 다소 다양했지만 〈표 6〉에서와 같이 다중 정체성을 가지고 있었다. 한국인이자 미국인이라는 복합적 정체성을 가지고 있었는데, 일부는 어느 한쪽 인종에 치우치지 않고 다른 다인종 배경을 가진 사람들과 가장 친밀감을 높게 느끼고 있었다.

〈표 6〉 연구 참여자들 스스로 인식하는 정체성

	성별	본인 정체성
1	Emily(여)	Bi-racial
2	Chris(남)	Asian-American
3	Jenny(여)	Korean/Puerto Rican

---

12 "What Mixed Race Asians Will Never Tell You" https://www.youtube.com/watch?v=FZWn-VRkZTw(최종열람일: 2020년 9월 1일)

4	John(남)	Blasian, Korean and Black
5	James(남)	Korean and Black
6	Claire(여)	Black and Korean
7	Daisy(여)	Blasian, Korean-American, Black
8	Gail(여)	Multiracial
9	Michael(남)	Biracial(Korean/Caucasian)
10	Laura(여)	Korean-American
11	Benjamin(남)	Afro-Korean, Biracial
12	Sonia(여)	Mixed Race, Asian and Black
13	Lisa(여)	Asian/White, Mixed
14	Nancy(여)	Korean/Asian, Mixed
15	Mandy(여)	Korean-American, Biracial, Multiracial
16	Luke(남)	Korean-Thai
17	Colleen(여)	Korean/Asian
18	Kelly(여)	Korean American
19	Sarah(여)	Asian American
20	Lucy(여)	Biracial(Korean-Puerto Rican)
21	Jane(여)	Half Korean, Half Caucasian
22	Victoria(여)	Half Korean, Half White
23	Carolina(여)	Korean-American
24	Rebecca(여)	Korean/Asain/White
25	Rachel(여)	Half-Korean, Half-Asian, Hapa
26	Linda(여)	Biracial, Korean-American
27	Edward(남)	Bi-racial
28	Pamela(여)	Half Korean, Korean American
29	Jane(여)	Korean American
30	Jack(남)	Korean/Irish
31	Debbie(여)	Korean-American
32	Erin(여)	Amerasian, Korean-American
33	Esther(여)	Amerasian, Half-Korean, Multiracial
34	Grace(여)	Scottish/Korean
35	Jasmine(여)	Biracial, Korean-American
36	Peter(남)	Biracial, Amerasian, Hapa
37	Julia(여)	Korean American

"다인종 한인들만이 겪는 어려움과 특수한 환경에 대해서 유사한 배경을 가진 사람들에게 이해받을 수 있는 게 좋아요. 다양한 다인종들의 존재에 대해 알게 되고 나처럼 생긴 사람들이 또 있고 비슷한 경험을 한 사람들이 또 있다는 사실을 알게 되어 좋아요. 이중 문화 배경을 가지고 다들 어떻게 성장해 왔는지 알고 싶었어요. 유사한 경험을 겪은 사람들을 만나서 동질감을 느끼고 혼자가 아니라는 생각을 하게 되고 저를 온전히 이해할 수 있는 사람들의 모임이 있어서 위안이 되었어요."(로라)

"다인종 한인 페이스북 그룹을 찾은 것은 행운이었어요. 자라면서 나는 나같이 생긴 사람을 만난 적이 없어요. 나와 같은 피부색과 머리카락을 가지고 집에서 이중 문화 속에서 균형을 찾아야 하는 사람을 알지 못했어요. 그래서 친구를 사귀기가 힘들었는데 이 그룹에 가입한 이후에는 나와 비슷한 사람들과 소통하고 한국 문화에 대해 더 알고 싶다는 생각을 갖게 되었어요. 그래서 요즘은 한국 문화 관련 행사에도 참여하고 한국 영화도 보고, 한국어 수업도 듣게 되었어요."(클레어)

한국어와 한국 (대중)문화에 대한 관심과 정보 공유

한국어 교육과 한국 (대중)문화 관련 정보도 공유되었다. 연구 참여자의 한국어에 대한 지식 및 실력은 대부분이 전혀 못하거나 초보적인 수준이었고, 일상적인 대화가 가능하거나 고급 수준의 한국어 구사도 가능하다는 부류도 일부(6명) 있었다. 또한 한국 문화에 대한 지식과 친숙도 면에서도 차이가 나타났다.

온라인 공간을 통해서 어린 시절부터 친숙했던 한국 문화에 대한 관심을 지속하려는 부류와, 부모의 이혼 등으로 한국어나 한국 문화적 환경에서 소외된 채 성장하였지만 성인이 되어 한국 문화에 좀 더 관심을 가지고 이에 대해 탐구를 시작한 부류가 있었다. 전자에는 한국에서 출생하여 고등학교까지 유·청소년기를 한국에서 보낸 경우, 그리고 한국인 어머니, 외가 식구, 한인교회, 한글학교 등을 통해서 한국 음식과 한국 문화를 지속적으로 접한 부류가 속한다. 소수는 어머니의 노력으로 어린 시절 한국 전통춤을 배운 적도 있다고 했다.

"페이스북 그룹 활동을 하면서 느끼게 된 것은 저희 어머니가 제가 한국계로 잘 자랄 수 있도록 얼마나 애쓰셨는지를 알게 되었다는 것이에요. 정기적으로 한국에 같이 가서 한국의 역사적인 장소도 방문하고 집에서도 계속 한국 음식을 먹고 한국어로 거의 얘기했어요. 많은 다인종 한인들이 한국 문화를 접하지 못하면서 성장했다는 사실을 알게 되었어요."(사라)

한편으로는 다인종 한인 중에 부모의 이혼으로 인해서 한인 부 또는 모와 같이 살지 않게 된 경우나 어려서 입양되어 미국 부모 밑에서 성장한 경우에는 한국 문화에 대한 노출이 제한적이고 한인으로서의 정체성을 형성할 수 있는 기회가 상대적으로 적게 주어진다 (Roberts, 1999).

본 연구 참여자 중에는 없었지만, 다인종 한인 중에 입양인들도 포함되어 있다. 1995~2005년에 국내 다인종 아동 6,568명이 해외(대부분 미국)로 입양되었다고 한다(박경태·안태숙·남현주, 2006). 한편 1982년 미국이민법 통과 이후 이민 형식으로 한국을 떠난 다인종 한인 수는 약 3천 명으로 알려져 있다(조효래, 2017). 하프코리안닷컴 페이스북 그룹에도 '325캄라325KAMRA: Korean Adoptees Making Reunions Attainable(한국 해외입양인연합)'와[13] 같은 DNA 검사를 통해서 친부모를 찾아 주는 그룹 관련 게시물이 공유되었다. 그리고 입양인 관련 책과 영화를 소개하는 게시물과 입양인이 부모를 찾는 사연도 있었다.

인터넷 공간과 재미 한인 차세대 교육에 있어서 주목해야 할 점은 이미 성인이 된 다인종 한인(2세대)들도 가정을 이룬 경우가 많아서, 본인과 관련된 사안들뿐만 아니라 자녀(3세대) 양육과 관련된 페이스북 그룹 활동도 많다는 것이다. 이들 2세대들은 본인과 직접적으로 관련된 페이스북 그룹 활동뿐 아니라 '한국 엄마들의 페이스북 페이지(Korean Mommies Page)', '다인종 자녀를 둔 한국인 가족들(Korean Families with Mixed Children)' 그룹과 같은 자녀 양육과 관련된 페이스북 활동도 하고 있었다. 일부는 한국계로서의 정체성이나 한국 문화에 대한 관심이 다른 일반 한인과의 결혼이나 혹은 1/4 한인 자녀를 갖게 되면서 더욱 고양되었다고 한다. 자신보다 더 다양한 배경을 가지게 된 3세대 자녀들의 양육에 관한 관심으로 이어지게 되는 것이다. 자녀들의 사진을 페이스북에 올리고 자녀들에게 최대한 한국 문화를 접할 수 있는 기회를 제공하고자 한다고 하였다.

"하프코리안닷컴에서는 주로 한국 음식, 한국 문화, 어린 시절에 관한 게시물이 많지만 코리안 마미즈에서는 자녀들에게 다인종의 의미나 한국계로서의 정체성에 관한 이야기를 어떻게 설명해야 하는지, 결혼 생활이나 친구 관계에 있어서의 어려움에 관해서 서로 상담하고 조

---

[13] 325캄라(한국해외입양인연합): https://www.325kamra.org/(최종열람일: 2020년 9월 3일)

언하고 있어요. 개인적으로는 후자가 더 좋아요." (제인)

재미 한인사회 구성원의 다양화 & 디아스포라 연구의 확장

하프코리안닷컴을 비롯한 페이스북 그룹을 중심으로 다인종 재미 한인들의 온라인 활동에 관해 분석한 결과는 다음과 같다.

첫째, 다인종 재미 한인의 구성원과 그들의 경험이 다양하다는 점이다. 다인종 재미 한인에는 한국에서 한국 여성과 미군 사이에서 태어나 미국으로 입양되었거나 자발적으로 혼자서 혹은 가족들과 같이 미국으로 건너온 경우, 미국에서 출생한 경우 등이 포함된다. 다인종 재미 한인들 사이에도 한국에서의 출생 및 장기간 거주 여부, 성장기 한국계 부 또는 모와의 동거 여부에 따라서 한국 문화의 접촉 정도나 한국에 대한 애착심에 있어서 차이가 존재한다.

둘째, 본 연구 결과에 따르면 연구 참여자들은 온라인 커뮤니티를 통해서 한국인 부 또는 모에 대한 이해를 높이고 서로 간의 성장 환경과 경험을 반추, 비교, 공감하였다. 또한 한국어와 한국 역사문화에 대한 정보 공유를 통해서 그에 대한 지식을 늘리고 한인으로서의 정체성을 강화하기도 하였다.

인터넷 커뮤니티는 지리적 인접성 여부를 떠나서 구성원들에게 친교의 공간을 제공한다. 전통적 공동체가 지역과 장소를 중시하는 데 비해, 사이버 공동체는 지역적 경계와 장소의 제약을 뛰어넘는 사회적 상호작용과 관계 형성을 중요시한다. 페이스북 그룹을 통해서 미 전역에 산재한 다인종 한인들을 네트워크화하여 가상공간에 새로운 유형의 온라인 공동체를 창출하였다. 그룹 회원 중 한 명인 에밀리는 다음과 같이 말한다.

"페이스북은 사람들이 실제로 같은 지리적 공간에 있지 않더라도 상호 소통을 가능하게 해 주는 최대의 소셜미디어 플랫폼이에요. 다른 어떠한 방법으로도 실제 거주지가 다른 이렇게 많은 다인종 한인들이 서로 교류할 수 없었을 거예요. 페이스북은 언제 어디서든지 수천 명과 동시적으로 접속하기 쉬워요."(에밀리)

미국처럼 광대한 국토를 가진 나라에서는 지역이나 도시 단위의 모임이 아닌, 다인종 한인임을 매개로 한 전국적 층위에서의 빈번한 교류는 온라인 공간이 아니고서는 힘들다. 오프라인상에서 부재하거나 접근이 어려웠던 공간과 모빌리티를 온라인 커뮤니티를 통해서 새롭게 확장하고 있다. 하지만 페이스북 그룹 활동을 통해서 상호 간의 강한 연대를 구축하거나 초국적 혹은 전국 단위의 오프라인 커뮤니티 형성을 목적으로 하는 것 같지는 않다. 다만 약하고 느슨한 연대를 통해서 교류하고 있다.

셋째, 다인종 한인들의 온라인 커뮤니티 회원들과 재미 한인사회와의 직접적인 교류나, 모국과의 초국적 연계는 비교적 미약한 편이었다. 1965년 미국 이민법이 개정되면서 국제결혼 여성들은 한국의 가족을 미국으로 초청했고, 그렇게 해서 늘어난 사람들이 오늘날 재미동포 사회를 형성한 것이다. 그런데 그런 가족들은 자리를 잡고 나면 오히려 자신들을 초청해 준 국제결혼 여성들을 경원시하는 경향을 보이기도 했고(박경태, 2008), 국제결혼 여성과 그 자녀들은 재미 한인사회에서 편견과 차별의 대상이 되기도 하였다. 연구 참여자 중 소수는 학교 친구나 직장 동료 중에 한인들이 있고, 어린 시절 한인 교회에 출석하거나 대학 때 한인·아시아계 학생회에 참여한 적이 있었다. 하지만 대체로 대다수의 연구 참여자는 일반 한인들과의 교류 경험이 많지 않았다. 오히려 재미 한인들에게 온전히 받아들여지지 않고 차별을 당했다고 회고하는 응답자들이 있었다.

결론적으로, 한국 정부와 재미 한인사회는 재미 한인사회 구성원이 점점 다양해지고 있음을 인정하여 그 다양성을 발전시켜 한인사회의 확장을 꾀할 필요가 있다. 다인종 한인에 대해 더욱 관심을 가지고, 이들을 재미 한인사회 구성원으로 편입할 필요가 있다. 페이스북 그룹 등과 같이 온라인상에 이미 구축되어 있는 네트워크를 활용하여 한국 정부 차원의 재외동포 관련 프로그램, 재미 한인사회 한국 문화 관련 행사, 한국어와 한국 문화 콘텐츠 등을 알리고 이들과의 연계를 도모해야 한다.

향후 동포 정책의 대상으로 결혼으로 연결된 가족 구성원들을 한인 공동체의 일원으로서 받아들여 적극적으로 연계망을 구축한다면 미국 한인사회의 정치경제적 위상도 높아질 것이다. 최근 미국 연방 하원에 당선된 매릴린 스트릭랜드는 어머니가 한국계이고, 뉴욕주 연방 하원의원 그레이스 맹Grace Meng은 본인은 중국계지만 남편이 한국계이다. 또한 매릴랜드주 주지사 래리 호건Larry Hogan의 부인이 한국계 유미 호건Yumi Hogan이다.

디아스포라 연구의 확장 측면에서 온라인 공간에서 이루어지고 있는 디아스포라들의 커뮤니티 활동과 초국적 네트워크 등에 대한 학문적 탐구가 더욱 활성화되어야 할 것이다. 본 연구 결과를 바탕으로 미국 지역뿐 아니라 해외 각국의 다인종 한인들에 대한 관심과 논의가 이루어지기를 기대하고, 코리안 디아스포라 공동체 형성의 기반이 될 수 있는 재외 한인 '디지털 디아스포라'에 관한 연구가 더욱 활성화되기를 바란다.

참고문헌

국가인권위원회, 《기지촌 혼혈인 인권실태 조사》, 서울: 국가인권위원회, 2003.

박경태, 《미국 거주 한국계 혼혈인 실태조사》, 서울: 성공회대학교, 2007.

박경태, 《소수자와 한국사회: 이주노동자 · 화교 · 혼혈인》, 서울: 후마니타스, 2008.

박경태 · 안태숙 · 남현주, 《미군 관련 혼혈인 실태조사 및 중장기 지원 정책방안》, 여성가족부, 2006.

이동후, 《모바일 미디어 환경과 인간》, 커뮤니케이션북스, 2018.

전경수 외, 《혼혈에서 다문화로》, 일지사, 2008.

조효래, 《우리 속의 타자: 한국사회의 다문화 현상》, 파주: 한국학술정보; 창원: 창원대학교 출판부, 2017.

한국청소년상담원, 《다문화가정 청소년 (혼혈청소년)연구: 사회적응 실태조사 및 고정관념 조사》, 서울: 국가청소년위원회, 2006.

김경준 · 정은주, 〈미래인재 개발 전략으로서 재외동포 청소년 지원 방안 연구: 재중재미동포청소년 인재 개발 방안〉, 《한국청소년정책연구원 연구보고서》, 2016.

김민정, 〈국제결혼 가족과 자녀의 성장〉, 《상담과 선교》 66, 2010, 91~121쪽.

김유정, 〈소셜네트워크서비스에 대한 이용과 충족 연구: 페이스북 이용을 중심으로〉, 《미디어, 젠더 & 문화》 20, 2011, 71~105쪽.

김재기, 〈미국한인들의 3.1운동 지지와 임시정부초기 독립운동자금 모금운동〉, 《한국보훈논총》 18(4), 2019a, 43~62쪽.

김재기, 〈미국한인들의 '동해표기' 풀뿌리 민주주의 운동〉, 《재외한인연구》 47, 2019b, 157~188쪽.

르로이 프랭크, 〈사이버공간의 입양아 커뮤니티와 속도문화 연구: 비릴리오의 피크노렙시(picnolopsie) 개념을 중심으로〉, 중앙대학교 석사학위논문, 2012.

박근영 · 김지훈, 〈외국인 교환학생의 온라인과 오프라인 친구관계 형성에 대한 비교분석〉,《지역사회학》17(3), 2016, 57~190쪽.

백현희 · 이찬, 〈도시공간의 정보플랫폼화에 의한 장소성 표현 특성 연구〉,《한국 실내디자인학회논문집》20(6), 2011, 135~144쪽.

변화영, 〈혼혈인의 디아스포라적 기억의 재구성〉,《한국문학회》6, 2013, 615~641쪽.

서효봉 · 서창갑, 〈중국인 유학생들의 SNS 활용에 관한 연구〉,《산업경제연구》 24(2), 2011, 1149~1167쪽.

선봉규, 〈중국조선족의 온라인 커뮤니티 활동에 관한 연구: 모이자 웹사이트를 중심으로〉,《재외한인연구》50, 2020, 1~28쪽.

윤영민, 〈인터넷 시대의 민족공동체: 이론적 접근〉, 민족통합연구소 2주년기념세 미나, 1999, 1~11쪽.

윤인진, 〈재외동포 차세대 현황과 한민족공동체로의 포용방안: 재미동포를 중심 으로〉,《단군학연구》13, 2005, 191~243쪽.

윤인진, 〈코리안 디아스포라: 재외한인의 이주, 적응, 정체성〉,《한국사회학》 37(4), 2003, 101~142쪽.

이경숙, 〈온라인 교육 공간의 디지털 디아스포라〉,《미디어, 젠더 & 문화》7, 2007, 129~161쪽.

이현송, 〈미국 사회에서 '복합인종'의 사회적 정체성: 흑인과 백인간 혼혈을 중심 으로〉,《美國學論集》41(2), 2009, 197~230쪽.

이환수 · 이나리, 〈온라인 커뮤니티 활동이 사회적 자본에 미치는 영향〉,《한국콘 텐츠학회논문지》14(9), 2014, 153~163쪽.

이희정, 〈사회적 자본과 정보의 특성이 SNS 내의 상호작용에 미치는 영향〉,《마 케팅연구》28(2), 2013, 109~133쪽.

장선화, 〈북유럽 한인 디아스포라 커뮤니티의 지속과 변화: 스웨덴, 노르웨이, 핀 란드 거주 한인을 중심으로〉,《유럽연구》37(2), 2019, 27~62쪽.

정의철 · 이창호, 〈혼혈인에 대한 미디어 보도 분석: 하인스 워드의 성공 전후를 중심으로〉,《韓國 言論學報》51(5), 2007, 84~110쪽.

조명래, 〈모빌리티와 사회 이후 사회〉,《한국공간환경학회 학술대회 논문집》3, 2011, 1~8쪽.

조명래, 〈모빌리티의 공간(성)과 모바일 어버니즘〉,《서울도시연구》16(4), 2015, 1~23쪽.

조하나 · 박은혜, 〈'혼혈'에 대한 사회적 의미〉, 《다문화콘텐츠연구》 14, 2013, 367~407쪽.

〈미국내 공식 한인 184만 2천 명〉, 《미주한국일보》 2019년 12월 19일자.
〈다인종 한국계 커뮤니티 현황…하프코리안 닷컴 활발〉, 《미주헤럴드경제》 2017년 7월 17일자.

Ignacio, Emily, *Building Diaspora: Filipino Community Formation on the Internet*, Rutgers University Press, 2005.
Urry, John, *Mobilities*, Cambridge: Polity, 2007.(존 어리 지음. 강현수 외 옮김. 《모빌리티》. 아카넷. 2014.)
Rockquemore, Kerry Ann and Tracey Laszloffy, *Raising Biracial Children*, Oxford: Altamira, 2005.

Lo, Adrienne and Jenna Kim, "Manufacturing Citizenship: Metapragmatic Framings of Language Competencies in Media Images of Mixed Race Men in South Korea," *Discourse & Society* 22(4), 2011, pp. 440-457.
Ahn, Ji-Hyun, "Rearticulating Black Mixed-Race in the Era of Globalization: Hines Ward and the Struggle for Koreanness in Contemporary South Korean Media," *Cultural Studies* 28(3), 2014, pp. 392-417.
Bae, Jin Suk, "Transnational Student Mobility: Educational and Social Experiences of Mixed-Race Koreans in Seoul," *Multiculture & Peace* 14(2), 2020, pp. 74-100.
Boyd, Danah M. and Nicole B. Ellison, "Social Network Sites: Definition, History, and Scholarship," *Journal of Computer-Mediated Communication* 13, 2008, pp. 210-230.
Donath, Judith and Boyd Donath, "Public Displays of Connection," *BT Technology Journal* 22(4), 2004, pp.71-82.
Roberts, Robert E. et al., "The Structure of Ethnic Identity of Young Adolescents from Diverse Ethnocultural Groups," *The Journal of Early Adolescence* 19(3), 1999, pp. 301-322.

Steinfield, Charles et al., "Bowling Online: Social Networking and Social Capital within the Organization," *Proceedings of the Fourth International Conferene on Communities and Technologies*, 2009, pp. 245-254.

한국의 무슬림

: 온라인에서 이슬람 담론과 정체성의 형성

파라 셰이크

이 글은 F. Sheikh, 〈Korean Muslims: Shaping Islamic Discourse and Identities Online〉, 《European Journal of Korean Studies》 19(2), 2020, 129~147쪽의 내용을 수정 · 보완한 것이며, 2018년 교육부와 한국연구재단의 지원을 받아 수행된 연구이다(NRF—2018S1A6A3A03043497).

들어가며

피터 모레Peter Morey의 지적처럼 성공적인 관계의 바탕은 신뢰이고, 이는 이 도전적인 역사적 시기에 무슬림과 비무슬림의 관계를 들여다볼 수 있는 유용한 렌즈가 될 수 있다.[1] 야친Amina Yaqin, 모레, 솔리만Soliman이 강조하듯 무슬림들은 불신과 오해, 이슬람혐오라는 전반적인 분위기를 상대하고 있다. 다문화사회에서 소수자로 살아가는 무슬림들의 경우가 특히 그렇다.[2] 이런 전 지구적 맥락 속에서 필자는 한국인 무슬림 청년들이 이슬람과 관련된 고정관념에 맞서기 위해 소셜 네트워크 서비스(이하 SNS)를 어떤 식으로 활용하는지를 설명할 것이다. 젊은 한국인 무슬림들은 자신들의 일상생활 이미지와 기본적인 이슬람 지식을 공유하는 포스트를 올리거나 온라인 채팅에 적극적으로 참여함으로써 인터넷의 힘을 이용하여 넓은 한국 사회 내에서 자신들의 입지를 다지고, 자신들은 '이질성'을 포용한 사람들이 아니라 이슬람 개종을 통해 한국인의 의미를 재구성하는 역동적인 주체임을 강조한다.

---

1   Peter Morey, "Introduction: Muslims, Trust and Multiculturalism" in *Muslims, Trust and Multiculturalism: New Directions*, ed. Amina Yaqin, Peter Morey and Asmaa Soliman, Palgrave, 2018, pp. 2-4.

2   Amina Yaqin, "Peter Morey and Asmaa Soliman", eds, *Muslims, Trust and Multiculturalism: New Directions*, Palgrave, 2018. 몇몇 학자들이 무슬림의 소셜미디어 사용에 대해 연구한 바 있다. 갈등, 지하드, 테러리즘, 급진화 서사에 초점을 맞추는 경향이 있는 연구 중에는 Gary R. Bunt, *Islam in the Digital Age: E-Jihad, Online Fatwas and Cyber Islamic Environments*, London: Pluto Press, 2003가 있다. 다음도 보라. Oz Sultan, "Combatting the Rise of ISIS 2.0 and Terrorism 3.0," *The Cyber Defense Review* 2, no. 3, 2017, pp. 42-44. (www.jstor.org/stable/26267384) 그리고 J. West Levi, "#jihad: Understanding Social Media as a Weapon," *Security Challenges* 12, no. 2. 2016, pp.9-26. (www.jstor.org/stable/26465604)

한국에서 무슬림은 전체 인구의 약 0.4퍼센트를 구성하는 것으로 추정되는데 공식적인 통계 수치는 없다. 한국에는 약 15만~20만 명의 무슬림이 존재하고 토착 한국인 무슬림은 약 3만~4만 5천 명으로 추정된다.[3] 이 적은 숫자는 더 큰 사회에서 몇 안 되는 소수자로서 한국인 무슬림의 지위를 설명하고, 한국인 무슬림들이 인정받고 받아들여지기 위해 고군분투하는 맥락의 틀을 잡는 데 도움이 된다.

지하드, 테러리즘, 온라인 급진화, 세속 관련 서사에 집중하는 학자들은 무슬림, 인터넷, 그리고 소셜미디어의 관계를 깊이 있게 탐구한 바 있다.[4] '아랍의 봄' 같은 사회운동 속에서 소셜미디어의 역할을 들여다본 학자들도 있다.[5] 게다가 무슬림들이 SNS를 이용해서 다양한 무슬림 사회에서 '인플루언서'로서 스스로를 개발하는 방법

---

3   한국무슬림협회 웹사이트에서는 토착 한국인 무슬림을 3만 명으로 추정한다(www.koreaislam.org). 권지연은 한국에는 무슬림이 15만 명이고 토착 한국인 무슬림은 4만 5천 명이라고 추정한다. Jeeyun K'wŏn, "The Rise of Korean Islam: Migration and Da'wa", Middle East Institute, 2014.(www.mei.edu/publications/rise-korean-islam-migration-and-dawa#_ftn1) Korea Expose의 2018년 보도에서는 한국의 무슬림을 약 20만 명으로, 한국인 무슬림을 약 3만 명으로 추정한다. 다음을 보라. Ben Jackson, "How Influential Is Islam in South Korea?", *Korea Expose*, January 19, 2018. (www.koreaexpose.com/how-influential-islam-south-korea)

4   Gary R. Bunt, *Islam in the Digital Age: E-Jihad, Online Fatwas and Cyber Islamic Environments*, 2003; Sultan, "Combatting the Rise of ISIS 2.0 and Terrorism 3.0." 2017; Levi "#jihad: Understanding Social Media as a Weapon." 2017.

5   다음을 보라 Manuel Castells, *Networks of Outrage and Hope: Social Movements in the Internet Age*, Cambridge: Polity Press, 2012; Magdalena Karolak, "Online Aesthetics of Martyrdom: A Study of the Bahraini" eds. Noha Mellor & Khalil Rinnawi, *Political Islam and Global Media: The Boundaries of Religious Identity*, London: Routledge, 2016, pp. 67-85; Noureddine Miladi, "Social Media as a New Identity Battleground: The Cultural Comeback in Tunisia after the Revolution of 14 January 2011," Eds. Noha Mellor & Khalil Rinnawi, *Political Islam and Global Media: The Boundaries of Religious Identity*, London: Routledge, 2016, pp. 34-47.

들을 기록하는 문헌들도 점점 늘고 있다.[6] 하지만 무슬림이 페이스북, 주로 페이스북의 프라이빗 메시지Private Message(이 부분은 일반적으로 대중들이 접근하지 못한다)를 이용해서 이슬람혐오 표현에 맞서고 서로 상호작용을 하는 소셜미디어 '다와Dawah'(이슬람으로의 초대/개종 관련 활동) 운동을 통해 사회 내에서 자신들을 위한 공간을 만들어 내는 과정을 검토한 연구는 거의 없다.

　본 연구는 한국인 무슬림 청년 내에서 다와, 페이스북, 그리고 정체성 구축의 교차점에 관심을 갖는다. 이 연구에서 다루는 연구 질문들은 다음과 같다. 한국인 무슬림들은 페이스북을 어떤 식으로 이용하여 사회 안에서 자신들의 자리를 확고히 할까? 다와 개념은 한국인 무슬림의 정체성 구축 안에서 어떤 위치를 점할까? 한국인 무슬림의 온라인 활동은 오프라인 사회에 어느 정도 영향을 미치고 있을까? 한국인 무슬림 개종자들과 이슬람으로의 개종을 통한 이들의 정체성 구축 과정에 대한 더 넓은 연구 프로젝트의 일환인 본 연구는 동아시아, 그중에서도 특히 한국인의 목소리를 무슬림 소수자 연구 분야에 통합함으로써 이 분야의 연구에 기여한다. 한국의 종교 지형에 이슬람이 포함되면 우리가 한국인의 정체성을 재상상하고 한국학 연구의 범위를 넓히는 방향으로 다양성과 창의성이 더욱 고무된다.

6　다음을 보라. Emma Baulch · Alila Pramiyanti, "Hijabers on Instagram: Using Visual Social Media to Construct the Ideal Muslim Woman," *Social Media and Society,* 2018, pp. 1-5. 다음도 보라. Nur Leila Khalid · Sheila Yvonne Jayasainan · Nurzihan Hassim, "Social media influencers—shaping consumption culture among Malaysian youth," *SHS Web of Conferences* 53, 2018, pp. 1-12. 그리고 Annisa R. Beta, "Young Muslim Women as Digital Citizens in Indonesia—Advocating Conservative Religious Outlook," *Perspective* 39, 2019, pp. 1-9.

니사Eva F. Nisa는 인스타그램을 통해 인도네시아 무슬림 청년들의 다와 활동에 대한 값진 연구를 진행했고,[7] 나스야Nasya Bahfen은 미국과 오스트레일리아의 무슬림 소수자들이 소셜미디어를 활용해서 자신들의 정체성을 놓고 협상을 벌이는 방식을 살펴본다.[8] 본 글은 이런 접근법들에서 도움을 얻고 한국 사회와의 관계를 구축하기 위해 한국어 페이스북 페이지를 만든 20~35세의 한국인 무슬림 청년을 대상으로 실시한 민족지 연구(참여 관찰, 현장 기록, 인터뷰와 사례 연구 수집)의 통찰을 공유한다. 이 논문에서 다루는 개인과 인터뷰 대상자들은 토착 한국인 무슬림이라는 독특한 지위를 가지고 이슬람과 자신들의 일상생활에 대한 질문에 답함으로써 사회와 더 나은 관계를 구축하고자 한다. 나는 이 과정에서 한국인 무슬림 청년들이 이슬람에 대한 부정적인 인식을 전복하고 한국 사회 안에서 자신들의 자리를 확고히 하려는 시도를 통해 주체성을 드러내는 방식을 보여 줄 것이다.

　오프라인 현장 연구는 한국의 수도 서울에서 2017년부터 2019년까지 실시했다. 구체적으로 이 연구는 다양성이 큰 지역이자 서울 내에서 유일하게 공인받은 대규모 모스크가 있는 이태원에서 주로 이루어졌다. 인터뷰는 세 명의 페이지 관리자와 진행했다. 두 명은 여성(각각 24세와 35세)이고 한 명은 남성(27세)이다. 온라인 데이터 수집에서 윤리적인 문제가 제기될 가능성을 해결하기 위해, 모든 인

7　Eva F. Nisa, "Creative and Lucrative Da'wa: The Visual Culture of Instagram amongst Female Muslim Youth in Indonesia," *Asiascape:Digital Asia* 5, 2018, pp. 69-75.

8　Nasya Bahfen, "The Individual and the Ummah: The Use of Social Media by Muslim Minority Communities in Australia and the United States," *Journal of Muslim Minority Affairs* 38, 2018, pp. 119-131.

터뷰 대상자에게 익명을 유지한다는 조건으로 완전한 동의를 구했다. 본 연구에서 인터뷰 대상자들은 가명 또는 '관리자'라는 표현으로 부른다. 본 연구는 세 인터뷰 대상자에게 얻은 데이터를 근거로 삼고 있긴 하지만, 주요 정보 제공자는 남성 관리자인 아마드Ahmad 이다. 그리고 관리자의 이름은 모두 익명으로 처리했지만 페이스북 페이지의 실명은 사전에 사용해도 좋다는 허락을 받았다.

무슬림 소수자와 미디어

세계 곳곳에서 소셜미디어는 무슬림, 특히 무슬림 소수자 청년들에게 중요하고도 강력한 자원이 되었다. 가령 번트Gary Bunt는 어떻게 인터넷이 영국 무슬림 청년들이 자신들의 이슬람 정체성을 표현하는 중요한 기제가 되었는지를 지적했다.[9] 이와 유사하게 바펜Nasya Bahfen은 오스트레일리아와 미국에 있는 무슬림 소수자들에 대한 연구를 통해 온라인 미디어의 사용 덕분에 어떻게 종교공동체들이 신앙과 실천, 그리고 다중 정체성을 갖는 데서 비롯되는 복잡성에 대해 논의할 수 있는 활기 넘치는 공적 공간을 만들 수 있게 되었는지를 강조한다.[10] 온라인상의 이슬람 담론은 무슬림 공간 내에 존재하는 전통적인 권위 시스템에 도전한다. 소셜미디어 이용자들은 대면

---

9 Gary R. Bunt, "Islam@Britain.net: British Muslim Identities in Cyberspace", *Islam and Christian-Muslim Relations* vol. 10, no. 3, 1999, pp. 353-362 그리고 Gary R. Bunt, *Islam in the Digital Age: E-Jihad, Online Fatwas and Cyber Islamic Environments*, London: Pluto Press, 2003.

10 Nasya Bahfen, "The Individual and the Ummah: The Use of Social Media by Muslim Minority Communities in Australia and the United States", *Journal of Muslim Minority Affairs* 38(1), 2018, pp. 119-131.

접촉을 하지 않기 때문에 학력증명서나 사적인 정치 또는 젠더나 인종 같은 입장을 근거로 한 이슬람 관련 콘텐츠 공유에 대한 반대를 우회한다. 요컨대 인터넷을 쓸 수 있고 계정을 만들 수만 있으면 누구든 자신의 소셜미디어 계정에 무엇이든 포스트할 수 있다.

대중매체 자체와 무슬림, 그중에서도 특히 소수자 처지인 무슬림들과의 관계는 논쟁적이고 적대적이다. 이런 분란 많은 관계에 대한 기존의 연구 가운데 다수는 대중 미디어의 인식이 이미 알려진 무슬림 여성들에 대한 억압과 그들의 옷차림에 대한 선택권, 그리고 소위 그들을 구해야 할 필요에 대한 '집착'을 드러내는 서구의 자료에 뿌리를 두고 있음을 보여 준다.[11] 무슬림 남성에 대한 미디어의 대중적인 재현은 테러리즘, 폭력, 성적인 일탈과 연결될 때가 많다.[12] 무슬림 공동체 전반의 차원에서는 무슬림을 정체성이 불안하고 소속과 관련된 문제가 있는 후진적이고 동질적인 외부인으로 그릴 때가 많다.[13] 이런 수사들이 전파를 타고 한국의 미디어와 학문 담론까지 넘어왔다. 가령 김수완은 아랍 문제를 보도할 때 아랍과 무슬림을 동의어로 사용하는 부정적인 기사에 주로 노출되었음을 밝혔다. 그는 나아가 한국에서 아랍 문제에 대한 대부분의 기사가 "테러, 전

---

11 백인 구세주가 제국주의적인 모험을 통해 무슬림 여성들을 억압적이고 후진적인 문화에서 "구출"한다는 개념에 대한 섬세한 논의와 문제 제기는 다음을 보라. Leila Abu-Lughod, *Do Muslim Women Need Saving?*, Harvard University Press, 2013. 무슬림 여성에 대한 고정관념, 그중에서도 특히 머리 스카프를 둘러싼 정치에 대한 논의는 다음을 보라. Kathrine Bullock, *Rethinking Muslim Women and the Veil: Challenging Historical and Modern Stereotypes*, London, UK: International Institute of Islamic Thought, 2002.

12 Edward Said, *Covering Islam: How the Media and the Experts Determine How We See the Rest of the World*, First Vintage Books, 1997, pp. 24-28.

13 Edward Said, *Covering Islam: How the Media and the Experts Determine How We See the Rest of the World*, p. 28.

쟁, 갈등, 성차별" 같은 용어를 사용하여 한국인에게 부정적인 인식을 주었다고 강조한다.[14] 이와 유사하게 구기연이 최근에 진행한 연구는 2014년 ISIS의 등장 이후 이슬람혐오가 한국 사회에서 훨씬 만연하게 되었음을 보여 주며, 미디어가 무슬림에 대한 증오 어린 인식을 형성하는 데 핵심적인 역할을 한다고 주장한다. 구기연은 김수완이 강조한 연구 결과와 비슷하게 아래와 같이 설명한다.

한국 언론은 무슬림과 이슬람문화를 한 덩어리의 종교 블록으로 간주하는 경향 역시 있다. 한국에는 이슬람 세계와 무슬림에 대한 이미지가 확고하게 자리 잡혀 있다. 한국 미디어는 이슬람 세계를 이슬람이 통제하는 땅과 동일시하고, 무슬림을 이슬람교 광신도와 동일시한다. 다시 말해서 한국 언론에서 모든 중동 관련 뉴스의 지배적인 틀은 이슬람을 토대로 한다.[15]

이런 부정적인 인식은 무슬림들이 고군분투해야 하는 적대적인 환경을 만들어 낸다. 가령 필자가 다른 글에서도 다루었던 2015년 당시 박근혜 정부가 전라북도 익산의 한국식품클러스터 안에 할랄식품 단지를 조성한다는 계획을 발표했을 때의 상황을 보자. 김남일(2016)에 따르면 이 계획은 복음주의 기독교 집단에게 이슬람이 할랄음식을 통해 한국 사회에 침투하려는 방편이라는 비판을 받았고 결

---

[14] K'im Suwan, "Framing Arab Islam axiology Published in Korean Newspapers," *International Journal of Philosophy of Culture and Axiology* vol. 10, 2013, pp. 47-66.

[15] K'i Yŏn K'oo, "Islamophobia and the Politics of Representation in Korea," *Journal of Korean Religions* 9, 2018, p. 170.

국 중단되었다.[16] 할랄 도축장 계획이 발표되었을 때도 동물권 운동가들이 할랄 도축 방식이 비인도적이라고 낙인을 찍으며 이와 유사한 우려가 표출되었다.[17]

한국 내부의 이슬람혐오 분위기는 이슬람으로 개종한 한국인들이 한국의 이슬람 발전을 통해 사회 안에서 인정받기 힘든 장벽으로 이어진다. 하지만 이런 다면적인 난관에도 불구하고 한국인 이슬람 청년들은 한국 사회 안에서 한국인이자 무슬림으로서 자신들의 존재를 인정받고 연대를 형성하기 위해 다양한 전략을 꾸준히 구사한다.

한국 무슬림 청년과 페이스북

한국이 인터넷 이용률이 높고 인터넷 연결망이 잘 갖추어진 사회라는 것은 잘 알려진 사실이다.[18] 많은 국내 이용자들이 인스타그램, 페이스북, 네이버와 다음 블로그, 유튜브, 트위터, 카카오톡과 카카오스토리를 비롯하여 여러 인기 있는 SNS 플랫폼에서 광범위하게 활동을 펼치고 있다. 필자는 오프라인 연구에서 얻은 통찰을 바탕으로 본 글에서는 페이스북 페이지 ChatOnFaithKor에 초점을 맞추고자 한다.

이렇게 초점을 좁힌 데에는 몇 가지 이유가 있다. 첫째, 필자의 현

---

16 www.kukmindaily.co.kr/article/view.asp?arcid=0010306170(accessed 02/01/2020)

17 www.koreajoongangdaily.joins.com/news/article/article.aspx?aid=3021829(accessed 02/01/2020)

18 K'yung Yong Rhee and Wang-Bae K'im, "The Adoption and Use of the Internet in South Korea," *Journal of Computer-Mediated Communication*, Volume 9, 2004, JCMC943. (www.doi.org/10.1111/j.1083-6101.2004.tb00299.x)

장 연구 사이트에서 만난 주요 정보 제공자들이 이 페이지를 만들고 콘텐츠를 생산하며 그 안에서 사람들과 상호작용하는 데 적극적으로 참여하고 있다. 그 페이지의 관리자들은 공개된 페이스북 담장을 넘나들며 길고 뜨거운 논쟁을 벌이는 대신, 하루 중 정해진 시간 동안 질의 응답 시간을 갖고 그 시간에 질문자들이 페이지의 프라이빗 메시지 란으로 들어와서 한국인 무슬림과 실시간으로 대화를 나눌 수 있도록 한다. 필자는 프라이빗 메시지를 주고받는 공간에서 일어나는 대화를 직접 보고, 그 페이지에 있는 공개된 포스트에 대한 온라인 댓글을 모으고, 관리자들을 직접 만나 그들의 페이지 활동에 대하여 인터뷰를 실시할 수 있는 흔치 않은 행운을 누렸다. 다른 많은 '한국 내 이슬람' 페이지나 주로 영어로 포스트를 하는 한국 무슬림 소셜미디어 '유명 인사들'과 달리 이 페이지는 작은 규모의 한국 무슬림 청년 집단이 만든 것이었다. ChatOnFaithKor 관리자들은 한국어로 다른 한국인들과 소통하고 그 과정에서 미신을 쫓아 버리며 한국에서 토착 무슬림으로서 자신들의 존재를 받아들일 수 있도록 분위기를 형성하는 데만 관심을 두고 있다는 점에서, 이 페이스북 페이지를 통한 온라인 활동이 어떻게 한국인 정체성 구축 과정과 연결되어 있는지를 보여 준다.

무슬림 청년의 부드러운 온라인 다와 전략

'다와'라는 용어는 사람들이 이슬람을 받아들이거나 이슬람으로 종교를 바꾸도록 '초대'할 수 있다는 개념을 바탕으로 한 개종의 형태를 일컫는다. 다와는 일반 대중들이 볼 수 있도록 인터넷에 이슬람의 메시지를 업로드하는 행동까지 포함하는 아주 포괄적인 개념

이다.[19]

다와 활동은 전통적인 훈련을 받은 무슬림 학자들[Ulema]의 영역이었다. 니사(2012, 2018)와 밀리[Millie](2012)의 지적처럼 디지털 이전 시대에는 이런 다와 활동이 광범위한 환경에서 다양한 형태로 일어났다. 카세트테이프에 녹음된 강의, 인쇄된 책자, 설교, 그리고 지정된 다와 조직을 거치는 방법 등이 있었다. 하지만 소셜미디어 플랫폼이 등장하고 진화하면서 젊은 무슬림들은 앞장서서 다와를 위해 이 플랫폼을 사용했다. 덕분에 전 세계 젊은 무슬림들은 다와 활동가가 되어 무슬림의 학문적 공간 내부의 전통적인 권위를 흔들어 놓는 데 기여했다.[20]

앤더슨[Jon W. Anderson](2003)은 소셜미디어를 능숙하게 활용하는 다와 활동가들을 무슬림 학자에게 기대되는 전통적인 수련이 부족하긴 해도 이슬람의 '새로운 해석자'라고 묘사하기까지 했다. 니사의 2018년 연구는 다와를 위해 특히 인스타그램을 이용하는 인도네시아의 젊은 무슬림들에 초점을 맞추었다. 이런 다와 활동의 목표는 비무슬림들을 이슬람으로 끌어들이는 것이 아니라, 다른 무슬림들이 각자의 신실함을 더욱 돈독하게 다지는 것이었다. 니사의 정보 제공자들은 인스타그램을 사용하여 어떻게 창의적인 콘텐츠를 만들어 다와를 행하는지를 보여 주었다. 본 글에서 필자는 이들과 한

---

19 Mathewson Frederick Denny, "Da'wah" Lindsay Jones ed. *Encyclopedia of Religion*, Volume 4 2nd Edition, New York: Macmillan Reference USA, 2005, pp. 2225-2226.

20 Martin, van Bruinessen, "Producing Islamic Knowledge in Western Europe: Discipline, Authority, and Personal Quest." Martin van Bruinessen & Stefano Allievi Eds, *Producing Islamic Knowledge: Transmission and Dissemination in Western Europe*, London: Routledge, 2010, pp. 22-23.

국의 젊은 무슬림 사례와의 유사성을 보여 준다. 하지만 인도네시아의 사례와 달리 한국의 무슬림이 소셜미디어 전략을 구사하는 이유는 크게 두 가지이다. 하나는 한국 사회 안에 깊이 박힌 반무슬림, 이슬람혐오 정서를 없애는 것이고, 다른 하나는 새로운 이슬람 개종자들을 지원하는 것이다. 두 이유 모두 한국의 젊은 무슬림들이 언젠가는 스스로가 무슬림이자 한국인이라고 안전하게 공개적으로 밝힐 수 있을 날이 오리라는 희망과 함께 한국 안에서 이슬람을 정상 범주에 포함시키겠다는 더 넓은 목표에 포함된다.

한국의 무슬림 개종자 소개

한국 무슬림들이 설립한 오프라인 집단 'SN'은 2012년 창립 이래로 여러 소프트 다와 프로젝트를 실시했다. 사회적 모임으로 시작한 이 단체는 기존의 한국 무슬림과 새로운 한국 무슬림이 만나서 같이 어울리고, 한국에서 새로운 무슬림으로서의 삶을 구축하는 데 유용하다고 평가받는 이슬람 교재를 비공식적으로 연구하는 공간이었다(그리고 지금도 그렇다). 시간이 지나면서 공식적인 비정부조직으로서 모양새를 갖추었고, 이와 함께 한국에서 이슬람을 정상 범주에 포함시키기 위해 노력한다는 두 번째 목표를 세웠다. 이 목표를 실현하기 위해 교회식의 '전도 활동'이나 적극적인 방법을 취하지는 않는다. 나의 관찰에 따르면 여기에는 두 가지 큰 이유가 있다. 한국에서 다양한 광신도 집단과 교회의 접근법을 이미 경험했고, 그들이 일반 한국인들에게 어떻게 받아들여지는지를 알고 있는 SN은 한국 무슬림과 주류 한국 사회의 우호적인 관계에 해가 될 수 있는 일체의 활동에 간여하는 것을 조심스러워한다. 규모가 크지 않은 SN은 공개된 공간에서 이슬람에 대해 이야기할 때는 지나칠 정도로 조심하는 편을 선호한다.

대신 SN은 한국인이 (한국인이든 그렇지 않든) 무슬림과 어울릴 기회가 없어서 많은 사람들이 이슬람혐오 표현에 의지할 수밖에 없고, 무슬림을 한국 사회와 이질적인 환영받지 못하는 왕따로 인식하는 등과 같은 상황적인 현실에 맞춰서 다와에 접근한다.[21] 둘째, 우리의 논의가 한국 사회에서 일상생활의 역사적, 정치적, 언어적, 사회적 현실과 깊은 관계를 맺고 있는 토착 한국인 무슬림에 대한 것이라는 점을 강조할 필요가 있다. 이 때문에 이 단체는 주류사회의 생각과 감정에 최대한 신경을 쓴다. 이 단체는 사람들이 자신들을 쫓아낼까 봐 개종 캠페인이나 길거리 다와 활동을 펼치지 않고, 많은 사람들을 개종시키기 위한 행사도 열지 않는다. 대신 SN은 한국인 무슬림인 자신들을 더 넓은 한국 사회와 관계 맺는 주요 도구로 활용하면서 아주 흥미로운 방식으로 다와에 접근한다. SN의 한국인 무슬림, 그중에서도 특히 한국인 무슬림 청년들은 온라인과 오프라인에서 비무슬림과의 개인적인 교류를 통해, 그리고 자신들의 일상생활을 통해 더 넓은 사회와 연결고리를 만들어 낸다.

이 단체는 이 목표를 위해 비공식적인 수업, 초청 강연, 지역사회 컨퍼런스, 무료 어학수업(무슬림 이민자를 위해서는 한국어를, 비무

---

21 한국의 많은 학자들이 한국 내 무슬림들이 타자화되는 다면적인 과정들을 기록했다. 관련 참고 연구는 다음과 같다. 정건화 외, 《근대 안산의 형성과 발전》, 서울: 한울아카데미, 2005; 오경석 외, 《한국에서의 다문화주의》, 서울: 한울아카데미, 2007. 그리고 Doyoung Son'g, "The Configuration of Daily Life Space For Muslims In Seoul: A Case Study Of Itaewon's "Muslims' Street," *Urban Anthropology and Studies of Cultural Systems and World Economic Development* vol. 43, no. 4 Special Issue: Emigration and Immigration: The Case of South Korea, 2014, pp. 401-440.

림 한국인을 비롯한 모든 사람에게는 영어와 아랍어를 가르침), 사교 모임, 라마단 이프타르 파티, 그 외 한 지붕 아래 무슬림과 비무슬림을 함께 모을 수 있는 여러 행사를 조직한다. 이런 행사 덕분에 이슬람과 맺는 관계의 정도와 배경이 서로 다른 사람들이 함께 모여, '개종 문제'에 대한 부담을 느끼지 않고 이슬람의 문화행사와 종교행사에 참여할 수 있다는 점은 지적해 둘 만하다. 그 결과 '세계의 종교' 학교 프로젝트를 진행 중인 학생들, 무료 어학수업을 원하는 일반인, 종파를 초월한 지도자들, 공동체를 찾고 있는 무슬림 이민자 등과 같은 다양한 사람들이 음식과 친밀한 대화와 지식을 얻기 위해 모이게 된다. 또한 좀 더 교육 지향적인 프로그램들은 한국 내 새로운 무슬림들이 영어와 한국어 두 가지로 들을 수 있는 수업을 통해 새로 다지기 시작한 믿음에 대한 지식을 단단하게 다질 수 있는 기회를 제공한다.

최근까지 SN은 인터넷과 SNS를 일반 대중과의 수동적인 소통 방법으로 활용했다. 포스트는 불규칙적이었고, 오프라인의 개인 간 일대일 상호작용을 더 선호하다 보니 온라인 활동이 상대적으로 우선순위에서 밀렸다. 하지만 2019년 봄 이 단체는 중동에 본거지를 두고 있는 한 자선단체와 파트너 관계를 통해 이슬람에 대한 한국어 온라인 콘텐츠를 개발할 기회를 얻었다. 이 기회를 받아들인 것은 특히 또래들에게 이슬람에 대한 지식을 퍼뜨리고 싶어 하는 인터넷과 SNS에 밝은 20대와 30대 한국인 무슬림들이었다. 페이지 관리인 중 한 명인 아마드는 온라인 활동에 열성적이고 이런 노력을 통해 한국 사회가 이슬람혐오를 조장하지 않고 궁극적으로는 신뢰감을 쌓을 수 있기를 절실하게 희망한다. 이 페이지에 대한 그의 목표에 대해 이야기하면서 아마드는 이렇게 말했다. "우린 그 페이지를 통해서 이슬람이 실제로 어떤 것인지 그리고 우리 한국인 무슬림이, 한국인이 우리의 실제 삶에, 우리의 실제적이고 사회적이고 개인적인 삶에 이슬람을 어떻게 적용하는지를 이야기하고 싶어요."

다와를 위한 페이스북

페이스북 페이지의 관리자와 인터뷰를 진행하면서 어째서 한국인 무슬림 청년들이 시간과 에너지를 이런 형태의 온라인 활동에 쓰고 있는지 물었다. 특히 요즘에는 온라인 세계에 온갖 악플과 혐오발언이 넘쳐나서 이들의 노력이 바라는 결과로 이어진다는 보장이 전혀 없는데도 말이다.

먼저 아마드는 다와를 위해 페이스북을 사용하는 것은 한국에서 이슬람을 정상 범주에 포함시키기 위한 양면 전략의 일환이라고 밝혔다. 클릭 한 번으로 그 페이지에 관심을 보인 페이스북 이용자들은 페이스북의 프라이빗 메시지 기능을 이용해서 채팅에 참여해 달라는 자동초대를 받게 된다. 자동 메시지는 그 페이지를 클릭해 준 사용자에게 감사를 표하며 짧은 환영인사를 보내고 이슬람이나 무슬림에 대한 어떤 질문이든 관리자가 대답해 줄 수 있다고 알린다. 그 다음 이용자는 그 대화를 무시하든 참여하든 그냥 나가 버리든 마음대로 하면 된다. 인터뷰를 하는 내내 관리자는 자신들이 사람들에게 먼저 접근하지 않고 누군가가 자동초대에 반응을 하고 난 뒤에야 참여한 이용자가 대화를 이끌어 가도록 하고, 토론의 주제를 정하거나 먼저 질문하는 일은 전혀 없다고 강조했다. 이런 식으로 페이지 관리자들은 질의자의 이슬람에 대한 지식 수준 또는 관심 수준을 넘어설 수 있는(따라서 불편함이나 난처함을 유발하는) 불필요한 대화보다는 유의미한 상호작용을 통해 방문자의 요구를 충족시킬 수 있다. 이 접근법은 안전 대책으로 기능하기도 한다. 관리자들은 온라인 악플러나 혐오발언 선동가들을 상대하지 않고 자신들의 페이지에 일정 수준의 관심을 보이는 사람들만을 상대하기 때문이다.

아래의 인터뷰 발췌문에서 드러나듯, 젊은 한국인 무슬림 관리자들은 그 페이지를 통해 한국인들을 이슬람으로 개종시키려 하는 대신 한국 사회와, 그중에서도 특히 젊은 세대와 직접 관계를 맺으면서 자신들이 직접 선택한 종교와 거기에 따라오는 생활양식에 대한 연대감과 수용을 증대하고자 한다. 한 인터뷰 대상자는 한 젊은 한국 남성이 페이스북 페이지를 통해 그들과 교류하고 난 뒤 '현실' 세계에서 관리자들을 방문하기로 결심한 '성공'담을 들려주었다.

우린 우리 페이지에 찾아와서 이슬람에 대한 진짜 질문을 하는 사람들에게 집중하고 있어요. 우리의 목표는 그런 사람들을 오프라인 세상으로, 이슬람 성원에서 열리는 실제 모임으로 초대하는 거예요. 그게 우리의 궁극적인 목표예요, 개종이 아니라. 웹사이트나 어떤 교재를 통해서 이슬람에 대해 배우는 건 누군가를 만나는 것과 아주 달라요. 이슬람 성원에는 그들이 한국어로 질문을 할 수 있는 한국인 무슬림들이 있어요. 그 사람들은 우리가 기도하는 걸 볼 수 있죠. 교재를 통해서는 감정을 전달할 수 없지만 오프라인 세상에서는 사람의 감정 상태를 볼 수 있잖아요. 예를 들어서 그 페이지에서 우리에게 글을 남긴 한 학생이 이슬람 성원을 찾아왔어요. 같이 저녁을 먹고 수다를 좀 떨었죠. 정말 잡담이요. 웃긴 거나 멍청한 거에 대한 이야기를 했고 나는 그런 따뜻한 분위기가 그 학생에게 어떤 좋은 인상을 남겼다고 확신해요. 우리가 외계인이 아니라 웃고 싶어 하고, 행복하고 싶어 하고, 웃기는 걸

즐기는 그런 인간이라는 인상 말이에요. 난 그게 그 학생에게 우리가 다른 사람들과 다를 바 없는 인간이라는 걸 보여 줬다고 생각해요.

필자는 이것이 '다와' 개념의 대단히 흥미로운 사용법임을 알게 되었다. 페이지 관리자들은 선교 활동에 적극적으로 개입하여 일반 한국인들이 이슬람을 받아들이도록 설득하는 대신, 오히려 이런 접근법을 피하겠다는 선택을 의도적으로 내렸다. 이 한국 무슬림 청년들은 한국인들이 한국인 무슬림과 직접적인 관계를, 심지어는 우정을 쌓을 수 있는 공간과 출구를 만드는 데 대단한 열정을 보였다. 이것이 고정관념과 편견을 물리치는 더 강력한 방법이라고 믿기 때문이다. 이 조직이 보기에 자신들의 사적인 대화와 공적인 포스트를 통해 몇몇 한국인들이 이슬람으로 개종하겠다는 선택을 한다면 그것은 추가적인 보상이었다. 또한 이런 새로운 개종자들이 공동체나 수업, 심지어 새로운 친구가 필요하다고 느낄 경우, 이 관리자들은 이들을 '진짜' 오프라인 세상에서 기꺼이 지원했다.

이 페이지에 업로드되어 공개적으로 볼 수 있는 실제 콘텐츠들은 알라는 누구인가, 무슬림이란 무엇인가, 할랄이란 무엇인가 같은 주제들을 다루며 이슬람 신앙에 대한 아주 기본적인 지식을 담고 있다. 관리자는 업로드된 콘텐츠들은 독자의 눈길을 끌기 위한 것이긴 하지만 주요 목적은 사람들이 페이지 관리자들과 프라이빗 메시지 기능을 이용해서 개인적으로 연락을 취하게 만드는 것이라고 강조했다. 질문자가 궁금해 하는 내용을 바탕으로 두 사람이 유의미하고 진정성 있는 상호작용을 할 수 있는 곳이 바로 이 사적인 공간인 것이다. 뿐만 아니라 이 공간에서 한국인 무슬림 관리자들은 자신의 개종 이야기와 무슬림이 주류인 사회에서 벌어지는 사안에 대한 자신의 관점을 나누고, 이슬람에 대한 자신의 견해를 한국에서의 일상생활과 연결시킴으로써 자기만의 한국인 정체성을 확고히 할 수 있다.

프라이빗 메시지 환경에서 일어나는 상호작용은 광범위한 사안을 다룬다. 일부 이용자는 이슬람의 교리나 무슬림이 주류인 사회에서 벌어지는 사회문제 같은 민감한 질문을 하기 위해 방문하기도 한다. 관리자들에 따르면 인기 있는 주제로는 여성의 권리, ISIS/무슬림이 자행한 폭력, 이슬람법, 그리고 할랄음식에 대한 호기심 같은 것이 있다. 한국인이면서 왜 이슬람으로 개종하게 되었는지를 알려 달라고 하는 이용자들도 있다. 관리자들은 자신이 상대하는 사람에게 편안함을 느끼지 않을 때는 자신에 대한 개인정보를 공개하지 않기 때문에 이 마지막 질문은 프라이빗 메시지 환경에 알맞다. 관리자들은 콘텐츠를 만들고 실시간 대화를 활성화하는 데 주로 방점을 찍고, 각자의 젠더, 결혼 상태, 나이 등의 개인정보는 평균적인 페이스북 이용자에게 알리지 않는다는 데 집단적인 합의에 도달한 상태이다. 평균적인 페이스북 이용자들은 간단한 질문을 하려고 들렀다가 만족스러운 답을 얻으면 지나가기 때문이다. 인터뷰 대상자들은 아주 많은 한국인 무슬림 청년들이 이슬람을 혐오하는 자신들의 가족과 더 넓은 사회적 네트워크의 부정적인 반응이 두려워서 아직도 절대적인 비밀을 유지한 채 이슬람 신도로 살아가고 있다고 설명했다. 이런 젊은이들에게 무슬림이라고 '아우팅'당하는 데 따르는 위험은 아주 현실적인 영향을 미치기 때문에, 이들은 서로를 보호한다. 동시에 이 젊은이들은 자신들과 미래 세대에게 더 나은 미래가 열리기를 희망하며, 한국에서 이슬람을 정상 범주에 포함시키기 위한 노력에 불을 지핀다.

간혹 새로운 한국인 무슬림이 공동체를 찾아다니다가 이 페이지에 연락을 취하는 경우도 있다. 가령 한 질문자는 의무적인 군복무를 하면서 이슬람으로 개종했고 자신의 경험에 대해 이야기할 한국인 무슬림 친구가 필요해서 이 페이지를 찾아왔다. 무슬림인 상태로 역시 의무적인 군복무를 한 적이 있는 젊은 남성인 관리자 아마드는 이 질문자에게 깊은 공감을 느꼈다. 이 관리자는 군대 내에서 이슬람이 공인된 종교가 아닌 이 시기에 질문자가 얼마나 외로울지 공감할 수 있다고 꾸준히 자신의 심경을 밝혔다. 이는 이 질문자가 기도와 단식 의무를 수행할 시간을 내거나 군복무 중에 할랄음식으로 식단을 바꿀 가능성이 아주 낮다는 뜻이었다. 질문자와 아주 비슷한 경험을 했던 관리자는 밀려오는 향수를 느끼며 이 페이지를 통해 자신과 다른 젊은 한국인 무슬림들이 이런 식으로 다른 사람들을 도울 수 있고 그들에게 고정관념을 해체하는 정보를 제공할 뿐만 아니라, 새로운 신앙 속에서 발돋움하는 길고 외로운 여정에 있는 새로운 동료 무슬림을 조금이나마 도울 수 있다면 이 페이지는 가치 있다고 생각했다. 이는 또한 한국어 소통의 가치와, 이어서 다룰 '한국인다움'이라는 공동의 감각을 설명한다.

한국어 소통의 중요성: 한국인 정체성을 내세움

한국인 비무슬림이 한국어로 된 것 중에서 접할 수 있는 건 이슬람혐오가 가득한 내용 아니면 이슬람혐오를 담고 있지는 않지만 외국인이 제작한 것들이에요. 외국인이 만든 이슬람 관련 자료에는 한국인이 이해할 수 없는 아랍 용어가 많이 들어가 있구요. 아니면 외국에서 만든 내용들은 기초를 건너뛰고 중급이나 고급 지식으로 직행하죠. 이런 내용들은 한국의 비무슬림들에게는 적합하지 않아요. 사실 이런 내용은 무슬림용이죠. 하지만 한국에서는 이런 내용 밖에 없어요. 아니면 외국어로 된 자료를 봐야 해요.(인터뷰 대상자, 2019년 9월 8일)

이 인터뷰 발췌문에서 이슬람과 무슬림에 대한 양질의 한국어 자료가 부족한 것이, 한국 사회에서 이슬람을 정상 범주에 포함시킨다는 사명을 가로막는 실제적인 문제임을 알 수 있다. 현장 연구를 진행하는 동안 이슬람에 대한 한국어 자료의 부족이 한국인 무슬림들 사이에서 큰 불만일 뿐만 아니라, 집단이나 수업을 듣는 학생들을 서울의 중앙성원으로 데려와서 이슬람을 소개해야 하는 비무슬림 교사들, 여행안내자나 현장연구자 같은 많은 한국인들에게 좌절감을 안긴다는 사실을 알게 되었다. 거의 매주 일요일 오후면 어린 아이들이 이슬람 성원 건물 아래에서 원을 그리며 다리를 꼬고 앉아 선생님이 이슬람에 대해 들려주는 이야기에 열심히 귀 기울이는 모습을 볼 수 있다. 그보다 더 나이 든 한국인들은 함께 무리를 지어서 전에는 한 번도 보지 못했을 서울의 한 지역에서 관광을 하고, 연인들은 이슬람 성원의 높고 흰 기둥 뒤에서 얼굴을 내민 채 셀프카메라를 찍고, 해외의 무슬림 여행 시장으로 뻗어 나가고자 하는 여행안내자들은 자신들이 목표하는 시장에 대해 공부하기 위해 성원을 찾는다. 하지만 몇 안 되는 제목과 소책자를 제외하면, 짧은 방문객이나 세계종교에 대해 배우는 주말 수업에 참여한 학생들에게 제공할 수 있는 양질의 콘텐츠가 거의 없다. 이 문제를 정면에서 상대하고 있는 한 인터뷰 대상자는 자신들의 페이스북 활동이 이런 지식 공백을 메우고 한국 사회와 관계를 맺는 데 보탬이 된다는 믿음을 어떻게 갖게 되었는지를 설명했다.

한국인들은 한국어로 한국인에게서 이슬람에 대해 배울 수 있어요. 한국인이 자기 나라말로 이슬람에 대해 알 수 있는 데이터나 자료가 많지 않기 때문에 이건 중요해요. 적당한 책 한 권이 없어요. 적당한 비디오도 없고, 아무것도 없어요! 이슬람에 관심이 있는 사람들이 발견할 수 있는 책이나 인터넷 사이트는 보통 기독교인들이 만든 거예요. 서점이나 도서관 종교 코너에서 이슬람에 대한 책을 찾아보면 기독교인들이 이슬람을 공격하려고 쓴 책들이 많아요.

이 인터뷰 대상자는 기독교 도서에 의한 이런 식의 '이슬람에 대한 공격'에 대해 더 자세히 설명하기 위해 이렇게 말했다.

사실 그 사람들(기독교 선교사)은 이슬람 교리는 잘 안 다뤄요. 대신 무슬림 사회에서 벌어지는 사회문제를 다루죠. 무슬림 사회에서 여성을 어떻게 다루는지, 특히 무슬림 사회에서 어떻게 여성을 부정적으로 다루는지, (무슬림) 사회가 얼마나 부정의한지 같은 것들 말이에요. 그들은 그런 일에 더 초점을 맞춰요. 가끔은 꾸란의 구절 중 일부를 왜곡해서 자기들 주장에 짜 맞춰 넣기도 해요(괄호는 내용을 분명하게 전달하기 위해 저자가 추가함).

이 인터뷰에서 확인할 수 있듯 한국 무슬림들은 일반 독자들은 접근이 불가능한 영어 이슬람 텍스트에 의존해야 할 때가 많다. 영어를 보편적으로 사용하지 않는 한국에서는 영어가 대다수에게 훨씬 어렵고 불편하기 때문에 양질의 정보가 부재한 현실은 한국 사회에서 한국인 무슬림의 존재를 정상 범주에 포함시킨다는 더 큰 목표를 이루는 데 현실적인 장벽으로 작용한다. 이는 젊은 한국 무슬림 또래들이 앞서 언급했듯 이슬람에 적대적인 특정 한국 기독교단체나 이슬람혐오가 강하게 드러나는 미디어 보도가 만들어 낸 이슬람 콘텐츠를 소비하는 상황으로 연결되기 때문에, 젊은 한국인 무슬림들에게 이미 불안정한 상황을 더 악화할 수 있다. 어쩌면 한국인이자 무슬림이라는 독특한 정체성을 사회에서 인정받기 위해 고군분투하는 한국 무슬림 청년들에게 가장 중요한 점은, 한국어 콘텐츠의 부재가 이슬람은 외국 종교이고 이 종교로 개종한 사람들은 주류 한국 사회에 '이질적'이거나 '낯설다'고 인식되는 특징들을 띨 것이라는 기존의 관념을 강화한다는 사실인지 모른다.

토론

본 글은 서울에 있는 한국인 무슬림 공동체 한 곳과, 그들이 온라인상에서 일종의 '한국적인 이슬람'을 알리기 위해 행하는 노력을 소개했다. 필자는 특정 페이스북 페이지에 집중함으로써 한국 무슬림 청년들이 '집'이라고 부를 수 있어야 하는 한 사회와의 연결고리와 연대, 인정을 활성화하기 위해 한 집단이 온라인상에서 벌이는 노력을 더 깊이 살펴볼 수 있었다. 이슬람으로 개종하면서 예기치 못한 인종화 과정을 경험한 한국인 무슬림 청년들은 갑자기 자신이 속했던 네트워크와 가족, 더 넓은 사회의 주변부로 밀려나 어려운 위치에 놓이곤 한다. 한국 내 무슬림의 수는 상대적으로 적고 토착 한국인 무슬림의 수는 그보다 훨씬 적지만, 이들은 전 세계 다른 곳에 있는 무슬림 소수 공동체들이 상대하는 것과 유사한 많은 투쟁들을 공유한다. 한국인이건 다른 나라 출신이건 무슬림과 실제로 교류할 수 있는 기회는 제한적인데도 한국 내에서 무슬림에 대한 인식은 대체로 부정적이다.

이런 부정적인 인식의 원인으로 여러 가지 요인을 들 수 있는데, 그중에는 한국이라는 맥락에만 해당되는 것들도 있다. 식민지 경험과 그에 수반된 외국 문화의 강요라는 역사적 상황은 시간이 지나면서 한국인다움이라는 개념에 심대한 영향을 미쳤다. 소경희, 김준균, 이선영은 한국인 정체성 개념이 고유하고 동질적이며 보호할 필요가 있다는 의식에서 출발하여 시간의 흐름에 따라 어떻게 진화하고 변형되었는지 광범위한 계보학을 제시했다.[22] 송도영(2014)이 지적했듯 이 서사는 숱한 민족주의적-보호주의적 담론으로 이어졌고, 한국 문화라고 인식되는 것을 위협하거나 그것과 이질적인 것으로 간주되는 행위와 사람들을 상대로 효과적으로 결속을 다지고자 했다. 이는 한국 내 이슬람과 무슬림이라는 맥락 속에서 중요한 의미를 가진다. 역사적으로 이슬람과 무슬림과의 상호작용이 있었고 한반도 내에 역사적으로 무슬림 공동체가 존재했음에도[23] 한국 사회는 일반적으로 여전히 이슬람과 무슬림을 적대적인 시각으로 바라보면서 '이질적'이라고 여기고 있다. 송도영(2014)이 특히 강조하다시피 시간이 지나면서 이런 역사적인 사건들은 단일함이라는 감각에 잠재적으로 도전을 제기할 수 있는 다른 사회적 서사들과 함께 한국의 정체성에 대한 민족주의적 접근법을 강화하기 위해 삭제되었다. 한편 소경희 등은 정체성의 개념화를 일정한 시기의 사회, 정치, 역사적

---

22 K'yunghee So, Jun'gyun K'im, Sunyoun'g Lee, "The Formation of the South Korean Identity through the National Curriculum in the South Korean Historical Context: Conflicts and Challenges," *International Journal of Educational Development* 32, 2012, pp. 799–804.

23 Hee Soo Lee, *The Advent of Islam in Korea*, Istanbul, 1997.

맥락에 연결된 행위로 평가하고 여기에 동반된 다양한 담론들을 기록하고 있다.[24]

이런 틀에서 보면 한국의 무슬림, 그중에서도 특히 한국인 무슬림 청년들이 인종화 과정을 통해 안정적인 (지금은 논란이 많은) 한국인 정체성 개념과 다르고 이질적이며 위협을 가한다고 인식된다는 점에서 한국의 다문화 과정과 유사한 많은 도전 과제를 상대하고 있음이 점점 분명해지고 있다. 하지만 일반적으로 한국인과 비한국인 부부와 이들의 혼혈 자녀로 구성되는 다문화가족들과는 달리, 이 연구에서 보았듯 한국인 무슬림 청년들은 이슬람으로 종교 또는 신념을 바꾸겠다는 자발적인 선택을 통해 인종화를 거치게 된다.

전 세계의 무슬림 소수자 공동체에 영향을 미치는 요인들 외에도 한국의 특수한 맥락들 역시 고려해야 한다. 무슬림에 대한 이야기에서 오리엔탈리즘적인 표현을 재생산하거나 되풀이하는 미디어의 이슬람혐오 담론들이 이 연구에서도 핵심 주제로 반복적으로 등장했다. 이런 이슬람혐오를 결정하는 것은 내부와 외부의 숱한 요인들이다. 한국 내부 요인으로는 한국어로 된 이슬람 지식과 자료의 부재, 그리고 한국인 무슬림과 실제 상호작용할 기회가 거의 없다는 것이 해당된다.[25] 이 때문에 만들어진 진공 상태를 채우는 것은 무슬림이 저지른 폭력행위를 과도하게 다루면서 이슬람과 테러리즘을 연결시키는 미디어의 뉴스 아니면 '문명의 충돌'식의 가르침을 통해 반

---

[24] K'yunghee So, Jun'gyun K'im, Sunyoun'g Lee, "The Formation of the South Korean Identity through the National Curriculum in the South Korean Historical Context: Conflicts and Challenges", 2012, pp. 797-804.

[25] Jang Don-Jin, Ch'oi Wŏn-Jae, "Muslims in Korea: The Dilemma of Inclusion," *Korea Journal* vol. 52, no. 2, 2012, pp. 60-187.

무슬림 정서를 설파하는 특정 한국 교회의 선교운동이다.[26] 결과적으로 이슬람이 아직도 한국에서 외래종교로 인식되고 있음을 감안하면, 한국인의 무슬림 개종이 오늘날 한국의 변화하는 문화 지형에 대한 두려움의 확산과 어떻게 연결되는지를 이해할 수 있다.

이런 맥락적 요인들은 온라인상에서 이슬람 정체성을 소개하려는 한국인 무슬림의 노력을 분석할 때 중요한 고려 사항이다. 한국인 무슬림의 일상은 혹독한 경우가 많고, 많은 사람들이 개종 사실을 공개하면 가족과 친구 집단에서 배척당하기도 한다. 이는 새로운 한국인 무슬림들이 이슬람에 대한 신뢰할 만한 한국어 자료가 드문 환경에서 왕따가 될 두려움 때문에 사회의 눈을 피해 새로 갖게 된 신앙에 대해 공부해야 함을 의미한다. 많은 무슬림 사회에 한국인 무슬림이 존재한다는 의식이 일반적으로 부재한데다, 이들에게는 한국어 역시 낯설기 때문에 한국인 무슬림 청년들은 독특한 입장에 놓이게 되고, 이 때문에 외부의 공인된 권위자의 평가에서 상대적으로 자유로운 상태로 온라인상에 자신들의 이슬람 사상을 드러낼 수 있게 된다.

본 글에서 밝힌 사례 중 새로운 한국인 무슬림 군인과 호기심 많은 비무슬림 한국 학생의 경우는, 한국이라는 맥락에서 공동의 정체성이나 가치를 공유하는 것의 의미를 보여 준다. 무슬림 군인의 사례에서 역시 병역의 의무를 치르는 동안 무슬림이었던 한국인 페이지 관리자는 페이스북을 통해 자신의 개인적 경험에서 우러나오는

---

26 Hoi Ok Jŏng, "South Korean Attitudes Toward Muslims: Revealing the Impact of Religious Tolerance," *Islam and Christian–Muslim Relations* vol. 28, no. 3, 2017, pp. 381–398.

조언과 감정적인 지지와 통찰을 제시할 수 있었다. 또한 비무슬림 학생의 사례에서 본 글에서 언급한 인터뷰 대상자들은 자신들이 '그냥 사람'임을 보여 줄 기회를 얻었다. 이런 종류의 깊이 있는 교류가 잦지는 않지만 사소하다고 볼 수도 없다. 지금까지 페이스북 페이지에서 일어난 활동의 상황을 보면 인터뷰에 응한 모든 관리자들은 자신들의 진전에 만족한 듯하다. 그들은 짧은 시간 동안 많은 사람에게 다가가거나 얕은 방식으로 교류하는 것을 목적으로 하지 않는다. 그보다는 온라인이든 오프라인이든 일대일 교류가 한국에서 한국 동포들이 자신들의 존재를 받아들이는 데 필요한 시간과 장소를 가능케 한다고 믿으며, 평균적인 한국인의 생활과 마음을 움직이게 할 수 있는 노력을 더 좋아한다. 공동의 문화와 정체성, 가치와 언어를 중시하는 사회에서 한국인 무슬림들이 스스로를 적극적인 주체로 내세우면서 세계화와 다문화주의를 향해 천천히 나아가며 한국인이자 무슬림이라는 것의 의미를 재구축하는 것은 강력한 상징이다.

결론

본 연구는 한국인 무슬림 청년들이 페이스북, 그중에서도 특히 프라이빗 메시지 기능을 이용해서 주류 한국 사회와 소통하는 방식을 살펴보았다. 한국 무슬림 청년들은 이슬람에 대한 간단하고 분명한 정보를 담고 있는 공개 포스트를 올리는 동시에 프라이빗 메시지 공간에서 그보다 더 길고 민감한 토론을 진행하면서 온라인상에서 무슬림이자 한국인으로서의 정체성을 확립하는 한편, 이슬람에 대한 서사를 퍼뜨리고 있다. 이런 활동이 한국어로만 이루어지고 있다는 점은 다음과 같은 여러 이유에서 중요한데, 그중에는 이런 이유도 있다. 무슬림 학계 안에 한국어와 한국 문화에 능통한 사람이 없다 보니 독립성이 보장되고, 이로써 한국 무슬림 청년들은 영어권에 있는 무슬림 소수 공동체가 경험할 수 있는 학계의 개입과 평가에서 상대적으로 어느 정도의 유연성과 자유를 얻게 된다. 이 페이스북 '다와' 활동의 궁극적인 목적이 한국 사회에서 이슬람을 정상 범주에 포함시키는 것이라는 점을 감안했을 때, 한국어를 가지고 소통할 경우 한국인 무슬림들은 한국이라는 맥락에 확고하게 뿌리를 둔 언어적·인종적·종교적 정체성을 확립하는 한편, 아주 점진적이지만 '한국인 이슬람'을 위한 다음 진화 단계를 보여 줄 수 있다.

참고문헌

오경석 외,《한국에서의 다문화주의》, 한울아카데미, 2007.

정건화 외,《근대 안산의 형성 과 발전》, 한울아카데미, 2005.

김영남, 〈이주 무슬림의 한국 사회 정착에 대한 선교적 고찰〉,《선교신학》21,
　　2009, 1~35쪽.

장훈태, 〈기독교에서 바라본 한국의 이슬람 정착과 근본적인 대처 방안〉,《복음과
　　선교》19권, 2012, 265~303쪽.

조희선, 〈한국 이주 아랍 무슬림의 현황과 조직화〉,《한국중동학회논총》29(1),
　　2008, 31~66쪽.

조희선, 〈한국 이주 아랍 무슬림의 혼인과 정착, 그리고 문화적응에 관한연구〉,
　　《한국중동학회논총》30(1), 2009, 169~215쪽.

D. Tyrer, *Politics of Islamophobia: race, power and fantasy*, London, UK: Pluto
　　Press. 2013.

Edward Said, *Covering Islam: How the Media and the Experts Determine How We See
　　the Rest of the World*, London, UK: Vintage, 1997.

Edward Said, *Culture and Imperialism*, New York, NY: Knopf, 1994.

Edward Said, *Orientalism*, New York, NY: Pantheon Books, 1978.

G.-W. Shin, *Ethnic nationalism in Korea*. Stanford, CA: Stanford University
　　Press, 2006.

Gary R. Bunt, *Islam in the Digital Age: E-Jihad, Online Fatwas and Cyber Islamic
　　Environments*, London: Pluto Press, 2003.

K. Bullock, *Rethinking Muslim Women and the Veil: Challenging Historical and
　　Modern Stereotypes*, London, UK: International Institute of Islamic
　　Thought, 2002.

Katherine Zebiri, *British Muslim Converts: Choosing Alternative Lives*. Oxford, UK:

Oneworld Publications, 2007.

Lila Abu-Lughod, *Do Muslim Women Need Saving?*, Harvard University Press, 2013.

Lee, Hee Soo, *The Advent of Islam in Korea*, Istanbul, 1997.

Manuel Castells, *Networks of Outrage and Hope: Social Movements in the Internet Age*, Cambridge: Polity Press, 2012.

Peter Morey, Amina Yaqin, *Framing Muslims: stereotyping and representation after 9/11*, Cambridge, MA: Harvard University Press, 2011.

Peter Morey, Amina Yaqin, *Muslims, Trust and Multiculturalism: New Directions*, Palgrave, 2018.

Ben Jackson, "How Influential Is Islam in South Korea?", *Korea Expose*, 2018. (www.koreaexpose.com/how-influential-islam-south-korea)

Denny, Frederick Mathewson, "Da'wah." *In Encyclopedia of Religion* vol. 4, 2005, pp. 2225-2226.

Don Baker, "Islam Struggles for a Toehold in Korea," *Harvard Asia Quarterly Winter* vol. 10 Issue 1, 2006, pp. 25-30.

E. Baulch · A. Pramiyanti, "Hijabers on Instagram: Using Visual Social Media to Construct the Ideal Muslim Woman." *Social Media and Society*, 2018, pp. 1-15.

Eva F. Nisa, "Creative and Lucrative Da'wa: The Visual Culture of Instagram amongst Female Muslim Youth in Indonesia", *Asiascape: Digital Asia* 5, 2018, pp. 68-99.

Eva F. Nisa, "Embodied Faith: Agency and Obedience among Face-veiled University Students in Indonesia", *Asia Pacific Journal of Anthropology*, 13, 4, 2012, pp. 366-381.

Eva F. Nisa, "Female Voices on Jakarta's Da'wa Stage", *Review of Indonesian and Malaysian Affairs* 46, 1, 2012, pp. 55-81.

Farrah Sheikh, "Exploring "Korean Islam" in a Climate of Exclusion and Islamophobia," *International Journal of Diaspora and Cultural Criticism* 9, 1,

2019, pp. 70-99.

Gary R. Bunt, "Islam@Britain.net: British Muslim Identities in Cyberspace", *Islam and Christian–Muslim Relations* vol. 10, no. 3, 1999, pp. 353-362.

Ikran. E-um, "Korea's response to Islam and Islamophobia: Focusing on veiled Muslim women's experiences", *Korea Observer* 48, 2017, pp. 825-849.

Jang, Don-Jin · Choi, Wŏn-Jae, "Muslims in Korea: The Dilemma of Inclusion", *Korea Journal* vol. 52, no. 2, 2012, pp.60 - 187.

Jŏng, Hoi Ok, "South Korean Attitudes Toward Muslims: Revealing the Impact of Religious Tolerance", *Islam and Christian–Muslim Relations* vol. 28, no. 3, 2017, pp. 381-398.

Joung, Yole Rew, "The Present Situation of Islamic and Middle Eastern Studies in Korea (South)," *Middle East Studies Association Bulletin* vol. 25, no. 2, 1991, pp. 181-183.

Jon W. Anderson, "The Internet and Islam's New Interpreters", *In New Media in the Muslim World: The Emerging Public Sphere*, Bloomington: Indiana University Press, 2003, pp. 41-55.

Kim, Su-wan, "Framing Arab Islam axiology Published in Korean Newspapers", *International Journal of Philosophy of Culture and Axiology* vol. 10, no. 1, 2013, pp. 47-66.

Koo, Ki Yŏn, "Islamophobia and the Politics of Representation in Korea", *Journal of Korean Religions* 9, 1, 2018, pp. 159-192.

Kwŏn, Jeeyun, "The Rise of Korean Islam: Migration and Da'wa", *Middle East Institute*, 2014. (www.mei.edu/publications/rise-korean-islam-migration-and-dawa#_ftn1)

Rhee, Kyung Yong · Kim, Wang-Bae, "The Adoption and Use of the Internet in South Korea," *Journal of Computer-Mediated Communication* Volume 9, Issue 4, 1, 2004. (www.doi.org/10.1111/j.1083-6101.2004.tb00299.x.)

Khalid Nur Leila · Jayasainan Sheila Yvonne · Hassim Nurhizan, "Social Media Influencers Shaping Consumption Culture among Malaysian Youth", *SHS Web of Conferences* 53, 2018,

Levi J. West, "#jihad: Understanding Social Media as a Weapon", *Security Challenges* 12, no. 2, 2016, pp. 9-26.

Magdalena Karolak, "Online Aesthetics of Martyrdom: A Study of the Bahraini." *In Political Islam and Global Media*, 2016, pp. 67-85.

Martin Van Bruinessen, "Producing Islamic Knowledge in Western Europe: Discipline, Authority, and Personal Quest", In *Producing Islamic Knowledge*, 2010, pp. 1-27.

Nasaya Bahfen, "The Individual and the Ummah: The Use of Social Media by Muslim Minority Communities in Australia and the United States", *Journal of Muslim Minority Affairs* 38 - 1, 2018, pp. 119-131.

Noureddine Miladi, "Social Media as a New Identity Battleground: The Cultural Comeback in Tunisia after the Revolution of 14 January 2011." In *Political Islam and Global Media: The Boundaries of Religious Identity* edited by Noha Mellor & Khalil Rinnawi, London: Routledge, 2016, pp. 34-47.

Oz. Sultan, "Combatting the Rise of ISIS 2.0 and Terrorism 3.0", *The Cyber Defense Review* 2, no. 3, 2017, pp. 41-50.

Pippa Norris, "Political Mobilization and Social Networks: The Example of the Arab Spring", In *Electronic Democracy*, 2012, pp. 55-76.

So, Kyunghee · Kim, Jungyun · Lee, Sunyoung. "The Formation of the South Korean Identity through the National Curriculum in the South Korean Historical Context: Conflicts and Challenges", *International Journal of Educational Development*, 2012, pp. 97-804.

Song, Doyoung, "The Configuration of Daily Life Space For Muslims In Seoul: A Case Study Of Itaewon's "Muslims' Street", *Urban Anthropology and Studies of Cultural Systems and World Economic Development* vol. 43, no. 4, Special Issue: Emigration and Immigration: The Case of South Korea, 2014, pp. 401-440.

Song, Doyoung, "Ummah in Seoul: The Creation of Symbolic Spaces in the Islamic Central Masjid of Seoul", *Journal of Korean Religions* vol. 7, no. 2, 2016, pp. 37-68.

Thapa Shanker, "Identity of Muslims as a Religious Minority in Korea: A

Preliminary Report", *The Review of Korean Studies* 3, 2, 2000, pp. 167-180.

Z. Sardar · W. M. Davies, "Freeze Framing Muslims: Hollywood & the Slideshow of the Western Imagination", *Interventions* vol. 12, no. 2, 2010, pp. 239-250.

모빌리티와 일상의 세계

: 복잡성, 리듬, 정동

이용균

모빌리티의 관계적 이해

우리는 모빌리티mobility가 정확히 무엇인지 알 수 없다. 모빌리티가 무엇이라고 명확히 말할 수 없지만, 감각적으로 그리고 직관적으로 무엇을 통해 모빌리티를 이해할 수 있을지 생각하게 된다. 정리되지 않은 상태의 생각을 흔히 직관이라 하는데, 생각은 이성적이거나 논리적 사고에 기초하지 않을 때가 많다. 정의 내리거나 환원할 수 없는 무언가의 느낌과 인식의 세계를 우리는 사유의 과정이라 부른다. 생각과 느낌이란 우리의 몸을 통해 의식적으로 또는 무의식적으로 형성되는 것이기에, 일부 학자들은 사고의 토대가 느낌과 직관이라고 한다(Root-Bernstein and Root-Bernstein, 1999). 모빌리티를 어떻게 이해할 수 있을까? 떠오르는 직관은 모빌리티는 매우 다양하고 복잡하며 우리 일상에서 매우 중요한 역할을 하고 있다는 것이다.

모빌리티는 세상을 운동과 이동으로 이해하는 관점이자 방법론이다(이용균, 2015, 2019a). 우주는 움직임 속에 작동하고, 운동하는 것들(분자, 사물 등)은 서로 관련을 맺으면서 이동하고, 부동적인 것도 우주의 움직임 속에 있음과 동시에 다른 이동을 자극한다. 사물이 이동한다는 것은 빈 공간을 자유롭게 움직이는 것이 아니라, 뭔가의 관계-맺음에 의한 위치의 변화이다. 따라서 모빌리티는 단순히 운동하는 것the motion, 움직이는 것the movement, 이동하는 것the mobile을 의미하는 것이 아니라, 사물이 어떤 메커니즘을 통해 관계를 맺고, 그러한 관계가 의미하는 것이 무엇인지에 관심을 갖는 것이다.

모빌리티로 세계를 이해하려는 시각을 모빌리티 렌즈mobility lens라고 한다. 사물의 운동과 이동은 복잡한 관계들이 형성하는 시스템, 그리고 시스템들의 결합으로 구성되고 작동한다. 필자는 모빌리티 렌즈의 인식론적 출발점을 운동과 이동의 시스템으로 이해한다. 모빌리티는 어떻게 시스템으로 작동하는가? 모빌리티는 인간을 포함한 모든 사물의 운동과 이동이 서로 관계를 맺는 의미-구성-실천의 결합체라 할 수 있다. 운동과 이동이 어떤 의미를 가지며, 어떻게 구성되며, 어떻게 실천되는지를 동시적으로 그리고 관계적으로 인식하는 것이 시스템으로서 모빌리티의 이해일 것이다. 이것이 모빌리티의 인식론적 토대라고 필자는 생각한다.

그렇다면 모빌리티 시스템을 어떻게 이해할 수 있을까? 모빌리티 시스템은 단 하나의 메타이론으로 설명될 수 없으며, 여러 관점과 이론의 결합이 가장 적절한 방법론이라 생각된다. 따라서 필자는 모빌리티 시스템을 이해할 수 있는 가장 적절한 방법으로 아상블라주assemblage를 꼽는다. 아상블라주는 부분들의 연결이 맺는 시스템의 결합과 배치를 관계적으로 이해하는 것으로(Deleuze and Guatarri, 1980), 모빌리티를 의미-구성-실천의 결합 시스템으로 이해함에 있어 많은 통찰력을 제공한다. 필자는 모빌리티 시스템을 이해하는 아상블라주의 이해 방법을 두 가지로 구분한다. 하나는 모빌리티 시스템의 부분을 이해하는 것이다. 이는 사물의 운동과 이동에 연루된 현상과 사건을 이해하는 것으로, 현상학에 대한 비판적 접근과 아상블라주를 통해 이해할 수 있다고 판단된다. 다른 하나는 모빌리티 시스템을 작동시키는 의미-구성-실천의 복합체를 각각 복잡성 사고, 리듬분석, 정동이론, 그리고 그들의 결합으로 이해하는 것이다. 이는 이동(운동)의 발생과 결합을 창발적 관점으로 이해하는 복잡성 사고에 의해 모빌리티의 의미를 이해하고, 일상의 활동이 반복과 차이의 리듬에 의해 형성된다는 리듬분석에 의해 모빌리티의 구성을 이해하며, 운동과 이동에 내재하는 느낌, 감응, 분위기 등과 같은 감정의 세계, 즉 정동이론을 통해 모빌리티의 실천을 이해하는 것이다. 그렇다면 모빌리티 시스템의 방법론으로 복잡성 사고, 리듬분석, 정동이론은 각각 어떻게 활용되고 아상블라주라는 관점으로 재결합될 수 있는가.

첫째, 운동하는 것, 그리고 이동하는 것은 사물의 관계에 의한 것이므로 모빌리티는 의미를 내포하는 관계들의 시스템이다(Cresswell, 2010). 어리John Urry(2007)는 모든 사물은 잠재적 연결 상태에 있다는 지멜Georg Simmel의 사고에 동의하면서, 사물이 관여되는 관계의 상호성에 의해 사물은 의미를 갖는다고 주장하였다. 이는 세상의 모든 것을 운동하고 이동하는 것으로 이해하는 것이며, 사물의 활력이 운동과 이동에 의존함을 뜻한다. 하지만 사물의 운동과 이동의 의미를 정확히 이해하는 것은 힘들다. 왜냐하면 사물의 관계를 이해한다는 것은 매우 복잡한 시스템의 결합을 이해하는 것이기 때문이다. 중심 없이 미로처럼 얽힌 상태로 존재하는 리좀Rhyzome의 형태를 갖는 것이 관계의 시스템이며(Deleuze and Guattari, 1980), 사물의 상호작용 속에는 사물 자신의 자기복제적, 자기생산적, 자기조직적 특성도 내재되어 있다(Morin, 2005). 따라서 운동과 이동이 갖는 의미를 정확히 파악할 수는 없지만, 보여지는 현상에 대한 고찰은 비평행 상태에서 평형 상태로 전환하는 움직임을 포착하게 하고, 운동과 이동이 우연적 사건에 의해 생성되는 관계임을 이해하도록 한다. 이런 맥락에서 복잡성 사고는 모빌리티의 의미를 이해하는 데 매우 중요한 통찰력을 제공한다.

둘째, 모빌리티의 구성은 어떻게 이해될 수 있는가? 모빌리티는 리듬, 즉 일상의 활동 속에 나타난다. 르페브르Henry Lefebvre(1992)는 《리듬분석》에서 활성을 갖지 않는 것은 세상에 아무것도 없다고 주장한다. 통근, 등교(공부), 종교 행사, 만남, 쇼핑, 여행, 낮과 밤, 파도, 선거, 계절 등과 같은 세상의 모든 활동은 저마다 독특한 움직임, 순서, 절차와 같은 리듬을 갖는다. 느리거나 빠르거나 연속적이거나 불연속적이거나 선형적이거나 순환적인 리듬에 의해 운동과 이동이 구성되며, 이를 통해 우리의 삶이 생산되고 재생산된다. 리듬은 일상의 규범과 관계를 형성함과 동시에 이들의 산물이기도 한데, 부르디외Pierre Bourdieu(1979)는 개인과 집단의 이동이 스스로 발생하는 것처럼 보이지만, 사실은 사회적 규범과 가치에 의해 발생한다고 주장한다. 비슷한 맥락에서 로우John Law(1994)는 행위자네트워크의 관점에서 여가와 같은 사회적인 것The social은 카페, 주차장, 자동차와 같은 물질적인 것The material에 의해 생산된다고 주장하였다. 즉, 일상의 활동은 리듬에 의한 것으로, 리듬분석은 모빌리티 구성의 메커니즘을 이해하는 안목을 제공한다.

셋째, 정동이론은 어떻게 모빌리티가 실천되는 것을 설명할 수 있는가? 정동이론에 의하면, 인간의 이동은 우리 몸이 체험하고 반응하는 감정의 세계, 즉 정동과 밀접히 관련된다. 모든 운동과 이동은 관계들의 마주침을 수반한다. 사물, 인간, 또는 비인간과의 마주침에서 창발하는 감정, 느낌, 이미지, 촉각은 이동의 지속, 보류, 중단에 막대한 영향을 미친다. 인터넷을 하는 것, 특정 사이트에 접속하는 것도 모두 욕망과 욕구라는 감정(구조)에 의한 것이며, 출근할 때 자동차를 이용할지 걸어갈지 아니면 자전거를 이용할지를 선택하는 것도 감정에 의한 것이다. 몸이 희망하는 것과 이에 대한 실천은 이성에 앞서 감정이 작용한 결과이다. 이처럼 정동은 운동과 이동이 실천되는 맥락을 이해하는 토대를 제공하고, 세계를 존재하는 것이 아니라 구성되는 것으로 이해하는 통찰력을 제공한다. 정동은 살아지는 복합 시스템으로서 우리 몸이 시공간을 따라 어떻게 이동을 실천하는지를 보여 주는 은유이자 통찰력이다.

창발의 현상학과 관계의 아상블라주

사건으로서의 현상

아침 도로에서 마주하는 분주함은 여러 모빌리티의 결합이다. 2020년 9월 25일 오전 8시 40분부터 10시 20분까지 광주광역시 상무지구에 위치한 한 자동차 서비스센터에서 창문을 통해 바라본 창밖의 이미지는 분주한 마주침의 연속이었다.[1] 창문 밖 풍경은 운동과 이동의 세계를, 다양한 감정과 감각으로 접하는 세상을 펼쳐 보인다. 코로나 바이러스 팬데믹 상황이지만 도로는 질주하는 차량으로 가득하다. 규정속도를 다소 넘긴 차량들이 끊임없이 이어지는 오전 9시 무렵이다. 불황인 듯 건너편의 상점들은 아직 문을 열지 않았고, 바쁘게 활보하는 사람들 속에 여유 있는 일상복 차림의 사람들이 뒤섞인다.

2020년 9월 25일 08:40~10:20, 광주광역시 상무지구에 위치한 한

---

[1] 현장에 대한 관찰은 다양한 방법으로 진행되는데, 현장을 여러 차례 방문하고 관찰하는 것이 보편적이라 할 수 있다. 이 연구는 한 차례의 현장 체험에 의존하는데, 시공간의 사건이 전개되는 순간을 포착하려는 의도였다. 오랫동안 관찰하는 경우 현장에 익숙해지면서 장소와 경관을 고정된 시각으로 이해할 우려가 있고, 또한 사건을 현장의 재현으로 이해할 우려가 있다. 시공간의 순간을 포착하는 것은 비재현을 강조하기보다 재현-하기를 피하려는 의도였으며, 일상을 선입견을 갖는 고정된 시각 속에 조망하지 않기 위한 방법이기도 하다. 또한 현장에 대한 오랜 관찰은 장소 경험을 제공하겠지만, 다른 시간에 전개되는 개개의 사건을 동시간대의 것으로 동일시하는 문제에 빠질 수도 있다.

자동차 서비스센터에서 창문 너머로 바라본 도시 풍경은 다음과 같았다. 코로나 바이러스가 다소 진정되면서 아침 출근 시간은 평소와 비슷한 모습을 보이는 것 같았다. 아침 출근 시간의 질주하는 차량(지나침, 통과, 소음)들이 쉼 없이 지나치고 신호등에 멈추고, 초록빛 가로수 아래 몇 개의 떨어진 낙엽의 모습에서 가을이 오고 있음을 느낀다. 인도와 차로의 끝부분에 플라스틱 파편들이 놓여 있고, 중앙분리대 대신 사용된 플라스틱 봉 사이를 질주하는 차량들의 간격이 아슬아슬하다. 인도를 바쁘게 걷는 사람들, 동네 주민처럼 느껴지는 느린 걸음의 사람들, 길 건너편 조그마한 교회의 고요함이 느껴지고, 다양한 형태의 마스크는 하나의 유행으로 착각될 것 같으며, 긴팔과 반팔의 옷차림이 섞이는 것은 계절과 연령의 차이를 반영하는 듯하다. 반대편 길가에는 주차금지 안내문이 크게 쓰여 있고, 어지러운 상점의 광고판이 눈길을 끈다. 자동차 서비스센터 내부는 깨끗하고 클래식 음악이 잔잔히 흐르고 있으며, 다양한 취향의 음료와 커피 서비스가 제공된다. 휴대폰을 보며 걷는 20대 여성의 뒤로 손에 짐을 가득 쥔 사람들이 통과하고, 인도의 한편에서는 옆 건물의 병원에 입원한 환자들이 쉬고 있다. 걷는 사람의 이미지만 보더라도 보행자를 하나의 이미지로 재현하기는 힘들다는 느낌을 받을 즈음, 지나가는 오토바이의 소음과 멀리 보이는 푸른 언덕과 언덕을 반쯤 가린 아파트가 시야에 들어온다. 인도의 가로수를 손질하는 사람과 기계음이 지나치는 차량의 소음과 혼합될 때, 인도를 지나치는 요구르트 판매원의 탈것이 눈길을 끌고, 뒤이어 택시를 기다리고 타는 모습이 보이며, 사람들을 헤치고 인도 위를 서서히 빠져나가는 축 늘어진 어깨의 할아버지가 탄 자전거와 도로의 끝부분을 조심스럽게 달리는 자전거가 대조를 이루고, 관찰자의 시야를 가리면서 바삐 도로변에 주차하는 택배 차량과 이어폰을 끼고 바쁜 걸음으로 물건을 배달하는 택배 기사의 모습은 코로나 바이러스 상황 속에서 그들의 힘든 삶을 연상시킨다. 이리저리 차로를 바꾸는 택시의 모습과 함께 차에서 내리는 사람, 지나치는 비행기의 소음, 도로에서 짐을 싣고 자전거를 끌고 지나치는 모습, 그리고 장애인의 모습과 이곳의 풍경이 낯설다는 느낌이 들 즈음에 아웃도어 복장과 운동화 차림의 보행자, 개를 데리고 산책하는 여성, 등산복과 배낭을 메고 마중 나오는 차에 오르는 여성이 한 공간을 차지한다. 시간이 흐르면서 조용했던 자동차 서비스 센터 내부에서 종업원들의 대화 소리가 커지고 농담이 오간다. 맞은편 도로의 끝에는 에어컨의 실외기가 도로에 인접하여 노출되어 있다. 육중한 트럭이 상당히 빠른 속도로 지나치면서 시선을 끌고, 잠시 후 신호에 멈추는 차들이 꼬리를 문다. 신호에 걸려 횡단보도 앞에 좁은 간격으로 아슬아슬하게 정지한 차량들 뒤로, 맞은편 인도에서 우산으로 햇빛을 가리며 걷는 여성이 눈길을 끌고, 우편물을 들고 가는 사람, 커피를 들고 가는 청년, 캐리어를 끌고 가는 사람, 바쁘게 걷는 젊은 여성들과 함께 엉거주춤 걷는 할아버지의 모습이 인상적이다. 맨홀 주변의 가로수는 시멘트로 테두리가 둘러쳐져 있고 그 가운데 휴지가 떨어져 있다. 와이파이가 작동하는 쾌적한 실내에서 창문 위쪽을 바라보니 가로수 위에 걸린 여러 가닥의 전선들과 그 사이로 맑은 가을 하늘이 보이고, 시선을 인도로 옮기니 폐지를 줍는 손수레가 서서히 인도를 통과한다. 손수레를 끄는 남루한 남성의 이미지 뒤로 반바지와 반팔 차림의 젊은 청년이 다른 이미지를 주고, 택시에서 짐을 잔뜩 내리는 승객과 택시 뒤로 빠르게 지나치는 SUV와 시선이 마주친다.

인도는 차도와 상점을 단절시키고 다른 한편으로 연결시키는 역할을 한다. 때론 도로와 인도가 구분되지 않기도 한다. 아침나절 바쁘게 출근하는 사람들과 여유 있게 지나치는 동네 주민, 그리고 주변 건물의 병원에 입원한 사람이 잠깐 휴식을 취하면서 흡연하는 장소이기도 하다. 가로수가 있는 곳, 가로등이 불을 밝히는 곳, 지나치는 사람들로 하여금 피해 가게 만드는 건물에서 내놓은 물건들과 각종 안내판이 놓여 있는 곳이 인도이다. 인도는 서로 다른 모빌리티를 발생시키고, 모빌리티에 의미를 제공하는 공유의 공간이다.

도로, 인도, 가로등, 가로수 등은 사적 소유도 아니고 공적 소유도 아닌 모두가 공유하고 관리하는 공유재이다(Negri and Hardt, 2009; Sheller, 2018). 즉, 이들은 소유의 대상이 아니라 사용의 대상이다. 도로, 인도, 거리에서 마주치는 차와 사람들, 가로수와 교통표지판, 카페와 식당은 모두 도시적 모빌리티를 위한 것이다. 이런 점에서 사회의 공유재가 많다는 것은 더 많은 모빌리티를 발생시키는 토대이다. 도로-인도-상점-주택이 상호 연결되는 거리는 집단적인 사회적 필요가 모빌리티를 매개하고 발생시키는 방식이다(Nikolaeva, et al., 2017).

상무지구의 이곳 거리는 부동적 상태로 존재하나 사실은 매우 역동적인 공간이며, 또한 시간에 따라 다른 풍경을 보일 것으로 상상되는 살아지는 공간lived space이다. 계절과 기후에 따라 다른 풍경을 보일 것이며, 사고가 났을 때 또는 천재지변의 상황일 때 이곳은 다른 공간이 될 것임에 분명하다. 분주함 속에 일상의 루틴이 목격되고 복잡하고 이질적인 공간이지만 뭔지 모르는 질서가 느껴지는 감각적 공간이다. 이런 감각이 작동한다는 것은 아마도 공간에 대한 몸의 학습 결과일 것이다(Thrift, 2004b).

상무지구 거리에서 관찰되는 현상들은 이동하는 주체, 매개, 실천, 통제, 감정 그리고 부동적 요소로 구분하여 살펴볼 수 있다(〈표 1〉 참조). 거리는 보행자, 청소부, 택배기사, 택시 승객, 판매원, 환자

<표 1> 운동과 이동에 관련되는 현상

구분	관련되는 현상
이동 주체	보행자, 청소부, 택배기사, 택시 승객, 판매원, 환자
이동 매개	자동차, 자전거, 오토바이, 캐리어, 걷기, 장애용 차량
이동 실천	산책, 출근(통행), 병원 방문, 우편물 보내기
이동 통제	신호등, 횡단보도
이동 감정	질주(차량), 긴장(마스크), 설레임(등산복), 여유(커피), 걱정(우산), 시원함(반바지), 동반(휴대전화, 반려견)
부동 요소	자동차 서비스 센터, 차도, 인도, 상점, 가로수, 아파트, 언덕, 교회, 주차장

출처: 저자 정리

등 다양한 이동 주체와 부동적 요소인 차도, 인도, 상점, 주차장 등이 복잡하게 상호작용하면서 모빌리티를 발생시킨다. 이동을 매개하는 자동차, 자전거, 오토바이 등과 신호등, 횡단보도 등의 이동 통제 요소가 결합되어 다양하고 복잡한 리듬을 구성한다. 이동의 실천과 이에 동반하는 감정은 서로의 친밀감을 더하면서 복잡한 모빌리티를 생산한다. 모빌리티의 실천은 다양한 감정의 세계를 동반한다.

아침의 분주함은 모빌리티가 세상을 움직이는 핵심 요소임을 보여 준다. 이처럼 분주하게 움직이는 현상들은 자체의 활력과 힘을 갖는다. 하지만 현상 자체에 지나치게 몰두하면, 현상을 구성하는 관계들의 메커니즘과 현상이 창발하는 시스템을 간과할 수 있다. 분주한 아침의 현상들을 재현의 관점에서 이해하기보다, 있는 그대로 구성되는 실체로 이해하는 것이 중요하다. 이동하는 사물과 그것이 만들어 내는 공간의 특성을 이해한다는 것은, '원리와 관점'이란 고정관념에서 벗어날 필요가 있다는 것이다(Doel, 2013). 우리가 살고 있는 세계가 어떤 관계의 결과인지는 쉽게 파악되지 않는다(Moran, 2005; Seamon, 2018). 이는 분주한 움직임들이 운동하고 이동하는 것들의 결합이기 때문일 것이다. 현상을 부분으로 환원할 수 없기에 현상에 대한 이해가 어려워지는 것이다. 아상블라주는 복잡한 것들을 부분의 관계로 이해하는 안목을 제공한다. 아상블라주로서 모빌리티를 이해하기 앞서, 모빌리티는 어떻게 현상학적 경험과 관련되고 있는지 살펴보는 것이 중요하다.

현상학으로 모빌리티 읽기

후설Edmund Husserl의 연구에 기초한 현상학은 사물의 의미와 본질meaning and essence of things을 이해하는 데 관심을 둔 철학적 사고이다. 현상학은 인간이 저마다 다른 방식으로 장소를 이해한다는 것은 장소의 본질이 다르기 때문이라고 한다(Tuan, 1974). 현상학에 의하면, 장소의 본질을 이해한다는 것은 인간의 의식 내에 존재하는 모든 전제와 선입견에서 벗어나는 것을 의미한다. 현상으로 읽히는 장소의 본질은 역사에 따른 인간의 가치, 태도, 사고의 변화가 종합된 것으로, 장소의 본질을 알면 인간의 내면 세계를 이해할 수 있다는 것이 현상학적 사고의 토대이다.

하이데거Martin Heidegger와 메를로-퐁티Maurice Merleau-Ponty는 현상학의 핵심으로 세 가지를 강조한다. 첫째 인간의 의식을 넘어선 인간 존재의 본성, 둘째 인간적 의미가 생겨나는 체험적 양상, 셋째 일상에서 몸의 현전과 행위의 역할을 이해하는 것이다. 하이데거가 현상학을 대표하는 핵심 개념으로 제시한 것 중의 하나가 '세계-내-존재Being-in-the-world' 개념인데, 이는 인간을 환경과 인간 활동의 현실적 구조로만 이해할 수 없으며 또한 인간은 우연히 연결된 존재로만 여길 수 없다는 것으로(Malpas, 1999), 인간은 다른 존재들과의 관계 속에 존재함을 의미한다. 현상학은 인간의 구체적 체험과 일상에서 인간의 살아지는 실재에 주목한다(Sokolowski, 2000). 인간은 언제나 장소 내에 존재한다는 것이 현상학자들의 공통된 생각이다. 장소의 철학자 케이시Edward Casey(1997)는 인간이 존재한다는 것은 바로 '장소가 있기 때문'이라 주장한다. 이런 점에서 현상학적 지리학자 시몬David Seamon(2018)은 '삶은 장소에서 일어난다'는 명제를 제시하였다. 즉, 인간 몸의 체험, 인식, 의미를 이해하는 데 가장 핵심적인 개념과 사고는 장소에 결합되는 방식으로 현상을 이해하는 것이다.

장소현상학은 삶이 장소에서 어떻게 일어나는지에 관심을 갖는 현상학의 부류로, 장소를 인간의 체험, 행위, 의미가 시공간적으로 결집되는 환경적 현장으로 이해한다(Seamon, 2018). 여기서 중요한 것은 현상을 발생시키는 인간의 활동이 마음과 의식에 의한 것이 아니고 환경에 적응하고 전유하는 우리의 몸에 의한 것으로 인식한다는 점이다(Merleau-Ponty, 1962). 현상학이 인간과 장소의 관계에 대한 의미를 잘 제시하고 있지만, 현상학은 장소를 존재하는 그 무엇으로 인식한다는 점에서 복잡성 사고, 아상블라주, 관계적 사고와 차이가 있다. 왜냐하면, 이들의 관점은 고유한 장소가 존재하는 것이 아니라 장소가 관계에 의해 형성되는 것으로 보기 때문이다. 즉, 존재하는 장소란 없고 구성되는 장소만이 있다는 것으로, 사물은 의미가 구성되는 것이기에 본질이 있을 수 없다는 것이 복잡성 사고, 아상블라주 그리고 정동이론에서 강조하는 핵심이다.

그럼에도 불구하고, 현상학은 공간에 던져진 몸의 행동이 어떤 경험과 인식에 의한 것인지를 이해할 때 매우 유용한 통찰력을 제공한다. 말파스Jeff Malpas는 '개방적 현상학'이란 용어를 통해, 장소의 현상학이 고정된 의미 체계의 해석에 의한 것이 아니라 개방적이고 관계적 맥락에서 구성되는 것이라고 주장한다. 그는 "장소와 인간의 관계는 인간다운 삶을 가능하게 하는 근본 구조이며… 인간의 정체성을 결정하는 것이라고 생각할 만한 이유가 충분하다"고 주장한다 (Malpas, 1999: 26).[2]

말파스(1999)는 장소를 사람, 사물, 공간, 사건, 체험, 의미가 존재하고 인지되고 식별되고 이들이 서로 상호작용하는 열려 있으며 상호 연결되는 곳으로 인식한다. 즉, 개방적 현상학은 인간적, 문화적, 관념적, 개념적 선입견에서 벗어나 현상이 가장 실재적이고 완전한 방식으로 나타나도록 하는 것을 의미한다(Moran, 2005). 현상은 우리가 전제하고, 상상하고, 주장하고, 명령하는 것이 아니며 현상이 현상 자신일 수 있도록 우리가 현상과 마주하는 방법을 찾는 것이 개방적 현상학이다(Seamon, 2018). 즉, 개방적 현상학은 인간이 세계와 분리되어 존재할 수 없고, 세계로 향하고 있으며, 세계 속에 있음과 세계와 마주하고 있음을 강조한다.

지리학자 비셀David Bissell은 《통근하는 삶》에서 통근의 경험을 모빌리티 관점에서 다음과 같이 서술한다. "신체가 할 수 있는 것, 신체가 감각할 수 있는 것, 신체가 인지할 수 있는 것은 고정된 채로 머물러 있지 않고 운동과의 관계 속에서 변한다. 이러한 역량 변화는 오직 운동 중 사건과의 조우를 통해서만 나타난다"(Bissell, 2018: 21). 이처럼 인간의 몸이 수행적 존재임과 동시에 변화와 관계를 생성하

---

2 말파스는 장소현상학을 다음과 같이 주장한다. "장소가 없다면 존재들은 그저 추상일 것이다. 존재들의 이미지를 정확히 하고 그들에게 필요한 자원을 주는 것은 바로 장소들이다."

는 감각과 운동의 세계라는 서술을 통해, 그는 통근이 개방적 현상의 경험임을 강조한다. 그는 통근이라는 일상의 평범한 실천이 삶을 심오하게 변화시킬 수 있고, 통근 시간이 효율성과 생산성의 이상적 지침임과 동시에 사회적 관계의 섬세한 연결망을 관리하고 조직한다는 점에서 통근이 일상의 리듬으로 작동함을 보여 준다.

수행의 관점에서 통근을 고찰한다면, 통근하는 우리 몸의 정체성은 우리가 공간과 맺는 관계, 함께하는 사물의 특성, 사물에 대한 감각으로서 보기와 듣기, 그리고 우리의 행동 등에 부분적으로 영향을 받을 것이며, 이는 우리 몸의 정체성이 고정된 관점으로 인식할 수 없음을 의미한다(Bissell, 2018). 이런 점에서 통근이란 일상의 실천은 현상에 대한 경험이자 교통 또는 사회적 관계라는 시스템의 배치와 결합이다.

이처럼 개방적 현상학과 수행성 연구는 운동을 공간화하여 설명하는 관점에서 벗어날 것을 강조한다(Bissell, 2018). 즉, 통근 또는 통근 경로를 좌표, 위치, 순서와 같은 고정된 공간화의 관점으로 이해하면 이동과 함께 일어날 수 있는 변화를 간과하게 된다. 통근은 단순한 이동이 아니라 우리 몸이 학습하고 기억하는 이동 기술을 활용하는 것으로, 통근 중에 이전의 습관이 지속되고 새로운 습관이 형성된다. 이러한 이동에 내재한 몸의 기억은 모빌리티의 사회적 분배와도 관련되는데(Sheller, 2018), 몸의 이동, 특히 통근하는 삶의 리듬은 자동차, 대중교통, 자전거, 도보의 이용 가능성에 영향을 받는다. 이런 점에서 개방적 현상학은 정동, 아상블라주, 리듬분석, 복잡성 사고와 관련되면서 장소현상학에 내재한 본질주의 관점에서 벗어날 수 있는 기회를 제공한다.

하지만, 현상학으로 모빌리티를 관찰할 때 다음과 같은 비판에도 주의해야 할 것 같다. 드 랑드De Lande (2006)는 현상학이 존재를 본질로서 인식하는 데 자체의 모순이 있다고 본다. 비록 현상학이 개인의 합리성이 아니라 개인 경험을 구성하는 관례와 범주를 통해 현상을 분석하더라도, 결국 현상학적 연구는 환원주의적이고 전체로서의 사회가 존재한다고 인식하기에 문제라는 것이다. 그는 특히 현상학적 사고가 존재를 단순한 총합, 즉 부분의 총합보다 적은 전체로서 개념화하는 환원주의적 특성을 보인다면서 이를 비판한다.

아상블라주로 이해하는 모빌리티

아상블라주는 들뢰즈Gilles Deleuze가 주조한 개념으로 느슨하게 결합된 시스템의 집합을 의미한다(Et al. Anderson, 2012). 부분들의 결합으로 구성되는 시스템인 아상블라주는 부분과 전체가 서로 관련되면서도 지배적인 위치나 관계를 갖지 않고 전체가 부분으로 환원되지 않으며,[3] 구성 요소 각각이 독자적인 배열과 배치의 관계를 구성한다는 세계관이다(De Lande, 2006; Deleuze and Guattari, 1980). 부분이 전체를 구성하지만 전체가 부분을 제한 또는 결정하지 않고, 부분의 합이 전체와 같지 않다는 것이 아상블라주의 유연적인 개념이다. 따라서 관계들이 필연적으로 사물을 구성한다고 전제할 수 없고, 관계의 특성도 우연적이고 일시적인 과정일 뿐이다.

아상블라주 사고는 시간과 함께 공간에 공존하는 서로 다른 형식의 모빌리티를 실현하는 다수성multiplicity의 감각을 강조한다

---

3 전체가 부분으로 환원될 수 없다는 것은 전체가 부분의 속성을 결합한 것이 아니라, 부분의 역할이 발휘된 것이기 때문이라고 들뢰즈는 주장한다(De Lande, 2006). 이미 결합 과정에서 부분들의 속성이 변했으므로 전체가 부분으로 환원될 수 없다는 것이다.

(Anderson, et al., 2012). 공간과 장소의 변화를 가져오는 것은 전체로서의 장소보다 부분으로서의 다양한 로컬의 요소이며, 각각의 로컬은 개방적 상태로 존재하고 서로 연결되면서도 각각의 특이성을 갖는 결합체이다.

들뢰즈와 가타리Félix Guattari는 존재론적 사고, 특히 본질에 기초한 주관적 개념에 의해 철학, 욕망, 몸, 영역, 모빌리티를 설명하는 것은 모순이라고 주장한다(김숙진, 2016). 즉, 어떠한 사물이라도 미리 정해진 의미가 없고 관계에 의해 구성되는 의미만 갖는다면, 관계의 본질도 없다는 것이다. 사물은 서로 다른 조건terms들에 의해 구성되는 연결과 관계의 시스템이며, 시스템은 구조처럼 정형화되거나 계층화될 수 없는 결합되기, 구성되기의 상태이다(Muller, 2015).

부분들은 전체 안에서 다른 부분들과 맺는 관계에 의해 구성된다는 헤겔이 지향하는 내재성interiority의 원리 또는 전체성의 원리는 아상블라주에서 거부된다(De Lande, 2006). 즉, 전체는 부분들 사이의 상호 결정 과정에 종속되는 통일성을 갖는다는 것이 헤겔식의 주장이라면서 아상블라주 관점은 이를 환원주의의 대명사로 간주한다. 이상블라주 이론은 현상학에 대해서도 비판적인데, 현상학이 개인의 경험을 구성하는 관례와 범주를 강조하면서 전체로서 사회(또는 장소)가 존재한다는 환원주의 성향을 띤다고 보기 때문이다. 또한, 개인이 사회화되면 사회와 계급에 깊숙이 내면화되어 사회질서에 따른다는 기능주의적 사고(예를 들면 뒤르켐Emile Durkheim, 마르크스Karl Marx)도 아상블라주 사고에서는 거부된다. 이처럼 부분들의 관계, 상호작용, 상호 의존으로 구성되는 결합, 배치, 배열, 조합, 조화가 자율성을 가지면서 시스템을 형성한다는 것이 아상블라주 사고의 주장으로, 이는 사물의 관계와 네트워크에 의한 개방적 시스템을 강조하는 모빌리티 사고와 일맥상통하다.

아상블라주 사고는 사물이 맺는 관계가 내부적 요인보다 외부적 요인에 의해 구성된다고 보는데, 들뢰즈는 이를 외재성exteriority의 맥락에서 접근한다(Robbins and Marks, 2000). 드 랑드(2006)는 아상블라주 이론의 핵심이 바로 전체가 외재성의 관계로 이루어지는 배치의 구성과 결합을 이해하는 데 있다고 주장한다.[4] 외재성의 관계란 관계에 관여하는 조건들terms이 자율성을 가짐을 의미한다. 시스템은 하나가 아니며, 관계에 연루되는 사건은 변화를 거듭하며, 인간의 행위만이 아니라 인간-비인간의 관계가 복잡한 전체를 구성한다는 것이다. 이런 점에서 도시 공간은 정형화되고 일관되고 지속적인 도시계획의 추진에 따른 결과가 아니라, 다양한 행위주체들의 우연적이고 우발적인 관계들이 질서 없이 어지럽게 얽히고 섞인 상태에서 구성되는 무질서 속의 질서화의 과정이다(Et al. Anderson, 2012; McCann, 2011).

아상블라주 관점은 크게 두 가지 차원의 연구에 관심을 둔다(De Lande, 2006). 첫째는 시스템을 구성하는 부분들의 관계, 또는 수행하는 역할에 초점을 둔 연구이다. 들뢰즈는 이종성heterogeneity과 우연적 관계맺음에 의해 시스템이 구성된다고 본다. 부분으로 구성되는 시스템, 부분들의 관계, 부분과 또 다른 시스템의 결합, 서로 다른 시스템들의 상호작용을 밝히는 것이 아상블라주가 추구하는 지향이다.

---

[4] 드 랑드De Lande(2006)는 부분들이 서로 상호작용하는 관계로 구성되는 외부성의 관계에 의한 배치constellation를 아상블라주의 핵심으로 이해한다. 그에 의하면, 배치를 구성하는 요소들이 다른 배치와 상호작용하면서 다른 배치에 접속될 수 있다는 것이다. 들뢰즈의 외재성은 관계들이 관여하는 조건이 변화하지 않고서도 관계가 변화할 수 있음을 의미한다. 구성 부분들의 속성은 결코 전체를 구성하는 관계들을 설명할 수 없는데, 비록 관계들에 구성 부분들의 역할이 있으나 자기원인으로서 구성 요소들의 속성을 지니지 않는다는 것이다.

둘째는 시스템의 변동 과정에 초점을 두는 것으로, 비평행 상태(무질서)에서 평행 상태(질서)를 추구하는 과정에서 발생하는 이동과 흐름이 시스템에 미치는 영향에 관심을 둔다. 시스템의 배치가 불안할 때는 탈영역화deterritorialization가 발생하고, 시스템이 안정적 배치를 추구할 때는 재영역화reterritorialization가 나타난다고 본다.[5] 이를 토대로 아상블라주 사고가 추구하는 것은, 모든 유기체와 사물이 결합과 배치로 구성되는 역사적 과정의 산물임을 밝히는 것이다.

흔히 모빌리티를 한 장소를 다른 장소와 연결시키는 기능을 하는 것으로 인식하지만, 연결성이 낮은 장소도 존재하며 부동적 사물도 모빌리티 발생에 매우 중요하다(이용균, 2019b). 모빌리티와 관련하여 아상블라주의 관점이 강조하는 것은 움직임, 이동, 흐름을 보편적 현상이 아니라 장소마다 그리고 시간마다 달라지는 생성의 과정으로 인식한다는 점이다. 특히, 서구의 경험으로 모빌리티의 특성을 보편화하는 시각을 아상블라주는 경계한다(Lin, 2016). 광주 상무지구에서 나타나는 통행의 흐름 패턴, 자동차의 밀착 주행, 보행자와 함께 인도를 이용하는 자전거와 오토바이의 모습은 2020년 9월 25일 오전, 광주 상무지구의 거리라는 특수한 상황과 조건에서 발생한 것이다. 아상블라주 사고가 강조하는 또 다른 측면은 이동과 흐름의 발생이 서로 분리된 요소들에 의한 것이 아니라, 차이를 갖지만 서로 밀접한 관계를 갖는 요소들의 위계적 배열에 의한 통합적 형태로 모빌리티가 발생한다는 점이다(Ong and Collier, 2005). 즉, 모빌리티는 다른 요소

---

5 들뢰즈에 의하면, 시스템 구성원 간의 긴밀한 대화는 특정 장소에서 발생하고 관련 구성원을 서로 인정하기 위해서는 잘 정의된 공간적 경계가 필요하다. 반대로 시스템 내부의 이중성이 증가하거나 공간적 경계가 불안정하면 탈영역화가 나타난다.

들, 그리고 다른 시스템과의 겹쳐짐을 이해할 수 있다(Lin, 2016).

통근 시간 때 특정한 통행 패턴이 나타난다는 것을 같은 원인에 의한 반복적 결과로 해석하기보다, 아상블라주 사고는 현재의 통행 패턴이 미래의 통행 패턴을 만들어 내는 관계에 주목한다. 통행량의 증가는 교통신호 시스템의 개선을 가져올 수 있고 우회도로의 건설, 지하철의 건설, 대중교통 서비스의 확대 등과 같은 변화를 가져올 수 있다. 하나의 사건이 또 다른 사건과 결합되어 시스템의 결합과 배치에 변화를 가져오는 것이다. 즉, 광주 상무지구의 특정 거리에서 보여지는 교통 패턴은 항상 불안정하여 변화하는 과정 중에 있으며, 새로운 요소(인프라, 물질과 서비스, 담론 등)들의 결합과 배치를 통하여 새로운 시스템이 창발하는 과정이다.

광주 상무지구의 도로가 막힌다는 것은 도로의 위치, 기능, 폭 등의 물리적 특성에 기반하는 것이 아니라 공공서비스의 수준, 시민의 성향, 경제 상황 등 도시 공간으로서 광주의 특성에 따른 것이다. 즉, 인과적 작인이 무엇이고 어떤 창발이 발생하는지에 대한 이해가 필요하다. 부분의 상호작용이 없이는 전체 시스템의 배치가 불가능하며, 상호작용으로 파생되는 배치(예를 들어 우회도로 건설 등)는 광주라는 집단 내부에서 추진되고 광주광역시 도시계획이라는 더 상위 규모의 배치와의 관계를 포함한다. 이처럼 아상블라주 사고는 다수성의 관점에서 관계를 이해하고, 과정의 관점에서 사건을 이해하고, 관계의 구조를 인간-비인간의 상호 얽힘으로 이해하고, 부분과 전체의 관계를 유연적으로 해석한다는 점에서 장점을 갖는다. 특히 아상블라주는 특수한 공간적 상상력에 제한되지 않고, 사회-공간의 구성적 메커니즘이 작동하는 과정에 주목한다는 점에서 가치 있는 이론이다.

복잡성으로 이해하는 모빌리티의 의미

복잡성 사고의 체계

복잡성 사고는 단순화와 환원을 강조하는 근대과학의 모순을 제기하는 사이버네틱스 이론에 토대를 둔 것으로(Morin, 2005) 인간의 통제 이면에 놓여 있는 창발적 복잡성emergent complexity의 발생과 작동 메커니즘을 이해하고자 한다(Thrift, 1999). 들뢰즈와 가타리(1980)는 《천개의 고원》에서 복잡성을 영토와 관련시키면서 시스템에 포함되고 복잡한 결합 양식을 갖는 '다양체'라는 개념을 통해 설명한다. 복잡한 다양체는 가지가 땅속으로 들어가 뿌리에 닿아 가지와 뿌리의 구분이 어려울 정도로 얽혀 있는 리좀의 형태를 띠며, 리좀처럼 경계를 구분할 수 없고 모호하고 탈중심적이고 무수한 관계의 네트워크로 구성된 특징을 갖는다. 리좀으로 은유되는 복잡성 사고는 하나의 중심 단어로 요약될 수 없고, 하나의 법칙으로 결론지을 수 없으며, 하나의 사고로 환원될 수 없음을 강조한다(Morin, 2005). 이런 점에서 복잡성 사고는 문제를 해결하는 사유가 아니라, 이슈를 제기하고 실재와 교섭하고 대화하는 사유의 체계에 해당한다.

복잡성 사고는 수치로 설명하고 법칙 추구적인 단순화 사고와 대조되는 사유 시스템이다(〈표 2〉 참조). 단순화 사고가 데카르트적 절대적 시간과 가역적 시간을 강조한다면, 복잡성 사고는 상대적 시간과 비가역적 시간을 강조한다. 단순화 사고가 시공간의 분리를 강조한다면, 복잡성 사고는 시공간의 동시성을 강조한다. 지리학자 매시Doreen Massey(2005)는 시공간의 분리가 시간에 의한 공간의 지배를 강조한다면서, 공간을 개방적이고 관계적으로 이해하는 사고체계가 필요하다고 주장하였는데, 복잡성은 공간을 개방적으로 본다는 점

〈표 2〉 단순화 사고와 복잡성 사고의 차이

구분	단순화 사고	복잡성 사고
시간에 대한 인식	절대적 시간, 가역적 시간	상대적 시간, 비가역적 시간
공간에 대한 인식	시간과 공간의 분할, 공간에 대한 시간의 우위	시공간의 동시성과 공시성
사고의 체계	합리성과 전체성(총체성)	불완전성과 불확실성
진리의 추구 방식	환원주의	카오스 현상과 자기조직화

출처: 저자 작성

에서 매시의 주장과 일맥상통하다. 한편, 단순화 사고가 합리성과 전체성을 강조한다면, 복잡성 사고는 불완전성과 불확실성을 강조한다. 그리고 단순화 사고가 환원주의를 강조한다면, 복잡성 사고는 카오스 현상과 자기조직화를 강조한다. 이렇듯 복잡성 사고는 정해진 원리와 규칙은 존재할 수 없고, 지식조직화를 통해 지식이 구성된다고 본다.

모랭Edgar Morin(2005)은 복잡성 사고를 메타 관점으로 이해할 것을 주장하면서, 관찰자 자신이 관찰에 통합되어야 한다고 인식한다. 이는 관찰이 사고의 핵심임을 강조하는 것으로, 사물의 관계는 자체의 불확실하고 무질서한 상태를 의미하기에, 복잡성 사고는 사물을 명확하게 이해할 수 없음을 받아들이는 것이다. 따라서 복잡성 사고를 따른다는 것은 사물 또는 사물의 관계가 항상 불가능성, 불완전성, 불확실성, 미결정성의 상태라고 인식하는 것이다.

복잡성 시스템은 서로 다른 요소들의 조합으로 구성되는 세계를 이해하고자 한다. 2020년 9월 광주 상무지구의 자동차 서비스센터에서 창문을 통해 바라본 바깥 풍경은 코로나 바이러스로 인한 사회적 거리두기라는 상황, 차량 점검을 위한 서비스, 아침 출근길의 도로와 인도, 주변의 병원 등이 서로 결합된 모빌리티이다. 이처럼 도시 공간은 복잡한 결합을 통해 끊임없는 변화와 공존을 발생시키는 이질성과 다수성의 공간이 된다(신지은, 2013).

복잡성 사고는 시스템을 구성하는 요소들의 관계가 집단의 특성에 어떤 영향을 미치는지를 밝히고자 하는데, 특히 시간의 흐름에 따라 시스템이 자기조직화를 통해 적응과 변화를 거듭하는 과정을 다-맥락적(불확실성, 미결정성과 유사한) 관점으로 이해하고자 한다. 즉, 시스템 요소들이 상황에 따라 다른 구성과 결과를 생성함에 주목한다(이용균, 2017). 예를 들어, 광주 상무지구에서 보여지는 교통신호등은 미리 정해진 순서를 반복적으로 작동시키는 것이 아니라, 시간대, 자동차의 진입 방향, 도로 공사 등을 고려하여 가변적인 신호체계를 보인다. 이처럼 교통신호 시스템은 교통 흐름의 변화에 따라 신호가 결정되는 자기조직화의 한 예이며 상황에 따라 변화하는 미결정 상태이지만, 이러한 미결정이 상호 결합하여 질서를 형성하는 질서화ordering의 과정이다.

복잡성과 모빌리티

모빌리티는 사물의 실재와 현존을 변화의 과정으로 이해한다(Urry, 2007). 모든 사물의 관계가 작동하고 사물이 존재하는 전제 조건이 모빌리티라고 인식한다면(Lash, 2005), 복잡성 사고와 모빌리티는 불가분의 관계 속에 서로를 강화한다. 복잡성 사고를 수용한 모빌리티의 관점은 다음과 같이 인식될 수 있는데, 예를 들어 운동하는 사물은 전체와 부분의 상호작용으로 구성되고 결합되며, 운동이란 사물 스스로 자기조직과 자기생산의 과정을 수행하는 것이라 할 수 있다

(신지은, 2013: Urry, 2007). 〈표 3〉에 제시된 '자동차 점검 서비스'의 경우를 보면, 이는 차량과 운전자를 서비스센터로 이동시키는 모빌리티이다. 하지만 모빌리티가 발생하기 위해서는 행위자(운전자)와 서비스센터와의 관계가 필요한데, 어떤 서비스센터에서 언제 서비스를받을 것일지는 정해진 것은 아니라 정하는 것이란 점에서 점검 서비스는 미결정성(복잡성의 특징 중의 하나)의 과정을 거친다. 또한 서비스센터는 한 곳만 있는 것이 아니라 여러 센터 중 하나를 선택하는것이며, 지리적 근접성이 선택적으로 고려될 수 있고 이용하는 서비스센터가 바뀔 수 있는 등 복잡한 연결이 끊임없이 생성된다(Healey, 2007). 그리고 모빌리티와 복잡성이 결합하면 차량 점검 서비스 예약과 정비가 이루어질 것이다. 이처럼 모빌리티와 복잡성은 각각의 독립되고 분리된 현상일 수 있으나, 분리되어 있으면서도 연결되는 상호의존적 관계라 할 수 있다. 또한, '걷기'라는 모빌리티는 보행 관련시설(산책로 등)과 걷기에 대한 감정이 결합된 상태에서 실천된다는점에 주목해야 한다. 이런 경우 걷기 모빌리티와 걷기 복잡성이 상호 결합하면 걷기 편한 도시, 또는 보행자 거리 등과 같은 도시계획이 실천된다. 걷기가 언제 어디에서 어떻게 실천될지 모른다는 점에서 모빌리티와 복잡성은 미결정성, 불확정성, 불명확성이란 창발적관계로 결합된다. 〈표 3〉에 제시된 다른 사례를 통해서도 모빌리티와 복잡성은 불가분의 관계로 서로를 결합하고 접합한다는 것을 알수 있다.

2019년 하반기부터 시작된 광주광역시 지하철 2호선 공사는 도로를 점유하면서 공사가 진행되는 방식이라 교통체증을 가져오고 있다. 교통로 축소, 교통체증, 통행 시간의 증대는 프리고진(Ilya Prigogine)이 언급한 '질서에서 무질서로의 변화' 그리고 '무질서의 질서화'

모빌리티	복잡성	모빌리티와 복잡성의 결합
자동차 점검 서비스	서비스 센터와 날짜 선정(미결정성)	차량점검 통합서비스(예약, 정비)
모바일 앱	수요 중심의 앱 개발(자기조직적, 자기생산적 복잡성)	사용자 중심의 업데이트
걷기	보행 도로 프로젝트와 개인의 걷기의 감정(사건의 재귀)	걷기 편한 도시, 보행자 거리
전염 매체의 이동	전염원의 통제(예측 불가능성)	전염병 예방을 위한 사회적 거리두기
교통 체증	구간별 소통과 지체의 차이(원인과 결과의 불명확성)	통행량 수집시스템 도입, 순찰 강화
여행	소비 · 일상의 변화, 여행의 재생산(비환원주의)	여행 관련 서비스와 네트워크

출처: 저자 작성

과정을 의미한다(Prigogine, 1980). 차량 속도의 감소는 흐름의 감각에 변화를 주면서, 차량이 많이 증가했다는 착각을 가져올 수 있다. 앞차와의 간격이 좁은 상태에서 운전하는 아침 출근길의 운전자는 불편한 감정을 느끼기 쉬울 것이다.

광주광역시의 지하철 2호선 공사는 차선 감소, 차선 변경, 신호체계 조정, 교통경찰 투입, 홍보와 경고문 부착 등의 변화를 가져와 이로 인해 '도로 시스템의 자기조직화'를 가져왔다. 이는 또한 운전자의 자기조직화도 발생시키는데, 예를 들어 차량 흐름의 감지, 이동 경로의 변경, 이용 시간의 변경, 운전 형태의 변화 등이 나타나는 것이다. 이처럼 도로와 운전자의 자기조직화 과정은 처음에는 경로 의존성에 따른 변화를 야기하다가, 시간이 지나면서 급격한 변화(자동차 이용 포기 등)를 가져온다. 이러한 변화는 복잡성 이론에서 언급하는 '임계 상황'으로 설명될 수 있는데, 처음의 변화가 수용되는 수준을 넘어서면 급격한 변화들이 연쇄적으로 발생한다는 것이다. 지하철 공사는 단순한 교통 변화에 머무는 것이 아니라, 주변 지역의 교육(학교 등), 소비, 비즈니스, 주거 환경에 변화를 가져오고, 요구되는 서비스의 종류와 질을 변화시키며, 산책을 포함한 일상 리듬의 변화를 수반한다.

프랙탈은 복잡한 현실을 설명할 때 자주 사용되는 개념으로, 무질서의 혼돈 속에 새로운 질서화가 구성되는 현상을 설명할 때 유용하다. 광주에서 지하철 공사는 현재의 교통혼잡과 함께, 향후 대중교통의 이용 증가에 영향을 미칠 것으로 보인다. 자동차 수요가 지속적으로 증가하는 한 현 도로 시스템에 따른 교통체증은 피할 수 없고, 지하철을 포함한 대중교통의 이용이 증가할 것이다. 즉, 지하철 건설은 광주광역시 교통 시스템의 재질서화를 가져오고 있으며, 따라서 어떠한 질서화가 나타날 것인지를 예측하는 것도 중요하다. 들뢰즈 철학이 강조하는 '차이와 반복', 르페브르Henri Lefèbvre가 강조하는 '리듬', 네그리Antonio Negr와 하트Michael Hardt가 강조하는 '다중과 공유의 정치'(Negri and Hardt, 2009)는 모두 프랙탈 현상의 이해와 관련된다. 이들 학자들이 공통으로 주목하는 것은 운동과 변화의 메커니즘을 이해하는 것이다. 즉, 프랙탈 현상이 강조하는 것은 연속적 변주가 자기조직화된 공간을 창출한다는 것이다(Thrift, 2010). 상권의 변동, 지가의 변동, 비즈니스 지구 간 연결성 증대 등은 향후 자기조직화될 광주광역시의 미래 단면일 것이다.

광주 상무지구의 자동차 서비스센터 내부는 아침의 고요 속에 잔잔한 음악이 흐르고 있었다. 코로나 바이러스로 사회적 거리두기를 반영한 듯 매장 분위기는 조용하고, 모니터를 응시하는 직원들의 키보드 소리, 잔잔한 클래식 음악이 분위기를 주도하고 있었다. 시간이 흐르면서 또 다른 고객이 방문하고 직원들의 대화가 시작되고 조용하면서도 부산한 움직임이 또 다른 질서로 등장한다. 자동차 서비스센터의 실내도 연속적 변주를 경험하면서 새로운 공간의 모습을 취한다. 자기조직화 과정이 비평형 상태를 통해 안정을 찾는 과정이라면, 변화에 의한 무질서는 사물의 자기조직화를 창발하여 새로운 공간과 질서의 시스템을 작동시킨다고 볼 수 있다. 그리고 이런 사물의 자기조직화가 운동에 기반하는 것이라면, 모빌리티는 사물의 질서와 무질서의 관계라는 맥락에서 이해될 수 있을 것이다.

우리의 일상은 매우 복잡한 관계 속에 위치하고, 우리는 우리 자신이 누구이고 일상이 무엇인지 정확히 모르는 상태로 살아간다. 질서와 무질서의 관계를 논의함에 있어 주의할 점은 질서와 무질서가 서로 분리되고 독립적인 것이 아니라, 동시에 존재하고 서로 의존적이며 어떤 것도 다른 것에 대해 우위를 점하지 않는다는 점을 상기하는 것이다(Morin, 2005). 인도를 오가는 사람들은 무엇이 무질서이고 무엇이 새로운 질서인지를 드러내지 않는 상태에서 연속적 변주를 수행한다. 질서와 무질서, 그리고 재질서화는 서로 동시에 그곳에 사물을 있게 하는 공현존의 상황이다. 이런 점에서 모빌리티의 의미는 함께 던져져 있는 세상의 운동 속에서 찾아야 하고, 다-맥락적 접근으로 이해되어야 한다.

그렇다면, 다-맥락적으로 이해할 모빌리티란 대체 어떤 것일까? 부르디외Pierre Bourdieu의 아비투스Habitus 개념을 활용한다면, 운동의 복잡한 질서와 무질서의 관계는 관습, 이동, 그리고 행위의 실천에 내재한 개인적, 사회적 규범과 밀접한 관계가 있다. 중요한 것은 그러한 규범과 몸의 체화가 로컬에 국한된 것은 아니며, 장소-너머와

늘 연결되는 이동 중on the move의 과정이라는 것이다(Cresswell, 2006; Healey, 2007). 개인들의 취향에 따른 실천이 몸을 통한 취향의 물질화라면, 모빌리티는 이동하는 몸이 느끼는 감각의 물질화이며(Adey, 2017), 취향은 개인들의 실천이 또 다른 실천을 낳은 재귀적인 재생산의 메커니즘, 즉, 복잡성으로 이해될 수 있는 것이다. 이처럼 복잡하고 다양할수록 상호작용이 더 많이 발생한다는 것은, 복잡함에 의한 해체가 또 다른 세계를 이해하는 데 필요하며, 해체는 곧 관계의 재생산이 이루어지는 과정으로 이해되어야 함을 의미한다(Morin, 2005). 즉, 세계는 파괴되면서 조직된다. 프랙탈로서 인간은 집단과 분리되거나 전체를 구성하지 않는, 오직 관계적으로 구성되는 실체이며, 이는 인간이 타인과의 관계 속에 있음을 의미한다(Thrift, 2010). 모빌리티는 이런 맥락 속에 위치한다.

리듬으로 이해하는 모빌리티의 구성

리듬분석의 이해

리듬분석Rhythmanalysis은 마르크스 사회학자이자 도시주의 철학자인 르페브르가 도시 공간에서 리듬이 거주자의 일상에 미치는 영향을 분석하기 위해 도입한 개념이자 방법론이다. 리듬분석의 어원은 포르투갈의 철학자 산토스Lúcio dos Santos가 1931년 생리학적 현상을 설명하면서 처음 사용하였고, 가스통 바슐라르Gaston Bachelard(1936)는 《지속의 변증법La dialectique de la durée》을 출간하면서 리듬분석에 대한 아이디어를 확대하였다(Edensor, 2010a).

르페브르의 《리듬분석》 '서문'에서 스튜어트 엘든Elden Stuart은 르페브르의 리듬분석에 가장 큰 영향을 미친 연구는 바슐라르(Bacheland,

1969)의《공간의 시학La poétique de l'espace》이라고 밝히고 있다(Lefebvre, 1992). 공간 이해에 영감을 제공하는 이 책은, 마치 마르크스가《자본》을 통해 생산을 이해하는 멘토를 제공한 것과 유사하다고 평가받는다. 또한 바슐라르는 변증법에 의해 베르그송Henri Bergson이 제시했던 지속duration의 의미에 문제를 제기하면서, 지속은 베르그송이 주장하는 것처럼 단일하거나 통합적인 것이 아니라 이질적 요소들이 단편적으로 결합된 것이라 주장하였다. 이처럼 바슐라르의 연구는 르페브르가 베르그송의 '지속' 개념을 비판하는 원동력이 되었다.

리듬분석에서 가장 중요한 것은 무엇이 리듬이고, 리듬을 통해 무엇을 사고할 것인가이다. 르페브르는 일상, 특히 도시 공간의 일상에 주목하였고, 시간과 공간을 (재)해석하는 데 관심이 많았다(Crang, 2005). 특히, 도시 공간이 자본축적의 장으로 어떻게 구성되는지에 관심이 많았다. 르페브르가 도시의 일상에서 발견한 대표적 현상이 '반복repetition'이다. 그는 반복에 내재한 시간과 공간의 관계를 고찰하면서 리듬분석이 사물, 사물들의 관계, 인간과 비인간의 결합으로 구성되는 '과정으로서의 세계'를 이해하는 토대가 될 수 있음을 직감한 것으로 보인다.

르페브르가 리듬분석을 통해 궁극적으로 제시하고자 했던 목표는 시간과 공간의 관계를 재해석하면서 도시 일상이 작동하는 메커니즘을 밝히는 데 있었을 것이다. 그는 리듬에 대한 개념 정립을 통해 리듬분석이 하나의 과학으로 인식되고, 자체의 실천적 방안을 갖는 지식의 토대가 될 수 있다고 보았다(Lefebvre, 1992).

르페브르는 분명 마르크스주의가 지나치게 시간을 강조하면서 공간을 간과한 것을 바로잡고자 한다. 그는 시간과 역사를 다른 관점에서 바라보려고 시도하였고, 이 과정에서 베르그송의 지속 개념에 대비되는 순간instant의 개념에 관심을 갖게 된다(Lefebvre, 1991). 그는 니체가 '순간'을 눈 깜짝할 시간이지만 또한 순간은 과거와 미래가 만나는 통로이자 영겁의 회귀라고 했던 주장을 진지하게 받아들였다(Nietzche, 1885[2018]). 니체가 제시했던 양식style 개념도 리듬분석에서 리듬과 템포를 개념적으로 이해하는 토대가 되었다. 르페브르는 공간에 대한 일반적 이해방식을 비판하는 것과 동일한 맥락에서, 시간의 추상적 일반화를 거부하고 시간을 체험된 것 그리고 계산 불가능한 것으로 인식하고자 하였다.

르페브르는 사물, 객체, 도시, 농촌, 음악 등 다양한 개념을 통해 리듬을 이해하고 시간의 반복적 현상을 인간의 몸을 통해 이해하려 했다. 특히, 자본주의 속에서 몸이 르페브르 연구의 중심이 되었다. 수면, 식욕과 같은 생체적 리듬이 사회적 환경과 노동조건에 영향을 받듯이, 우리는 일련의 방식에 맞춰 행동하도록 자신을 훈련시키고 또한 훈련을 받는다. 이렇듯 몸이 도시 공간의 일련의 분석을 이해하는 출발이 되었다.

도시 공간에서 일상은 다양한 현상과의 마주침이다. 르페브르는 현상학에 많은 관심을 가졌지만, 현상학이 일상의 리듬에 대한 인식이 부족하다는 점에 비판적이었다(Lefebvre, 1991). 그는 현상학이 여기 저기에 펼쳐진 공간, 시간, 에너지를 하나로 연결하는 리듬의 의미를 간과하였으며, 이는 현상학이 리듬(즉, 변화하는 것, 연결되는 것)을 존재 혹은 실존이라는 고정된 의미로 이해하기 때문이란 것이다. 도시 공간의 현상에 대한 리듬을 강조하면서 르페브르는 리듬의 분리를 통하여 '리듬에 내재한 자연적, 후천적, 관례적, 정밀적 관계'의 이해, 즉 사물의 반복과 차이, 그리고 순서와 절차는 왜 나타나며 이들은 어떤 역학관계를 갖는지를 이해하고자 했다.

르페브르가 일상의 현실에서 리듬을 이해하고자 주의 깊게 관찰한 것은 움직임의 빈도frequency이다. 사물의 움직임에는 무언가 규칙과 질서가 있고 이것이 반복적 현상을 가져오며, 사물의 운동, 속도, 동작, 연쇄에는 단순히 기계적 움직임mechanic movement만 있는 것이 아니라 과정이나 변화와 같은 유기적 움직임organic movement도 있다는 것이다. 르페브르는 이들 움직임의 반복이 일상의 주기, 변화, 이동에 대한 발생학적 요인이라 주장하면서 반복에 포함된 차이에 주목하였다. 즉, 사물의 운동에서 반복과 차이가 일상을 구성하는 힘이란 것이다. 그는 리듬분석에서 단조로운 일상과 반복적인 일상의 차이, 그리고 반복과 차이를 설명함에 있어 시간과 공간을 한편으로는 분리하여(시간과 공간), 다른 한편으로는 동시에(시공간) 사고하였다.

들뢰즈와 가타리는 《천개의 고원》에서 반복과 차이는 하나의 운동 과정에 내재한 동일한 것이면서도 서로 분리될 수 있다고 주장하였다(Deleuze and Guattari, 1980). 이를 반영하듯 르페브르는 일상의 생활, 의례, 의식, 축제, 규칙, 법은 언제나 일련의 반복 속에 뭔가 다른 것이 끼어드는데, 이를 차이라고 하였다. 하루하루의 반복되는 날 중에서 축제는 다른 날들과는 다른 날이 끼어든 것이다. 르페브르는 《리듬분석》에서 A=A라는 것은 A가 A와 같은equal 것이 아니라 동일하다identify는 의미라고 주장한다. 두 번째 A는 순서가 첫 번째 A와 달라, 시간적으로 다른 존재의 것이며 또한 위치location가 달라 다른 존재이다. 즉, 앞의 A와 뒤의 A는 같은 것이 아니라 동일한 부류의 것이다. 르페브르는 숫자와 음악에서 리듬의 원리를 발견해 낸다. 예를 들어, 1, 2, 3, 4, 5, 6, 7…에서 홀수, 짝수, 소수의 존재는 반복과 차이 속에 있다. 즉, 반복 속에 차이가 생성되고, 반복과 차이가 리듬의 발생학적 메커니즘을 구성한다.

르페브르는 '장소, 시간, 에너지 소비의 상호작용이 있는 곳엔 반드시 리듬이 있다'를 명제로 제안한다(Lefebvre, 1992). 그리고 이러한 명제를 뒷받침하는 변증법적 관계가 바로 리듬은 반복(제스처, 행위, 상황, 차이)을 구성하고, 간섭(선형적 과정, 순환적 과정)의 과정을 가지며, 변화(탄생, 성장, 절정, 쇠퇴, 종말)를 지향한다는 것이다. 그는 숫자처럼 변화하는 양의 규칙을 갖는 반복을 선형적 리듬lineal rhythm이라 하였고, 낮과 밤, 계절, 파도처럼 반복되는 움직임을 순환적 리듬cyclical rhythm이라 하였다. 이처럼 선형적 리듬과 순환적 리듬의 결합과 조화가 일상의 리듬을 구성한다는 것이 르페브르가 리듬을 통해 세상을 이해하는 토대이다.[6]

리듬분석의 세계

리듬분석은 세상을 보는 새로운 관점이 될 수 있을 것이다. 리듬분석이 아상블라주, 복잡성 사고와 유사한 시각과 관점을 지향하기 때문이다. 예를 들어, 숲을 인식하는 르페브르의 시각은 들뢰즈의 아상블라주 관점, 그리고 모랭의 복잡성 사고와 유사하다. 숲은 같아 보이지만 사실은 복합적 운동 상태에 있는데(Lefebvre, 1992), 토양, 땅, 태양의 운동이 긴밀하게 관련되어 서로를 조합한다. 토양, 땅, 태양을 구성하는 분자와 원자도 운동 중에 있음은 두말할 것도 없다. 숲은 미세한 생물의 활동에 의해서도 변화하고, 각각의 숲은 저마다

---

6 르페브르는 리듬을 4가지 형태적(또는 존재적) 특성으로 구분하는데, 다리듬성 Ployrhythm(리듬이 서로 다른 다양한 리듬으로 구성되는 것), 조화리듬성Eurythm(건강하고 정상적인 일상 속에서 리듬이 결합되는 것), 동일리듬성Isorhythm(리듬 사이에 존재하는 동일성), 부정리듬성A-rhythm(시간, 공간, 에너지의 전개 과정에서 단일 지배의 힘을 요구하고 리듬들이 분리되는 것)으로 구분하였다.

의 독특한 리듬의 세계를 갖는다.

리듬분석은 다양한 감각(호흡, 순환, 박동, 속도 등)에 기초하면서도 특정한 것 하나에 우위를 두지는 않는데, 이는 아상블라주 또는 복잡성 사고와 맥을 공유한다. 리듬분석가는 체험과 일상 속에서 움직임의 분위기를 포착하고 관찰하며, 섞여 있는 리듬 속에서 리듬 각각의 의미를 이해하고, 다른 리듬과 구별되는 특징에 주목한다. 이처럼 리듬분석가는 "공간적인 것, 장소들을 소홀히 하지 않으면서도 공간보다는 시간에 더 주의를 기울인다. 그리하여 청중이 교향곡을 감상하듯 집, 길, 도시를 '듣는' 것이 가능해질 것"이라고 르페브르는 주장한다(Lefebvre, 1992: 95).

르페브르가 리듬분석에서 제시한 내용 중 지리학을 비롯한 사회과학에서 가장 많이 주목을 받은 것은 창문을 통해 바라본 도시 공간의 해석일 것이다. 르페브르는 창문을 통해 본 도시 공간의 리듬에서 거리의 풍경에 대한 현상학적 접근 대신에 아상블라주 관점을 이용한다. 그에 의하면, 창밖의 소음과 같은 리듬을 이해하기 위해서는 먼저 그 리듬에 붙잡혀야 하는데, 리듬 속에 몸을 맡기고 되는 대로 내버려 두어야 한다. 관찰자는 거리가 포함하는 온갖 소음, 웅성거림, 리듬들 속에 파묻히고 그 리듬 속에서 도시 공간을 이해한다.

광주 상무지구의 자동차 서비스센터에서 창문을 통해 바라본 도시 공간의 분위기도 르페브르가 파리에서 바라보면서 느꼈을 리듬과 비슷한 점이 있을 것이다(〈그림 1〉 참조). 다양한 소음과 움직임 속에 행인들은 자신들의 지향점만 인식하면서 의식적이든 무의식적이든 움직이고 이동했지만, 관찰자인 나는 그들의 움직임과 함께되기togetherness를 추구하면서 온갖 감각을 동원하고, 그들의 이동에 담긴 속도를 느끼고, 무질서하고 복잡한 움직임 속에서 반복되는 패턴

〈그림 1〉 광주 상무지구 자동차 서비스 센타에서 바라본 풍경
출처: 저자 촬영(2020년 9월 25일)

을 느끼고자 하였다. 관찰자로서 창문을 통해 세상을 바라본다는 것은 매시(2005)가 공간을 관계적으로 분석하는 방법으로 제안했던 개방성openness과 유사하다. 우리는 독립된 실체로 존재하는 것이 아니라 함께 공간에 던져진 묶음으로서 공현존co-presence하는 것이다.

반복적이고 다양한 리듬들의 상호작용은 거리에 생동감을 준다. 선형적인 리듬은 연속과 교차운동을 반복하고 긴 주기의 순환적 리듬과 결합한다. 순환적인 것은 사회조직이며, 선형적인 것은 일상적인 관례가 된다. 순환적인 리듬과 선형적인 리듬을 동시에 고려하면, 밤은 낮의 리듬을 중단시키는 것이 아니라 밤의 것으로 대체한다는 것을, 그리고 낮과 밤은 이분법적으로 명확히 구분할 수 없는 모호하고 흐릿하고 경계가 불분명한 복잡성의 현재임을 인지하게 된다.

르페브르는 움직임, 변화, 차이를 통해 세상을 이해하는 것을 리듬분석가의 소명이라 생각한다. 그에 의하면, 리듬분석가는 단지 말이나 정보만 듣는 것이 아니라 세계를 들으며, 의미로 가득한 곳에 귀를 기울이고 침묵을 느낀다고 한다. 즉, 리듬분석가는 마치 메트로놈처럼 자신의 몸을 통해 리듬을 배운 후 외부의 리듬을 파악하고,

이를 통해 시간을 분리하지도 않고 리듬을 깨뜨리지도 않으면서 각각의 리듬을 개별적으로 인지하는 존재란 것이다. 이처럼 리듬분석가는 전체 속에서 각 시간들이 맺는 관계를 이해하고, 설명하고, 분석하고자 한다. 예를 들어, 고흐의 작품 〈한 켤레의 구두〉(1886)는 가난하지만 창조적 몸짓으로 가득 찼던 그의 삶의 현전으로 인식되듯이, 리듬분석가는 사소한 대상이나 간단한 사물이 공간에 전달하는 강력한 현전성을 이해해야 한다. 이는 르페브르가 말한 리듬분석의 궁극적 목적과도 부합하는데, 그는 각각의 리듬을 분리하여 리듬 속에 내재하는 관계들, 즉 질서의 메커니즘을 밝히고자 하였다.

모빌리티 리듬과 리듬 너머

리듬은 움직임, 흐름, 변화라는 모빌리티가 구성되는 세계이고, 일상의 리듬을 작동시키는 메커니즘은 반복과 차이의 질서화이며, 이는 인간의 몸, 그리고 인간과 비인간의 관계 속에서 파악될 수 있다.

르페브르는 우리의 몸을 자연과 사회로부터 조련dressage된 실체로 이해한다(Lefebvre, 1992). 우리의 몸은 지속적인 운동 과정 속에 있으며, 몸의 각 부위는 각각의 리듬을 형성한다. 걷기의 몸짓만 보더라도 20세기 초반과 현재가 차이를 보이는 것은 사회로부터 몸이 길들여진 결과라는 것이 르페브르의 주장이다. 이는 메를로-퐁티를 비롯하여 몸을 연구한 많은 학자들이 공유하는 관점이기도 하다. 르페브르의 독특한 관찰과 통찰력은 그가 몸의 조련을 세 가지 맥락에서 고찰한 것을 통해 이해할 수 있다.

첫째, 사회의 전통 가치와 문화에 부합되는 실천을 한다는 것은 한 집단에 소속됨을 의미하는데, 이는 우리의 신체가 교육과 훈련에 의한 질서를 몸에 각인시킨 결과이다. 어린아이는 태어난 후 기초적 리듬(먹기, 자기, 싸기 등)을 배우면서 생체 리듬을 형성하고, 성장하는 과정에서 가족과 사회의 가치와 질서에 따른 몸의 행동을 학습한다. 곧, 조련이란 반복의 결과로, 살아지는 존재는 행위와 몸짓의 반복을 통해 조련된다. 둘째, 몸의 조련은 사회적 학습 메커니즘에 의한 것으로, 르페브르는 활동, 정지(휴식), 기분 전환에 의해 조련이 구성된다고 본다. 즉, 지시에 따르는 행동의 실천, 정지와 휴식을 통한 행동과 행위의 관찰, 그리고 행동에 활력을 불어넣고 재생산이 가능하도록 하는 심리적 과정이 결합되어 리듬의 조련이 형성된다는 것이다. 셋째, 리듬의 조련은 복잡성 자체이다. 르페브르는 욕구needs와 욕망desire이 상호작용하면서 조련의 복잡성이 나타난다고 보는데, 페미니즘이나 식민주의에 대한 저항의 정치는 조련의 동일화에 반대하는 또 다른 차원의 조련이라는 것이다.

아침 9시 통근 때의 교통의 분주함은 광주 상무지구만의 특성은 아닐 것이나, 통근은 매우 복잡한 현상이다. 통근은 이동자와 이동수단이 시간과 공간을 관계적으로 엮는 사건이자 현상이며 즉시성, 동시성, 예측 불가능성이라는 복잡한 상황 속에서 시간과 공간을 결합시키는 수단이다. 즉, 통근이라는 모빌리티는 정해진 규칙이나 메타서사로 설명될 수는 없지만, 통근에는 다른 시간대의 교통과는 다른 특유의 리듬이 있다.

이처럼 이동하는 우리의 몸은 시간과 공간을 결합하면서 도시 공간의 독특한 리듬을 구성한다. 이동하는 우리의 몸은 사물의 활동, 소리, 냄새를 동반하고, 이것이 하나의 리듬이 되면서 시간과 공간의 감정sense of time and location이 도시 공간에 생성된다(Edensor, 2010a). 심지어 이동하는 차량 내부에서도 이동-시간의 관계가 상호 얽힌 복잡한 리듬과 감정이 존재한다. 즉, 운송수단은 저마다 독특한 리듬을 갖춘 하나의 장소와 공간인 것이다(Edensor, 2010b). 통근이라는 이동-시간의 리듬은 시각, 속도, 페이스, 주기를 통해 이동하는 장소감sense of mobile place을 형성한다. 이러한 이동-시간의 리듬은 부분적으로 선형적 리듬에 의한 장소감을 표출시키고, 더러는 장소를 느끼지 못하는 장소성의 상실도 가져오는 것 같으나, 사실 이동-시간의 리듬은 복잡한 거주 패턴, 몸과 물질의 관계 등이 교차하는 모빌리티를 구성한다(Merriman, 2004).

일상의 장소는 사물의 운동과 관계가 우연적이고 창발적으로 발생하고 관계 맺는 현장, 곧 정동의 공간이다. 일상의 리듬은 모빌리티를 구성하고 장소에 의미를 부여하지만, 사실 창발적인 활동은 그 자체에 자기파괴적이고 자기해체적인 속성을 갖는다. 르페브르는 도시 공간의 운동과 활동의 반복, 그리고 그 속에 담긴 차이가 리듬으로 생성되고 변화하면서 도시 공간의 리듬이 '시간화된 장소'로 변화한다고 주장한다(Edensor, 2010b). 르페브르에 의하면, 모든 리듬은 공간과 함께하는 시간의 관계를 의미하는데, 이때의 시간은 장소화된 시간localised time 또는 시간적 장소temporal place를 구성한다는 것이다. 장소는 다양한 시간적 사건들이 혼재하는 변화의 리듬이 작동하는 장場이 되는데, 지리학자 크랑Mike Crang(2001)은 이를 다리듬-앙상블polyrhythm ensemble이라 하였다. 즉, 인간의 실천을 통해 창발하는 리듬은 물질적, 감각적, 사회적, 문화적 맥락을 갖는 장소화된 관계emplaced engagement의 과정이라는 것이다. 그렇다면 무엇이 우리로 하여금 리듬을 통한 장소화된 관계에 주목하게 하는가? 감각의 주체는 곧 우리 자신이고, 감각적 세계를 실행으로 옮기는 것은 바로 우리의 몸이라 할 수 있기 때문이다.

르페브르에 의하면, 몸은 철학적으로 무시된 의학적 영역이었으나, 사실 몸은 오랫동안 정신을 읽는 수단이 되어 왔으며 집단으로서 몸의 기억과 정서가 곧 역사와 장소이다. 서로 다르면서도 조화를 이루는 리듬의 꾸러미인 몸이 있고(正의 상태), 몸은 고유의 리듬을 갖고서 서로 다른 기관과 관계되고(反의 상태), 관계되는 몸은 이동과 결합을 추구하게 된다(合의 상태). 이것이 바로 르페브르가 주장하는 몸에 대한 리듬분석의 변증법이다.

호흡, 혈액의 순환, 심장의 맥박, 언어의 전달은 몸이 리듬으로 존재하고 외부 세계와의 관계를 이끄는 원동력이 된다. 즉, 리듬은 투과적 몸을 통하여 그리고 투과적 몸 안에서 발생하며(Edensor, 2010b), 개인의 리듬은 곧 사회의 리듬으로 작동한다. 따라서 개인의 몸에 체화된 구성되는 리듬은 단순히 개인적 활동의 결과가 아니라 집단적 활동의 결과인 것이다. 이런 맥락에서 리듬의 집단적 구성이란 사물들이 서로 연루되고 관련되는 상호작용과 실천의 공시성synchronisation of practices에 의한 것이다. 이는 윌리엄R. William(1961)이 언급한 감정의 구조structure of feeling, 그리고 홀S. Hall(1996)이 상식의 형성forms of common sense에서 언급한 몸의 실천과 일맥상통한다(Edensor, 2010b 재인용).

이런 리듬과 리듬들의 관계 맺기는 일상의 업무, 즐기기, 그리고 감성의 루틴을 통해 친숙한 장소를 형성한다. 이러한 리듬-장소 맺기의 형성은 공간-시간적 경험의 일부로서 걷기, 운전하기, 쇼핑하기 등과 같은 루틴 활동의 실천을 통해 확대된다. 그리고 이러한 패턴은 공간적인 것과 시간적인 것이 교차하는 규칙적 경로와 위치에 의해 다른 리듬들과 구분된다.

리듬의 모빌리티는 장소가 끊임없는 흐름과 움직임으로 구성됨을 강조하는 것으로, 장소는 장소를 통과하는 이동에 의해 특징지워진다. 지리학자 에덴서Tim Edensor(2000)는 인도에 대한 사례 연구를 통해 인도의 도로가 인간과 동물, 손수레, 자동차, 버스, 택시 등이 뒤엉킨 상태로 속도와 스타일이 다른 이동의 형태를 발생시키면서, 선진국에서 경험하는 것보다 덜 규칙화된 도시 공간의 리듬을 나타낸다고 언급한다. 비슷한 맥락에서 라벨르Brandon Labelle(2008)는 회합과 상호작용, 휴식과 긴장 완화 등의 반복적이고 집단적인 안무에 의해 시공간이 서로 얽히면서 리듬이 발생한다고 본다. 반복적 사건이 축적되는 친숙한 로컬의 공간에서 인간은 신체를 장소와 제휴시키면서 자신의 신체 안팎의 리듬을 자기조절하면서 환경과의 얽힘을 만들어 내는 것이다. 이것이 곧 모빌리티이다.

지리학자 크랑(2001)에 의하면, 리듬분석가는 세상의 어떤 것도 미리 결정된 것은 없으며, 모빌리티를 지속적이고 즉응적인 과정으로 이해해야 함을 강조한다. 도시 공간의 리듬은 인간 활동의 루틴과 관습에 의해 구체화된 것이지만(Anderson, 2010; Edensor, 2010b), 리듬은 인간들만의 활동은 아니다. 미리 예측하거나 과정을 정확히 이해하기 힘든 인간-비인간의 관계가 리듬을 발생시킨다. 이런 점에서 리듬은 인간-비인간의 상호작용의 산물이다.

세상을 작동시키고 변화시키는 것은 리듬이며, 리듬분석은 세상의 규칙과 질서의 결합을 이해하는 새로운 방법론을 제공한다. 특히 시간화된 장소라는 맥락에서 리듬분석은 사회의 물질적 조건, 에너지의 흐름, 지역의 동식물과 같은 비인간적 요소를 강조하며, 특히 인간과 비인간적 요소 사이의 얽히고 섞인 리듬의 구성과 배열에 관심을 갖는다(Edensor, 2010b; Evans, 2010). 이처럼 르페브르가 강조했던 리듬분석은 개인과 집단의 삶을 형성하는 시간표와 같은 규칙적 리듬과, 시간의 구조화를 거부하면서 지배적 시간 주기에서 벗어나는 리듬을 탐색한 것으로(장세용·신지은, 2013), 리듬은 인간-비인간의 상호 작용이 감각을 통해 결합되고 배치되는 정동과 아상블라주의 세계이며, 움직임, 흐름, 이동을 통해 세계를 이해하는 모빌리티 그 자체이다.

정동으로 이해하는 모빌리티의 실천

정동의 세상

정동은 모빌리티의 발생학적 인과관계를 이해하고 설명하는 주요 개념(화)이다. 사물의 운동과 이동, 즉 모빌리티란 인간-비인간 간 다양한 마주침의 리듬과 양식에 의해 발생하고 변화하고 사라지며, 이는 감각과 감성을 생성하는 몸의 능력과 행위에 지대한 영향을 미친다. 정동은 일상의 다양한 힘forces과 마주침encountering에 의한 감응을 몸이 느끼고 행동하는 것이다(Gregg, M. and Seigworth, 2011).

정동과 현실 세계의 관계에 대한 사고는 스피노자와 들뢰즈가 제시한 개념에 기초한다. 스피노자는 몸이 무엇을 하는지 인간은 알 수 없다는 논의를 펼친다. 개인의 몸이 갖는 능력은 개인 자체에 의해 의미가 부여되는 것이 아니라, 다른 힘들(즉, 인간과 비인간)과의 관계에 의해 구성된다고 보기 때문이다. 우리는 몸을 제대로 알지 못하면서 몸을 규정하는 경향이 있다(Morin, 2005). 몸이 느끼고 인지하는 감정의 세계를 통해 정동을 이해한다면, 정동은 혼란스럽고 매개되지 않는 관계 속에 발생하는 그 무엇이며, 명확한 질서 속에 존재하지 않는 그 무엇이다. 이렇듯 정동은 단순화 또는 일반화와는 거리가 먼데, 아마도 정동을 표현하는 대표적 은유가 경계 없음, 흐릿함, 복잡함 등과 같은 불명확한 감정의 세계이기 때문일 것이다.

들뢰즈는 정동을 '사물과 관계의 사이에 위치하는 것'으로 이해하면서, 우리의 몸과 세계를 부분들의 관계가 배치되고 결합되는 체계로 이해한다(Gregg, M. and Seigworth, 2010). 들뢰즈는 스피노자의 표현 개념 중에서 '능동적 정동active affections'을 인간 세계의 활력을 불어넣는 근본 개념으로 이해한다.[7] 능동적 정동은 기쁨과 열정의 감정으로, 스피노자가 말한 코나투스conatus(자기보존의 원리)를 표현하고 실현할 수 있는 토대로 인식된다(Merrifield, 2013). 즉, 우리가 무언가를 행하고 노력하고 성취하는 힘이 바로 (능동적) 정동이다. 스피노자와 마찬가지로 들뢰즈도 정동을 인간-비인간의 관계를 관통하여 감정이 생성되는 장場으로 이해한다.

흔히 정동은 재현에 대한 비판과 연루되는데, 지리학자 레빌George Revill(2011)은 재현이 세상을 오직 언어로만 설명할 수 있다고 인식하기 때문에 문제라고 지적한다. 분위기, 느낌, 정서, 감응, 감각 등은 인간의 의미심장한 사회적 삶에 지대한 영향을 미치는 요소인데, 재현은 이를 폐쇄적인 의미화signification로 간주한다는 것이다. 비슷한 맥락에서 크레스웰Tim Cresswell(2006)은 세상을 민족, 국가, 장소와 같은 고정된 재현과 범주화로 인식하지 말고, 이동과 변화라는 모빌리티 관점에서 인식해야 하며 특히 실천, 활동, 즉각적 경험immedicate

---

7 들뢰즈는 《스피노자와 표현문제》(1969)에서 스피노자로부터 유추되는 정념을 다음과 같이 표현한다. "기쁨의 정념들은 우리를 그 역량에 다가가게 한다. 즉, 그 역량을 증가시키거나 촉진한다. 반대로 슬픈 정념들은 우리를 그 역량에서 멀어지게 한다. 다시 말해 그 역량을 감소시키거나 방해한다. 따라서 《윤리학》의 첫 번째 물음은 이 것이다. 최대의 기쁨 정념으로 변용되기 위해 무엇을 할 것인가? 자연은 그 점에서는 우리에게 호의적이지 않다. 그러나 우리는 이성의 노력에 의지해야 하고, 도시에서 그것을 가능하게 하는 조건들을 찾는 경험적이고 매우 느린 노력에 의지해야 한다."(들뢰즈, 2019: 334-335)

experience에 관계되는 정서와 감각을 통해 세상을 이해할 것을 강조한다. 이런 점에서 재현과 비재현의 차이, 또는 재현과 정동의 차이는 동일한 문화적 사건(현상)을 다르게 이해하는 인식의 차이라고 판단되는데, 어떤 문화적 사건을 재현은 '구성된 의미'로 이해하고 비재현과 정동이론은 '구성되는' 의미로 이해하기 때문이라 생각된다.

정동이론은 우리가 마주하는 세계를 몸의 감각과 감응을 통해 이해하는 것으로 보며, 스피노자는 우리 몸의 느낌, 기분, 분위기, 정서가 타자의 몸, 대상, 사물과의 관계에 의해 생산되는 것임을 강조한다(Adey, 2017 재인용). 즉, 정동이론의 근본적 가치는 '한 사물의 살아 있음'이 '다른 사물에게 지속적 영향을 미치고 있음'이란 관계적 사고에 놓여 있다는 데 있다.

도시 공간에서 정동은 사람, 자연, 건물, 도로, 자동차 등 사물로부터 느껴지는 감응과 감성이다. 베를란트L. Berlant(2010)는 사물과의 관계에서 몸이 느끼는 감정과 감각을 희망과 위협이 동시적으로 포함된 '잔혹한 낙관주의'라는 주제로 접근한다. 이처럼 물질성을 강조하는 접근은 행위자네트워크 이론과도 연결된다. 라투르Bruno Latour(2004)가 우리 몸이 곧 정동이고 정동 없는 몸은 죽음과 같다고 표현한 것처럼 몸을 갖고 있음이란 몸이 추동하는 정동을 느끼는 것이다(Gregg, M. and Seigworth, 2010 재인용).

이처럼 일상의 활동과 몸의 정동은 매우 밀접한 관련을 갖는다. 지리학자 애디peter Adey(2017)는 기분과 정동을 모빌리티 관점에서 설명하면서, 정동의 특성에 따라 모빌리티의 특성도 달라진다고 하였다. 예를 들어, 긍정적 정동은 해방, 즐거움, 기쁨을 함축하며 삶에 활력을 더하고 모빌리티를 증대시킨다. 반면 부정적 정동은 불안, 공포, 처짐, 추락의 감정을 내포하면서 모빌리티를 약화시킨다. 질병과 몸의 통증은 부정적 정동을 대표하는 것 중의 하나로, 몸이 아프면 우울하고 치료받는 과정이 두렵고 돌봄받는 것이 미안하고 창피하고 싫어진다. 이는 모빌리티의 감응과 정서를 약화시킨다. 이처럼 변화하는 몸에 대한 지각이야말로 몸의 정동이 무엇인지 말해준다.

몸으로 사는 존재라는 이 사실을 놀라움으로 지각하게 되는 모멘트가 있다. 몸이 아프게 될 때, 또는 나이가 들면서 몸의 상태가 변할 때이다. 나이와 무관하게 또는 나이가 들면서 겪게 되는 격렬한 '몸의 지각'은 타협이 불가능한 '자아 탐험'으로 우리를 인도하고, 이로써 자기 이해나 시간 이해, 타자와의 관계나 사회활동 등에서 심각하고 결정적인 변화들을 불러온다. '새벽 3시'는 이 변화들이 가장 날카롭게 지각되는 시간이다. 통증의 들쑤심에 속절없이 지새우는 밤의 새벽 3시를, 쏟아지는 잠을 떨치며 지친 몸으로 아픈 이의 머리맡을 지키는 새벽 3시를, 나이 들어가며 '전 같지 않은' 몸을 마주하게 되는 새벽 3시를 떠올려 보라(김영옥 외, 2020, 12쪽).

따라서 몸이 느끼는 정동이란 곧 몸이 맺는 관계의 형태(아픔, 주름, 늙음, 습관 등)가 어느 정도로 우리의 몸에 느껴지는가이다(Gregg, M. and Seigworth, 2010). 이는 인간이 관계적으로 살아지는 존재이며, 하나의 감정의 지속이란 실재하지 않음을 보여 준다. 그렇다면 우리는 정동을 어떻게 언어적으로 표현할 수 있을까? 정동을 언어로 표현한다는 것은 거의 불가능하다. 우리가 무엇을 느끼는 순간 그 느낌이 사라질 수 있으며, 다른 감정으로 대체될 수도 있다. 종전의 감정을 현재에 똑같이 느낄 수 없다는 것 자체가 감정의 재현이 왜곡될 수 있음을 의미한다.

정동이 의미하는 것과 정동을 통해 이해할 수 있는 세계는 어떤 것인가? 예를 들어, 걷기walking라는 인간의 활동을 정동으로 이해한다는 것은 걷기라는 모빌리티에 대한 발생학적, 작동적 메커니즘을 이해하는 데 큰 가치를 부여한다(Ahmed, 2010). 우선 '걷기'란 감정의 대상(기쁨, 피곤함, 사랑 등)이며, 걷기와 동행하는 인간과 비인간의 대상(가족, 친구, 개, 날씨, 꽃, 햇살, 안개 등)에 감응을 받고, 걷기는 사물(산책로, 계단, 옷, 선글라스, 지팡이 등)과 동반하는 관계를 만들고, 걷기의 대상(공원, 운동장, 바닷가 등)에 의미를 부여한다.[8] 이처럼 정동이란 인간과 비인간의 상호작용이 어떻게 운동과 이동을 발생시키는지에 대한 메커니즘을 이해하는 데 매우 중요한 역할을 한다. 예를 들어, 마음에 드는 등산복을 새로 샀다는 것은 친구와의 등산을 자극할 수 있고, 반려견과 새로운 삶을 시작한다는 것은 산책을 일상의 부분으로 만들 수 있다.

우리의 몸이 느끼는 정동은 사회적 가치와 분위기를 반영한다. 상무지구의 도로는 고급 승용차, 중저가 승용차, 오래되고 낡은 자동차, 그리고 다양한 형태의 오토바이와 자전거가 공유한다. 이들 탈 것은 저마다 이동수단의 가치와 의미를 갖지만, 그 가치에는 경제적 가치에 의한 정동 또한 내재된다. 마르크스는 자본주의사회에서 사적 소유는 인간 내면의 감각을 무디게 하면서 소유의 감정이 육체의 감각들을 대체한다고 주장한다(Berlant, 2010). 비슷한 맥락에서 스리프트Nigel Thrift(2010)도 경제를 단순히 이익과 손실의 메커니즘이 아니라, 가치를 위해 정동을 생산하고 다양한 매혹을 생산하는 메커니즘

---

8   여기서 장소의 의미는 고정된 실체로, 본질을 갖는 존재로 인식하는 것이 아니라, 관계적으로 구성되는 생성의 대상으로 이해하는 것을 의미한다.

이라 주장한다. 즉, 자동차 소유, 특히 고급 자동차 소유는 감정적 전유를 통해 욕망이 실천되는 것으로, 감정을 통해 물질의 가치가 상상되는 감정의 영역임과 동시에 이동의 감정을 자극하는 요소이다.

스리프트(2010)는 인간의 물질적 실천이 몸과 정동에 미치는 관계에 주목한다. 그는 정동의 질서화를 제시하는데, 이는 소유를 통해 느껴지는 몸의 감각을 강조한 것이다. 즉, 인간의 몸이 갖는 욕망은 서로 다른 몸들의 욕망이 상호작용하는 프랙탈의 양상으로, 몸의 정동으로 구성되는 세계는 살아 있지도 죽어 있지도 않는 물질(자동차)을 통해 인간 존재의 거기있음Being there과 세계만들기Wordling를 생성한다. 이런 맥락에서 자본주의 공간은 주체를 창조하는 것이 아니라 주체가 존재하는 세계를 만들어 낸다. 내가 존재하기에 자동차가 있는 것이 아니라, 자동차에 대한 나의 욕망이 자동차를 소유하게 만드는 것으로, 이러한 정동의 작동이 모빌리티를 추동하는 힘이 된다.

정동과 모빌리티

정동은 어떻게 모빌리티를 추동하는 힘으로 작동하는가? 이는 아마도 감각의 세계로서 일상에 대한 탐색을 통해 이해될 수 있을 것이다. 부르디외Pierre Bourdieu(1979)는 《구별짓기》에서, 사회적 규범과 가치가 몸의 움직임, 실천, 루틴을 내면화하고 반복한다고 주장하였다. 부르디외의 이러한 주장을 지리학자 애디(2017)는 모빌리티 관점에서 재해석한다. 몸의 움직임, 실천 그리고 루틴이 바로 모빌리티라는 것으로, 이는 모빌리티와 정동이 서로 긴밀한 관계 속에 작동하면서 사회적 질서를 생성하기 때문이란 것이다. 예를 들어, 말로 정확히 표현하기 힘든 여행 경험의 감정들이 일상의 삶에서 지친 몸에 여행을 자극하기도 하고, 정동에 의해 사회적으로 생산된 몸(상대적 날씬함 또는 상대적 비만)은 사회활동의 이동을 자극하거나 또는 제한할 수 있으며, 육체적 고통을 수반하는 자전거 타기는 희열의 감정을 생산하면서 모빌리티 재생산에 영향을 미칠 수 있다. 특히, 행위의 순간이란 시공간의 사건에 주목한다면, 정동과 모빌리티의 관계를 더욱 잘 이해할 수 있을 것이다. 예를 들어, 춤과 같은 모빌리티가 발생하는 찰나와 순간에 주목한다면, 몸의 움직임이 정동에 의해서 생성되는 실천임을 알 수 있다(Thrift, 2004a).

광주 상무지구 도로에서 마주하는 버스의 통행은 운전자의 성향과 승객의 수, 노선의 특성, 운행 시간에 따라 서로 다른 이동의 특성을 반영할 것이다. 또한, 버스의 승객은 이동하는 과정에서 저마다 독특한 정동의 세계를 체험할 것이다. 이는 이동하는 신체가 원자화된 개인이 아니라 의미 있는 집합을 구성함을 의미한다. 버스 운행이 승객을 충분히 고려하지 못한다면, 승객들은 다른 교통수단을 선택할 수도 있을 것이고, 더러는 이용하는 시간을 변경할 수도 있을 것이다. 지리학자이자 모빌리티 연구가인 비셸(2018)은《통근하는 삶》에서 통근하는 몸은 기대, 좌절, 짜증, 걱정, 무의식 등 이질적인 감정이 결합된 정동의 세계임을 보여 준다. 통근은 단순히 일부 몸들의 이동이 아니며, 몸의 집단적 정서가 변화를 요구하는 정치운동으로 이어지고 도시계획을 변화시킬 수 있는 힘을 갖고 있음에 주목할 필요가 있다.

이처럼 운동하고, 움직이고, 이동하는 모빌리티의 작동은 이성적 판단을 뛰어넘는 감정의 세계와의 조율이다. 거리에서 차량들의 지속적인 움직임과 정지는 자동차 운전이 이성적 판단보다 몸에 익힌 습관과 무의식의 결합임을 보여 주는데, 어떤 위치를 통과하고 있는

지에 대한 지리적 감각보다 앞차의 진행에 무의식적으로 반응하곤 한다. 이처럼 우리가 운전 과정에 대한 의식이 부족할 때가 있다는 것은, 운전이 감각에 의존하는 몸의 실천임을 반영한다. 몸의 실천이 정동 그리고 모빌리티에 미친 영향을 구체적으로 이해한다면, 우리가 공간을 어떻게 인식하고 어떻게 공간을 만드는지를 이해하는 데 도움이 될 것이다.

걷기는 몸의 정동과 모빌리티를 이해하는데 가장 기본적이고 중요한 지식을 제공한다. 모스Marcel Mauss(1934)는 몸을 세상을 살아가는 실제적 행동의 수단 또는 도구라고 하였는데(Et al. Baldwin, 2004, 재인용), 이는 몸의 행동이 역사적으로 그리고 사회적으로 변화해 왔으며, 몸이 문화적으로 특정한 구성원을 결집시키는 역할을 함을 내포한다. 즉, 몸은 인간이 사용한 최초의 도구이자 최초의 기술적 수단이었으며 이는 몸이 역사적, 사회적, 공간적 산물임을 의미한다. 예를 들어, 소녀처럼 걷는 것은 사회적으로 길들여진 몸의 행동으로, 여성 몸의 행동 방식이 사회적 상황에 따른 산물임을 보여 준다(Crossley, 1955, Et al. Baldwin, 2004 재인용). 같은 맥락에서 영Young(1980)은 여성스러움의 담론이 여성이 몸을 제대로 사용하지 않았기 때문이라고 주장한다. 메를로-퐁티는 인간의 활동이 주로 일어나는 곳은 마음이나 의식이 아니라 환경에 적응하려는 몸이라면서(Et al. Baldwin, 2004, 재인용), 환경에 접근하고 이해하고 전유하는 방식에 의해 몸은 몸이 원하는 것을 실천한다고 주장하였다. 그는 몸의 공간성은 위치(장소)로서의 공간성이 아니라 상황으로의 공간성이라 주장하면서, 살아지는 몸lived body이 인간 지각의 근거라고 하였다.[9]

---

9 메를로-퐁티는 현상학의 관점에서 인간이 본질적 존재임을 주장하나, 그의 몸에 대

루소는 산책의 중요성을 언급하면서 정신의 움직임이 몸의 움직임에 의한 것이라 했다. 이는 몸의 움직임에 대한 정동적 이해가 재현과 비재현의 사고를 넘어서는 사유의 방식을 제공하는 것이다(Et al. Waitt, 2019 재인용). 그렇다면 걷기에서 중요한 요소는 이성적 판단보다는 몸이 원하는 것, 즉 걷기의 정동을 이해하는 것이다. 도시 공간에서 대표적인 걷기 프로젝트는 정동을 반영하고 있는가? 대부분의 걷기 프로젝트는 걸을 수 있는 환경 조성이란 틀에서 크게 벗어나지 못하고 있다. 걷기의 방해물 제거가 걷기 프로그램에서 우선적으로 고려되는 사항이다(Et al. Waitt, 2019). 도로와 토지 이용 등 건축물 디자인, 소비 공간, 녹지 공간 등 물리적 차원의 계획이 우선시되면서(Kashef, 2016) 실제 걷기와 관련되는 안전함, 포근함, 운동이 됨, 함께 걷기 좋음 등과 같은 정동적 요소는 간과되고 있다(Badland and Pearce, 2019).

상무지구의 거리에서 걷기의 모습들은 하나의 사건으로서, 그리고 경험의 현장으로서 정동이 인간-비인간의 무수한 관계에 의해 결합된 느낌, 정서, 분위기임을 말해 준다. 낙엽은 초가을의 이미지를 보여 주고 마스크는 코로나 바이러스가 한창임을 말해 주며 인도는 다양한 연령의 사람들이 저마다 다른 목적으로 통과하는 통로가 된다. 또한, 인도는 자전거가 지나가고 택배기사가 분주히 이동하고, 요구르트 판매원의 탈것과 장애인의 탈것이 함께 교차하는 공간이다. 짧은 오전의 관찰은 관찰자를 모빌리티의 세계로 이끌고, 역동적이고 우중충하고 활기 있고 여유 있는 다양한 느낌, 분위기, 감정

한 해석은 정동을 이해하는 데 큰 도움이 된다. 그에 의하면, 인간의 지각은 세계의 현전 속에 이미 존재하는 것이며 동시에 살아지는 몸의 능동적이고 운동적인 차원의 지각도 존재하는데, 이를 몸-주체라 하였다.

이 함께 어우러진 공간을 상상하게 한다. 몸의 실천은 우리가 어떤 일에 종사하고, 어느 위치에 있으며, 세상과 어떤 관계를 맺는지를 반영한다. 우리의 몸은 세상을 반영하는 거울이다.

《이코노미스트Economist》, OECD 등에서 글로벌 수준의 살기 좋은 도시를 선정하고 있지만, 이들 지표는 해외에서 사업을 수행할 때 안심하고 업무를 수행할 수 있는 정도를 측정하고 평가하는 것으로 걷기 또는 보행성과 관련된 정동 요소를 고려하는 것이 아니다(Et al. Ahmed, 2019: et al. owe, 2020). 걷기 관련 세부 지표도 교통의 편리, 적당한 밀도, 공원과 녹지, 안전, 사회간접시설 수준, 차량 통행 속도 등의 수치로 산출된다. 이들 지표 역시 도시 공간을 걸을 때 느끼는 기분, 정서, 감정, 분위기와 같은 정동적 요소를 전혀 고려하지 않고 있는 것이다(Et al. Waitt, 2019). 걷기를 통해 우리 몸이 느끼는 감각은 감정의 정도, 걷기 과정에서 마주치는 사람과 사물의 특성에 많은 영향을 받음에도 불구하고, 최근 도시계획에서 정동적 요소는 충분히 고려되지 않고 있다. 특히, 걷기의 정책, 계획, 개발이 건강한 남성 위주로 디자인되면서 장애인, 여성, 노인, 아동, 임산부, 병자, 노숙자, 가난하고 소외된 사람을 위한 정동은 배제되는 경향이 있다(Sheller, 2018).

보행 과정에서 느끼는 장소감sense of place과 이동의 감정sense of movement이 걷기의 일상적 패턴을 생산하며, 이는 시간이 흐르면서 공간의 영역화에 영향을 미친다(Et al. Waitt, 2019). 영역에 대한 몸의 지각The notion of territory이 걷기에서 몸의 이동 패턴과 소속감을 심어 주는 주된 요인이 되는 것이다. 도시 공간의 걷기 문화, 그리고 걷기의 일상적 체험, 걷기의 재미, 관심, 반복이 보행이란 살아진 몸의 실천에 막대한 영향을 미친다.

이처럼 도시 보행이 고정된 것도 자연적인 것도 아니란 점은, 일상의 걷기에서 중요한 것이 걷고자 하는 열망과 주어진 환경적, 사회적 상황이라는 것을 말해 준다(Augoyard, 2007). 또한, 혼자 걷거나 자녀와 동행할 때, 그리고 여성 혼자 걸을 때의 느낌과 분위기가 달라지는데(Pain, 2001; Solnit, 2002), 그렇다면 걷기는 데카르트적 공간 인식 또는 선형적 시간의 관점보다 주체와 함께 되는 장소가 상호 구성되는 일상의 실천에 주목해야 할 것이다(Cresswell, 2010; Ingold, 2011; Spinney, 2010). 또한 단순히 시각적 조건에 따른 경관적 특성보다 개인과 물질 세계의 관계가 걷기에 더 큰 영향을 미치는 것으로 이해해야 할 것이다(Wylie, 2007). 이런 점에서 걷기는 감성sensation의 작동이며, 몸-경로-장소의 관계가 걷기의 정치와 정동을 조율한다고 보여진다(Sidaway, 2009). 예를 들어, 밤에 걷는 것을 삼가는 것은 몸이 경험하고 학습한 결과일 것이다.

한편, 영역과 주체의 관계가 걷기에 영향을 미치는데, 이방인이 걷기를 주저하는 현상, 거리에서 정치적 갈등이 나타날 때 걷기를 꺼리는 것이 이에 해당한다. 들뢰즈는 사물의 관계에서 균형이 무너질 때 다른 행동이 발생한다고 주장하는데, 걷기라는 질서가 무너지는 것이 이에 해당하며, 들뢰즈는 이를 탈영역화란 용어로 설명한다. 반면 걷기가 평온하고 안정감을 준다고 인식할 때, 주체와 영역의 관계는 보행 루트를 다시 회복하고 걷기를 재출현시킨다. 들뢰즈의 용어로 이는 재영역화로 설명된다. 걷기의 재영역화에 영향을 미치는 것은 밝기, 온도, 건물, 거리와 같은 물질적인 것, 그리고 편함, 안전, 효율, 만족과 같은 사회적 역동성이 서로 관련된다. 경로, 발걸음, 소리가 결합되고 배치되어 영역은 친밀감을 더하고 친숙해지고 개인적인 공간이 된다(Bull, 2013; Et al. Waitt, 2019). 이처럼 보행성을 이상블라주로 이해하면 보행자와 장소의 연결감Sense of connection, 그리고 장소와 주체의 구성을 이해하는 데 도움이 된다.

이러한 공간에 대한 정동적 경험이 몸의 습관, 감정, 감성을 자아내고, 소속감 또는 타자의 감성이 공간에 표출된다(Edensor, 2010b). 이런 점에서 도시 공간을 걷는다는 것은 의미화된 장소를 느끼는 것으로(Spinney, 2009), 장소에 대한 경험은 몸-사물-장소가 동시에 연루되고 관련되는 감각의 세계를 연출한다. 따라서 정동은 단순한 느낌과 정서가 아니라 공간을 읽어 내는 수단이며, 이동과 활동의 공간을 자극하는 요소이다. 산책한다는 것은 우리의 몸이 사회적 정동Social affects을 지속하려는 실천이며, 인간 그리고 비인간과의 마주침에 의해 기쁨, 만족, 희열, 실망을 경험하는 행동이다. 마주침을 통해 우리 몸은 인사 또는 비켜감이란 사회적 기술을 익히고 여유, 편안함, 기쁨, 만족 등을 결합시키면서 공간을 재영역화한다(Et al. Waitt, 2019). 스리프트(2004a)는 보행 중 마주침에서 웃음이나 얼굴 표정의 교환이 정동의 구성에서 매우 중요하다고 주장한다.

하지만 자동차, 낯선 사람과의 마주침은 보행의 불편한 느낌을 제공하기도 한다. 차량 중심의 교통 시스템도 보행이 적응해야 하는 조건이다. 이러한 불편한 정동은 우리의 몸이 해당 구역을 빠르게 통과하도록 하거나, 도시 공간을 지루하고 불편하고 불만족스런 통과의 장소로 각인시키면서 탈영역화를 가져오기도 한다. 그럼에도 불구하고 도시는 대개 걷기와 보행을 착한 시민이란 이미지로 작동시키면서, 역설적으로 차량 중심의 교통계획을 유지한다(Et al. Waitt, 2019). 이와 같이 걷기의 정동 그리고 교통 시스템은 도시 공간의 모빌리티를 특징짓는 중요한 요소이다.

맺는 말

이 연구는 세상의 모든 것은 운동과 이동의 과정 속에 있다는 전제 하에 모빌리티를 인간과 비인간의 관계들이 서로 결합되고 배치되는 아상블라주로 이해하였다. 모빌리티는 사물의 관계에 의해 발생하기에 그 자체에 의미가 포함되며, 모빌리티의 의미는 사물들의 복잡한 관계가 서로 연관되고 연결되는 시스템의 맥락에서 이해될 수 있다. 모빌리티는 단순히 연결되고 이동하는 것을 의미하지 않는다. 연결, 운동, 이동에 내재하는 권력(정치, 자본), 차별(인종, 성), 문화(차이, 혼종) 등의 의미를 읽어 내는 것이 모빌리티이다. 따라서 모빌리티는 다양한 형태, 모습, 성향의 부동 · 움직임 · 이동의 시스템으로 결합된 프랙탈로서 주름과 겹침으로 구성되는 아상블라주이다. 따라서 모빌리티는 자동차 이동, 해외여행, 인터넷과 모바일 서비스 사용 등 '모빌리티 능력'보다, 이동과 함께 살아지는 우리의 몸과 비인간 사이의 복잡한 연결과 상호 의존의 시스템을 이해하는 것을 의미한다. 모빌리티는 사물들의 운동, 관계맺음, 그리고 질서화를 복합적으로 이해하는 사고인 것이다.

모빌리티가 어떻게 구성되는지는 일상의 움직임과 실천에 내재한 리듬을 통해 이해할 수 있다. 사물의 세계, 그리고 인간 몸이 살아지는 일상은 반복의 행동으로 이루어진다. 활동(즉, 운동과 이동)에 대한 반복, 개입, 변화라는 변증법적 작동의 메커니즘이 우리의 일상을 구성하며, 모빌리티는 반복되는 행위가 발생하는 맥락을 다맥락적, 다리듬적 아상블라주로 이해한다. 이를 통해 일상이 작동하는 메커니즘을 이해하는 것이 바로 모빌리티 관점으로 세계를 이해하는 방식, 즉 모빌리티 렌즈의 가치라 할 수 있다. 모빌리티 렌즈로 일상을 이해한다는 것은 반복되는 활동 내에 차이가 내재하고, 차이는 또 다른 반복을 야기하면서 순서, 차례, 시차, 질서, 변화가 생성됨을 이해하는 것이다. 즉, 모빌리티 렌즈는 일상의 작동을 시간과 공간의 동시적, 공시적 관점에서 이해하도록 하며, 더 나아가 일상 너머의 세계가 움직이고 작동하는 메커니즘을 이해하도록 하는 성찰성을 제공한다. 따라서 리듬은 현재의 모빌리티와 미래에 구성될 모빌리티를 동시에 인식할 수 있는 안목을 제공한다는 것이 본고에서 강조하는 점이다.

모빌리티가 시공간에서 실천되는 것은 인간의 행위가 거기 있기 Being there 때문이고, 몸이 느끼는 감각의 세계가 모빌리티의 실천과 불가분의 관계에 있기 때문이다. 사물, 그리고 사물과의 마주침에 대한 정동이 모빌리티를 자극하는 요소이다. 걷기라는 단순한 모빌리티 실천은 보행 과정에서 경험하는 느낌, 감정, 감응, 감성 등의 정동만을 생산하는 것이 아니라, 집단 감성으로 작용하면서 도시 공간을 변화시키는 힘으로 작용한다. 이런 점에서 모빌리티 정동Mobility affect이란 마주침과 힘forces이라 정의할 수 있다. 따라서 도시계획을 포함한 도시 공간의 계획에서 정동을 필수적인 요소로 고려해야 할 것이며, 특히 인간-비인간의 균형, 그리고 인간 몸의 평등이 구현될 수 있는 감정을 고려하는 것이 중요할 것이다. 본 연구가 제시하는 것은 모빌리티 정의mobility justice를 실천하기 위한 첫 번째 고려 사항이 바로 정동에 기초한 인간, 사물, 인간-비인간의 관계라는 것이다.

모빌리티를 복잡성 사고, 리듬분석, 그리고 정동으로 이해한다는 것은 각각의 분리된 사고를 하나로 결합한다는 점에서 논리성이 약할 수 있다. 그러나 일상의 복잡한 사건과 현상의 관계를 매끄럽게 설명할 수 있는 메타이론은 존재하지 않는다. 메타이론을 거부하는 자체가 아상블라주 관점이라 할 수 있다. 이질적인 부분들이 서로 결합되고, 배치되고, 해체되고, 재결합하는 시스템의 작동, 그리고 시스템들의 결합과 해체를 이해하는 메커니즘을 아상블라주는 제공한다. 아상블라주는 다양한 결합의 시간과 공간을 있는 그대로 이해하고, 부분과 전체를 상호 구성적 맥락에서 사고하는 안목을 제공하는 등 현상학, 복잡성 사고, 리듬분석, 정동이론을 아우르는 관점과 방법론을 적절하게 결합한다.

참고문헌

김영옥 · 이지은 · 전희경,《새벽 세 시의 몸들에게: 질병, 돌봄, 노년에 대한 다른 이야기》, 봄날의 책, 2020.

신지은, 〈복잡성 사고를 통해 본 '과정'으로서의 도시 공간〉, 류지석 엮음,《공간의 사유와 공간이론의 사회적 전유》, 소명출판, 2013, 163~198쪽.

이용균, 〈모빌리티의 생성과 모빌리티 렌즈로 보는 세상 읽기: 광주에서 오키나와로의 이동을 중심으로〉, 김수철 외,《모빌리티와 생활세계의 생산》, 앨피, 2019, 371~397쪽.

장세용 · 신지은, 〈일상의 리듬과 장소성 형성〉, 부산대학교 한국민족문화연구소 엮음,《장소경험과 로컬 정체성》, 2013, 121~160쪽

김숙진, 〈아상블라주 개념의 지리학적 함의〉,《대한지리학회지》51 (3), 2016, 311~326쪽.

이용균, 〈모빌리티가 여행지 공공공간의 사적 전유에 미친 영향: 터키 여행공간을 사례로〉,《한국도시지리학회지》22 (2), 2019, 47~62쪽.

이용균, 〈모빌리티의 구성과 실천에 대한 지리학적 탐색〉,《한국도시지리학회지》18 (3), 2015, 147~159쪽.

이용균, 〈이주의 관계적 사고와 이주자 공간의 위상 읽기: 관계, 위상 및 아상블라주 관점을 중심으로〉,《한국도시지리학회지》20 (2), 2017, 113~128쪽.

A. Merrifield, *The Politics of Encounter: Urban Theory and Protest Under Plannetary Urbanization*, University of Georgia Press, Athens, 2013. (앤디 메리필드,《마주침의 정치》, 김병화 옮김, 이후, 2015.)

A. Negri, M. Hardt, *Commonwealth*, Harvard University Press, Cambridge, 2009. (안토니오 네그리 · 마이클 하트,《공통체: 자본과 국가 너머의 세상》, 정남영 옮김, 사월의 책, 2014.)

D. Bissell, *Transit Life: How commuting is Transforming out Cities*, MIT Press, Boston, 2018. (데이비드 비셀,《통근하는 삶》, 박광형 외 옮김, 앨피, 2019.)

D. Massey, *For Space*, Sage, London, 2005. (도린 매시,《공간을 위하여》, 박경환 옮

김, 심산, 2016.)

D. Moran, *Edmund Husserl: Founder of Phenomenology*, Polity, London, 2005.

D. Seamon, *Life Takes Places: Phenomenology, Lifeworlds and Place Making*, Taylor & Francis, New York, 2018. (데이비드 시먼, 《삶은 장소에서 일어난다: 현상학, 생활세계, 장소 만들기》, 최일만 옮김, 앨피, 2020.)

E. Boldwin, B. Longhurst, S. McCracken, M. Ogborn, G. Smith, *Introducing Cultural Studies*, Pearson, Karlow, 2004. (일레인 볼드원, 《문화코드: 문화연구의 이론과 실제》, 조애리 외 옮김, 한울아카데미, 2014.)

E. Casey, *The Fate of Place: A Philosophical History*, University of California Press, Berkeley, 1997. (에드워드 케이시, 《장소의 운명: 철학의 역사》, 박성관 옮김, 에코, 2016.)

E. Morin, *Introduction à La Pensée Complexe*, Editions du Seuil, Paris, 2005. (에드가 모랭, 《복잡성 사고 입문》, 신지은 옮김, 에코, 2012.)

F. Augoyard, *Step by step: everyday walks in a French urban housing project*, University of Minnesota Press, Minneapolis, 2007.

F. Nietzche, *Also Sprach Zarathustra*, 1885. (프리히디히 니체, 《차라투스트라는 이렇게 말했다》, 강두식 옮김, 누멘, 2018).

G. Deleuze, F. Guattari, *Mille Plateaux: capitalisme et schizophrénie 2 par*, les Éditions de Minuit, 1980. (질 들뢰즈, 《천개의 고원》, 김재인 옮김, 새물결, 2001.)

G. Deleuze, *Spinoza et la problème de l'expression*, Les Editions de Minuit, 1969. (질 들뢰즈, 《스피노자와 표현문제》, 현영종 외 옮김, 그린비, 2019.)

H. Lefebvre, *Éléments de rythmanalyse: Introduction à la conaissance des rythmes*, Editiions Syllepse, 1992. (앙리 르페브르, 《리듬분석: 공간, 시간, 그리고 도시의 일상생활》, 정기헌 옮김, 갈무리, 2013.)

H. Lefebvre, *The Production of Space*, Blackwell, Oxford, 1991.

J. Anderson, *Understanding Cultural Geography: Place and Traces*, Routledge, 2010. (잭 앤더슨, 《문화 · 장소 · 흔적》, 이영민 · 이종희 옮김, 한울아카데미, 2013.)

J. Faulconbridge, A. Hui, *Traces of a Mobile Field: Ten Years of Mobility*, Routledge, London, 2016. (제임스 폴콘브리지 · 앨리슨 후이 외, 《모바일 장의 발자취: 모빌

리티 연구 10년》, 하홍규 옮김, 앨피, 2019.)

J. Law, *Organizing Modernity*, Blackwell, London, 1994.

J. Malpas, *Place and Experience: A Philosophical Topography*, Cambridge University Press, Cambridge, 1999. (제프 말파스, 《장소와 경험》, 김지혜 옮김, 에코, 2014)

J. Urry, *Mobilities*, Polity Press, Cambridge, 2007. (존 어리, 《모빌리티》, 강현수 외 옮김, 아카넷, 2014.)

J. Wylie, *Landscape*, Routledge, London, 2007.

M. Gregg, G. Seigworth, *The Affect Theory Reader*, Duke University Press, Durham, 2010. (그레고리 시그워스 · 멜리사 그레그, 《정동이론》, 최성희 외 옮김, 갈무리, 2015.)

M. Merleau-Ponty, *Phenomenology of Perception*, Humanities Press, New York, 1962.

M. Sheller, *Mobility Justice: the Politics of Movement in an Age of Extremes*, **LP Publishing***, London, 2018. (미미 셸러, 《모빌리티 정의》, 최영석 옮김, 앨피, 2019.)

P. Adey, *Mobility* (2nd Ed.), Routledge, 2017. (피터 애디, 《모빌리티 이론》, 최일만 옮김, 앨피, 2019.)

P. Bourdieu, *La Distinction: Critique Sociale du Jegement*, Les Éditions de Minuit, 1979. (피에르 부르디외, 《구별짓기: 문화와 취향의 사회학》, 최종철 옮김, 새물결, 2006.)

P. Healey, *Urban Complexity and Spatial Strategies: Towards a Relational Planning for our Times*, Routledge, London, 2007.

R. Root-Bernstein, M. Root-Burnstein, *Spark of Genius*, Houghton Mifflin, Boston, 1999. (로버트 루트번스타인 · 미셸 루트번스타인 지음, 《생각의 탄생》, 박종성 옮김, 에코의서재, 2007.)

R. Sokolowski, *Introduction to Phenomenology*, Cambridge University Press, Cambridge, 2000.

R. Solnit, *Wanderlust: A history of walking*, Verso, London, 2002.

T. Cresswell, *On the Move: Mobility in Modern Western World*, Routledge, London, 2006.

T. Edensor, *Geographies of Rhythm: Nature, Place, Mobilities and Bodies*, Routledge, London, 2010.

T. Ingold, *Redrawing anthropology: materials, movements, lines*, Ashgate, Surrey, 2011.

Y-F. Tuan, *Topophilia: A Study of Environmental Perception, Attitudes, and Values*, Prentice Hall, Englewood Cliffs, 1974.

A. Ong, S. Collier, *Global Assemblages: Technology, Politics, and Ethics as Anthropological Problems*, Blackwell Publishing, Malden, 2005.

G. Revill, "Mobility-Part II", *The Wiley Blackwell Companion to Human Geography*, John Wiley and Sons, Chichester, 2016, pp.373-386.

I. Prigogine, *From Being to Becoming: Time and Complexity in the Physical Sciences*, W. H. Freeman, New York, 1980.

J. Evans, "Re-thinking Catastrophe in the Time of Climate Change", *Geographies of Rhythm: Nature, Place, Mobilities and Bodies*, Routledge, London, 2010, pp.205-216.

L. Berlant, "행복한 대상", M. Gregg, G. Seigworth, *The Affect Theory Reader*, Duke University Press, 2010, pp. 56-95. (멜리사 그레그 · 그레고리 시그워그, 《정동이론》, 최성희 외 옮김, 갈무리, 2015.)

M. Crang, "Rhythms of the city: temporalised space and motion", *Timespace: geographies of temporality*, Routledge, London, pp. 187-207, 2001.

M. Crang, "Time: Space", *Spaces of Geographical Thought: Deconstructing Human Geography's Binaries*, Sage, London, 2005, pp. 199-229, 2005.

N. Thrift, "글래머의 물질적 실행에 대한 이해", *The Affect Theory Reader*, Duke University Press, Durham, 2010, pp. 451-482. (멜리사 그레그 · 그레고리 시그워그, 《정동이론》, 최성희 외 옮김, 갈무리, 2015.)

P. Robbins, B. Marks, "Assemblage geographies", *The Sage Handbook of Social Geographies*, Sage, London, 2010, pp. 176-194.

S. Ahmed, "잔혹한 낙관주의", M. Gregg, G. Seigworth, *The Affect Theory Reader*, Duke University Press, pp. 161-205, 2010. (멜리사 그레그 · 그레고리 시그워

그. 《정동이론》, 최성희 외 옮김. 갈무리, 2015.)

T. Edensor, "Introduction: Thinking about Rhythm and Space", *Geographies of Rhythm: Nature, Place, Mobilities and Bodies*, Routledge, London, 2010, pp. 1-20.

T. Edensor, "Moving through the city", *City Visions*, Palgrave, London, 2000, pp. 121-140.

W. Lin, "(항공)모빌리티 재-결합하기", *Traces of a Mobile Field: Ten Years of Mobility*, Routledge, London, 2016, pp. 109-139. (제임스 폴콘브리지 · 앨리슨 후이 외, 《모바일 장의 발자취: 모빌리티 연구 10년》, 하홍규 옮김, 앨피, 2019.)

A. Nikolaeva, P. Adey, T. Cresswell, Lee. Yeonjae, A. Novoa, C. Temenos, "A New Politics of Mobility: Commoning Movement, Meaning and Practice in Amsterdam and Santiago", *Centre for Urban Studies Working Paper Series*, WPS 26, 2017.

B. Anderson, M. Kearnes, C. McFarlane, D. Swanton, "On assemblage and geography", *Dialogues in Human Geography* 2(2), pp. 171-189, 2012.

B. Labelle, "Pumping up the bass: rhythm, cars and auditory scaffolding", *Senses and Society* 3(2), 2008, pp. 187-204.

E. McCann, "Veritable inventions: cities, politics and assemblage", *Area* 43(2), 2011, pp. 143-147.

H. Badland, J. Pearce, "Liveable for whom? Prospects of urban liveability to address health inequities", *Social Science and Medicine* 232, pp. 94-105, 2019.

J. Sidaway, "Shadows on the path: Negotiating geopolitics on an urban section of Britain's South West Cost path", *Environment and Planning D: Society and Space* 27(6), 2009, pp. 1091-1116.

J. Spinney, "Cycling the city: movement, meaning and method", *Geography Compass* 3(2), 2009, pp. 817-835.

J. Spinney, "Performing resistance? Re-reading practices of urban cycling on London's South Bank", *Environment and Planning A: Economy and Society*

42(12), 2010, pp. 2914-2937.

M. Bull, "iPod use: an urban aesthetics of sonic ubiquity", *Continuum Journal of Media and Cultural Studies* 27(4), 2013, pp. 495-505.

M. Kashef, "Urban livability across disciplinary and professional boundaries", *Frontiers of Architectural Research* 5, 2016, pp. 239-253.

M. Lowe, J. Arundel, P. Hooper, J. Rozek, C. Higgs, R. Roberts, B. Giles-Corti, "Liveability aspirations and realities: implementation of urban policies designed to create healthy cities in Australia", *Social Science and Medicine*, 245, 2020, 112713.

M. Muller, "Assemblages and Actor-networks: rethinking socio-material power, politics and space", *Geography Compass* 9(1), 2015, pp. 27-40.

N. Ahmed, A. El-Halafawy, Anmed. Amin, "A critical review of urban livability", *European Journal of Sustainable Development* 8(1), pp. 165-182, 2019.

N. Thrift, "Intensities of feeling: towards a spatial politics of affect", *Geografisca Annaler* 86, 2004, pp. 57-78.

N. Thrift, "Movement-space: the changing domain of thinking resulting from the development of new kinds of spatial awareness", *Economy and Society* 33(4), 2004, pp. 582-604.

N. Thrift, "The place of complexity", Theory, Culture and Society 16, 1999, pp. 31-69.

P. Merriman, "Driving places: Marc Augé, non places, and the geographies of england's MI motorway", *Theory, Culture and Society* 21, 2004, pp. 145-168.

R. Pain, "Gender, race, age and fear in the city", *Urban Studies* 38, 2001, pp.899-913.

S. Lash, "Lebenssoziologie: Georg Simmel in the information age", *Theory, Culture and Society* 22, 2005, pp. 1-23.

T. Cresswell, "Towards a politics of mobility", *Environment and Planning D: Society and Space* 28, 2010, pp. 17-31.